한국정치에 묻는다

한국정치에 묻는다

초판 1쇄 발행   2016년 1월 11일

지은이 | 최 창 렬
펴낸이 | 윤 관 백
펴낸곳 | 도서출판 선인

편집주간| 김명기
편 집 | 박애리, 이경남, 김지현, 최진아, 심상보, 임현지

등 록 | 제5-77호(1998.11.4)
주 소 | 서울시 마포구 마포대로 4다길 4 곳마루 B/D 1층
전 화 | 02)718-6257   팩스 | 02)718-6253
E-mail | sunin72@chol.com
홈페이지| suninbook.com

ISBN   978-89-5933-958-7   03300

정가 20,000원

한국정치에

국민이 정치를 걱정하는 시대에 돌아보는
ISSUES & PROSPECTS

최창렬

묻는다

도서출판선인

"민위귀 사직차지 군위경(民爲貴 社稷次之 君爲輕)"
"백성이 귀하고, 사직은 그 다음이며, 군주는 가볍다."
『孟子』에 나오는 문장이다. 민주주의가 국민이 나라의 주인임을
천명한 체제라고 본다면 이 문장은 유가(儒家)와 민주주의가 만나는
지점이다. 자유주의와 민주주의는 상호갈등적이지만 서로의 존재가
없으면 스스로를 유지할 수 없는 상호의존적 보완관계이기도 하다.
자유주의가 국가의 간섭을 배제하는 사상으로 요약된다면, 민주주의
는 국가권력의 소재가 국민에 있음을 밝히는 주권재민의 사상이다.
따라서 민주주의는 국민이 주인 행세를 할 수 있어야 한다.

"수능재주 수능복주(水能載舟 水能覆舟)"
"물은 배를 띄울 수도 있지만, 배를 뒤집을 수도 있다."
당(唐) 태종의 언행을 기록한 정관정요(貞觀政要)에 나오는 경구다.
민심이 천심이고, 국가의 주인은 백성이라는 의미이다. 당나라가 민
주주의 국가일 리가 없지만 절대왕조 시대에도 여전히 민(民)은 나라

의 주인이었다.

헌법 1조 1항 "대한민국은 민주공화국이다."

헌법 1조 2항 "대한민국의 주권은 국민에게 있고 모든 권력은 국민으로부터 나온다."

국민이 주체로서 정치적 의사를 결정하고 사회구성원의 삶에 직접적 영향을 미치는 사안에 대해 행사하는 영향력은 주권에 의해 구체화된다. 그러나 투표일 하루만 국민에게 권력이 주어진다면 이러한 민주주의는 이미 형해화되어 있는 민주주의다. 얼마나 많은 사람들이 자신을 나라의 주인이라고 생각하며, 민주주의는 사회구성원이 권력을 행사하고 직접 참여하는 체제라고 알고 있을까. 그리고 대통령을 포함한 선출직 공직자들의 인식 속에 헌법 1조의 의미는 얼마나 자리잡고 있을까. 나라의 주인이 자신의 문제를 대표들에게 위임했으나 주종(主從)이 전도(顚倒)되는 역설적 현상은 오히려 일반화되고 있다. 국민들 스스로가 자신이 주인임을 인식하지 못한다. 헌법 1조가 공허하게 들리는 이유이다.

현실공간에서 개인과 집단의 이해가 첨예하게 부딪치면서 발생하는 갈등을 관리하고 최대공약수를 도출하여 합의를 모색해 가는 작업은 갈수록 어려워진다. '정치'가 다시 문제로 대두될 수밖에 없는 이유이기도 하다. 정치는 기본적으로 갈등의 조정이며, 가치의 권위적 배분이기 때문이다. 이는 정치가 지향해야 할 가치와 현실적 제약을 여하히 조화시킬 것인가의 문제와 직결된다.

그렇다면 한국사회에서 정치의 의미는 어떻게 다가오는가. 한국정치에서 무당파(無黨派)의 증가가 의미하는 바는 무엇일까. 정치에 대한 불신, 정치가 현실을 보다 나은 상황으로 진전시킬 수 있다는 전망적 기대의 포기, 정치인이라는 전문 직업인들에 대한 증오에 가까운 혐오 등이 무당파가 늘어나는 요인일 것이다.

무당파는 보수 성향이나 진보 성향 중 어느 이념도 지지하지 않는 유권자가 아니다. 사안별, 이슈별 쟁점에 대해 지지와 반대가 교차하는 쟁점투표(issue voting)[1]의 성향을 갖는 중도층을 의미하지 않는다. 무당파는 사안이나 쟁점에 관계없이 지지하는 정당이 없는 유권자 그룹을 의미한다. 무당파의 증가는 대의제 민주주의와 한국 정당정치의 위기이다.

정치가 사회의 갈등과 균열(cleavage)을 대표함으로써 시민사회의 상충하는 이해관계 충돌을 최소화하고 관리하는 것이라면 분명 현재의 한국정치는 시민들로부터 유리되어 있다. 모든 사안에 대한 진영논리적 접근과 대통령에 대한 과도한 충성이 초래하는 보수정당의 탈정치적 행태는 이념적 양극화를 확대 재생산한다. 사회적 양극화는 갈등의 표출과 제도권 내의 수렴을 통해 관리될 수 있어야 한다. 상충하는 이해관계가 적절하게 표출되고 집약되는 과정을 거쳐 정책으로 산출되어야 한다. 정치인들이 선거 때마다 공허하게 외치는 통합은 자유주의적 자본주의 사회에서 기본적으로 불가능하다. 통합보다는 갈등의 관리와 최소화를 지향해야 한다.

갈등이 관리되려면 복잡다기한 이익의 충돌이 제도권 내에서 논의되고 쟁점화되어야 한다. 사회의 균열과 갈등을 대표하는 다양한 정당을 통해 상충되는 이해관계가 관리되고 최소화될 수 있어야 한다.

---

1) 특정 정당이나 이념에 대해 지속적이고 일관된 지지 성향을 보이는 경우를 정당일체감(party identification)을 갖는다고 한다. 정당일체감은 반드시 이념에 의한 지지가 아니고 특정 지역을 기반으로 한 정당에 대한 지지도 포함한다. 쟁점투표란 정당일체감에 의한 투표에 의존하지 않고 사안별, 쟁점별로 지지 여부를 결정하는 투표 행태를 말한다.

그러나 위선적이게도 한국정치는 이념적 편향과 극단적이고 비상식적 단체를 동원하여 스스로의 정체성과 위상을 강화시킨다. 이는 무당파의 증가와 정치의 퇴행(decay)으로 귀결된다. 여당과 야당, 보수로 위장된 기득권과 진보로 은폐된 계파 패권은 표면적으로는 상대에 대한 증오를 뿜어내지만 서로에게 필요한 존재로 적대적 공존을 끊임없이 모색한다. 혁신과 쇄신은 어느덧 한국정치의 상수가 되었다. 그러나 정치의 혁신과 쇄신을 구체화할 제도적 개혁은 피상적이며 일상적 일과가 되고 말았다.

보수세력과 진보세력은 있어도 진정한 보수와 진보가 부재한 상황, 자유주의와 민주주의에 대한 최소한의 인식과 이해가 결여된 시민사회와 정치가 공고히 자리 잡은 상황에서, 타인에 대한 배려와 시민의식을 운위함은 부질없다. 연령효과(age effect)에 따른 유권자의 보수화 성향과 50대 후반 세대의 인구비율에서의 상대적 우위, 세대효과(generation effect)에 따라 장년 이후 세대의 보수적 경향이 만나는 지점에 한국정치의 딜레마가 있다.

세대에 따라 정치사회적 현안에 대해 태도와 관점에서 일관된 경향성을 띠는 현상을 세대효과라 한다. 한국전쟁세대(1941년 이전)와 전후 산업화세대(1942-1951)는 세대효과가 가장 정확히 적용된다. 유신세대(1952-1959년) 또한 보수적인 큰 흐름을 형성하기 시작했다. 이는 지난 19대 총선과 18대 대선에서 뚜렷한 경향을 보였다. 486세대(1960-1969)와 IMF세대(1970-1978)는 자연연령에 따라 보수적 관점으로 흐를 가능성이 상대적으로 적다. 그러나 연령효과가 보편적으로 적용된다고 본다면 향후 선거정치에서 진보적 성향의 정치적 어젠다가 유권자에게 소구력을 갖기는 쉽지 않아 보인다. 물론 세대 구분은 출생

시기를 기준으로 감수성이 예민했던 시절 사회정치적인 큰 충격을 받았던 경향에 따라 구분한 세대 기준이다. 게다가 야당의 고착화된 분열과 계파 패권주의는 여당에 대한 부정 평가를 희석시킴으로써 보수 정권의 정책 실패에 대한 회고적(retrospective)평가의 가능성을 떨어뜨린다.

우리나라는 제2차 세계대전 이후 독립한 아시아·아프리카 등 제3세계의 후발국가 중 산업화와 민주화를 성공적으로 성취함으로써 정치적·경제적 근대화를 이룬 거의 유일한 국가다. 그 결과 IT와 조선, 반도체, 철강, 자동차 등의 분야에서 세계적인 브랜드를 보유하고 있다. 그러나 산업화를 가능하게 했던 압축성장의 그늘은 깊고 넓다. 권위주의 정권에 의한 성장 제일주의와 경제 지상주의는 불균형 성장을 유도했고 이 과정에서 동원된 특혜와 편법은 군부와 재벌, 관료의 삼각동맹(triple alliance)에 의한 기득권 집단을 형성한다. 물론 대기업 성장을 통한 국가경제의 견인을 마냥 나무랄 일은 아니지만, 이를 통해 결과적으로 벌어진 정치적 배제와 정치적 반대 세력에 대한 억압은 관료적 권위주의(bureaucratic authoritarianism)와 친화력(affinity)을 갖게 된다.

쿠데타로 집권한 태생적 한계와 정통성의 부재를 안보 이데올로기와 경제성장으로 보전(補塡)하고자 했던 군사정권에서 국가보안법은 정권안보의 도구였다. 경제성장으로 인한 도시 중산층 형성의 이면에는 저임금(低賃金)과 저곡가(低穀價)로 상징되는 노동자와 농민의 희생이 있었다. 근로조건과 근무여건의 개선을 요구하는 초보적 수준의 노동운동을 반정부운동으로 둔갑시키고 북한에 동조한다는 이념적 굴레를 씌워 노동운동을 탄압했다.

민주 대 반민주는 권위주의 시대 한국의 정치구도를 형성한다. 1970년대의 민주화 투쟁과 국민의 저항으로 삼선개헌과 유신을 거친 권위주의 정권은 1979년 몰락한다. 그러나 1979년 전두환을 비롯한 신군부는 12·12 쿠데타로 권력을 장악하고 이듬해 5·18 광주민주화 운동을 무력으로 말살하고 5공화국을 출범시킨다. 이후 1980년대를 거치면서 민주주의는 철저하게 유린되고 질식되었으나 민주화를 열망하는 국민적 저항에 굴복한 전두환 정권은 1987년 6·29 선언으로 대통령 직선제 개헌을 발표한다.

이에 따라 제9차 개헌에 의한 대통령 선거가 실시되고 절차적 민주주의(procedural democracy)의 확립이라는 정치적 수사가 붙었으나 민주진영의 분열은 1979년 전두환과 함께 12·12 쿠데타에 참가한 노태우 후보의 승리로 귀결된다. 최초의 민주화에 의한 선거에서도 국민은 또 다시 군부를 선택한 꼴이었다.

해방 이후 자유당, 공화당, 민정당 정권의 이승만, 박정희, 전두환 정권을 거치는 동안 한국사회는 경제성장의 대가로 민주주의의 희생을 치렀고 민주화 이후에도 실질적 민주주의(substantial democracy)는 이루어지지 않았다. 시민사회는 제대로 형성되지 않았고, 그나마 중산층의 등장으로 시민사회의 모습을 갖춰가면서도 조합주의적 국가(corporative state)의 관제 시민단체나 이익단체들에 의하여 시민사회는 국가에 조응할 만한 능력(capability)을 갖추지 못했다. 강한 국가(strong state)와 약한 시민사회(weak civil society)로 상징되는 한국사회의 시민들이 서구의 부르주아 혁명의 역사적 시련과 경험을 거친 시민으로 성장하기에 아직 한국은 더 많은 시간이 필요해 보인다.

시민은 행정 단위로서의 지방자치단체 시(市)의 구성원이어서는 안

된다. 사회경제적 형평과 평등이 자유주의적 관점에서 권리의 평등과 법 앞의 평등이라는 보편적 참정권(universal suffrage)에만 머물러서는 안 된다. 헌법적 기본권(human rights)이 의미하는 소극적 자유(negative liberty)에서 적극적 자유(positive liberty)로 나아갈 수 있을 때 진정한 의미의 민주주의가 공고화의 길로 들어설 수 있다.

세계화 및 신자유주의의 대두와 끈질긴 확산에 의한 양극화는 한국만의 문제는 아니다. 그러나 사회경제적 격차(divide)에 의한 사회적 원심력은 소득수준과 계층에 관계없이 한국사회 전반을 위협하고 있다. 시민적 참여(popular participation)의 새로운 기회와 개방은 제한적이고 형식적이다. 국가권력은 시민들의 통제에서 벗어나 있다. 국가는 무능하고 이기적이다. 세월호 참사에 대한 초기 대응 실패에도 불구하고 무책임으로 일관하는 정부, 시민단체의 외피를 입은 채 몰지성과 무질서를 조장·방기하는 극우단체들의 편향된 정치사회 의식이 공공연히 수용되는 나라에서 건강한 시민사회와 국가의 모습은 찾아볼 수 없다.

양극화의 보편화와 구조화, 고착화되고 있는 사회 계급의 블록화, 고령화·보수화되고 있는 유권자의 정치 성향, 사회정치적 갈등에 편승하는 기득권의 존재는 우리의 미래를 전망하기 어렵게 하고 있다. 이러한 총체적 병리의 중심에 정치의 무능이 똬리를 틀고 있다. 권위주의 시대에 일상화되었던 정치적 배제(political exclusion)와 억압(repression), 압축성장이 남긴 후유증과 그늘이 단순한 부작용에 그치는 것이 아니라면, 산업화를 가능하게 했던 압축성장의 그늘을 지우는 일은 지난(至難)한 과정이 될 것이다.

서구의 경우 1215년에 대헌장(Magna Carta)과 이후 영국의 권리청

원과 청교도혁명, 명예혁명, 권리장전, 프랑스 대혁명을 통한 인권과 자유를 쟁취했던 그 역사를 우리는 가지고 있지 못하다. 아마 많은 시간이 필요할 것이다. 서구의 300여 년 역사에서 쟁취하고 성취했던 산업화와 민주화를 우리는 60년 만에 이뤄내려 하고 있다. 그 부작용이 얼마나 크겠는가.

부패의 고리는 점점 강화되고 있다. 부패와 편법을 감시하고 견제할 국가 사정기관들의 도덕적 해이는 익숙한 것이 되었다. 국정원 대선 개입 의혹도 제대로 밝혀지지 않는다. 대선에 국가기관이 개입한 사건에 공직선거법을 적용하려던 '정의로운' 검찰총장은 권력에 의해 자신의 '정숙'하지 못했던 사생활이 빌미가 되어 나락으로 떨어졌다. 자살로 진실을 얘기하려 했던 한 부도덕한 기업인의 메모에 등장하는 인물들도 정권의 핵심이라는 이유로 법망을 빠져나간다. 정의롭지 않은 일들이다.

총리, 장관, 권력기관의 수장들이 인사청문회에서 제기된 의혹도 해소되지 않은 채 임명되는 일은 모든 정권에서 다반사로 일어난다. 사법적 영역이 권력의 편에 서서 정의가 묵살되는 상황에서는 사법을 논하는 것도 사치다. 야당은 무능하다. 한 줌도 안 되는 계파의 패권 다툼으로 날이 지새는지 모른다. 역설적으로 말하면 갈등, 양극화, 부패, 탐욕 등의 현상들은 오늘날 한국의 과도한 부정적 역동성과 동전의 양면이다. 한국사회에 있어 오늘의 발전과 이들 병리현상은 상호 인과관계를 형성한다. 기득권 또는 고소득층의 도덕적 해이(moral hazard)를 비판하고 빗나간 탐욕을 질타하지만 한국사회를 형성하는 시민의식의 실종은 계층의 고하를 가리지 않는다.

정치가 아무 것도 해 줄 수 없다는 무력감과 허무주의가 우리를 배회하고 있으나 그래도 기댈 곳은 정치다. 세금도, 적극적 자유를 위한 정책도, 국민이 납득할 수 있는 고위 공직자에 대한 추인도 다 국회의 몫이다. 국회가 제대로 서고, 시민의 통제하에 있다면 많은 부분이 제대로 자리를 잡아나갈 것이다. 상당한 시간이 필요하겠으나 마냥 기다릴 수만은 없다. 근대화의 궤적이 드리운 음영의 뒤안길의 원인을 알고, 그 처방도 모르지 않는데 방기(放棄)할 수는 없지 않겠는가.

이 책은 이러한 상황 인식과 문제의식에서 출발했다. 또한 실천과 이론의 어느 한 쪽에 편향되지 않으려 노력했다. 보고 겪었던 정치사회의 경험과 이론의 양 측면을 최대한 살리려 노력했으나 어느 쪽도 반영하지 못한 것이 아닌가 하는 부끄러움이 남는다. 나름대로는 불가측의 한국정치 현안들에 대해 비판적이되, 객관성을 유지하려고 했다. 보편적 상식의 바탕위에서 시민의 눈과 서생의 관점에서 현안에 접근했으나 정곡을 찌르지 못하는 졸저가 되지 않았는지 걱정스럽다. 사회과학을 전공하는 학생이나 학자가 아니더라도, 일반의 관점이나 수준에서 한국정치를 일괄해 보는 것이 저자의 기대 섞인 희망이지만, 얼마나 부합하는지에 대한 평가는 온전히 독자들의 몫이다.

이 책은 특정한 주제에 따라 일관되게 논의하는 것을 지양하고, 한국정치를 이해하기 위해 필요한 지식과 관점 등을 위주로 서술하였다. 보다 포괄적인 한국 민주주의를 고찰하는 차원의 논의를 떠나 전공 학도가 아닌 학생이나 한국정치에 관심이 있는 일반대중의 관심이 될 수 있는 문제들도 서술했다. 한국정치의 흐름과 이론적인 기반, 그리고 당시의 국면과 정치상황을 이해하는 데 도움이 됐으면 좋겠다.

책의 구성은 한국의 정치현상에 대한 일반적 설명을 기술하고, 그

간 필자가 언론에 기고한 글들을 모았다. 정치현상과 이론에 관한 글도 소개했다. 그중 연합정치에 관한 글은 학회지에 발표한 글을 수정 보완해서 실었다. 연합정치의 원활한 작동은 대통령제나 내각제 등 어떠한 권력구조를 채택하더라도 그 나라 정치 수준의 가늠자가 되기 때문이다. 또한 연합과 연대 등의 일상적 정치가 부정적 의미의 정치공학과 등치되는 오류를 조금이나마 바로잡기 위해서이기도 하다. 독자들의 많은 질책을 바라며, 더 나은 한국사회의 미래를 위해 정치가 나아가야 할 방향을 진지하게 고민하는 분들에게 작은 길잡이가 되었으면 하는 바람이다.

이 책은 선인출판사 윤관백 대표의 세심한 배려가 없었다면 출간되지 않았거나 시기가 늦춰졌을 것이다. 김명기 편집주간의 소중한 조언도 큰 힘이 됐고, 이 책이 반듯한 모양을 갖추기까지 박애리, 이경남 팀장 등 편집팀 여러분의 도움도 컸다. 모두에게 감사한다. 끝으로 이 책을 그리운 아버님, 어머님께 바친다.

2015. 12. 최창렬

▌ 차례

머리말   5

제1부 한국정치의 현주소

01 국민과 유리된 한국정치   24
  1. 적대적 공존의 정치   28
  2. 블랙홀의 정치   31
  3. 프레임의 정치   36
02 어떻게 바뀌어야 하나   46
  1. 카르텔 구도 혁파해야   49
  2. '제왕적 대통령제' 재고돼야   52
  3. 다수결에서 합의제로 나아가야   55
  4. 요원해 보이는 민주주의   59
03 자유주의와 민주주의   64
  1. 서구의 자유주의와 민주주의   65
  2. 한국의 자유주의와 민주주의   70
  3. 한국 자유주의의 양면성   73
  4. 자유주의와 민주주의의 화해의 모색   75
04 한국 자유주의의 역사와 전망   81
  1. 권위주의 정권과 압축성장   81
  2. 권위주의 시대의 자유주의   87
  3. 민주화 이후 자유주의의 변화   90
  4. 자유주의와 민주주의의 갈등을 넘어   93

05 한국의 연합정치   99
   1. 연합정치의 의미와 정치적 함의   99
   2. 한국정치에서 연합정치의 관점   101
   3. 민주화 이후의 연합정치   105
   4. 연합정치와 정당체제의 변화   116
   5. 한국 연합정치의 전망   122

제2부 민심과 소통

01 통합과 '통합 행보'   128
02 안철수 현상은 미래진행형인가   131
03 여야 대치, 대통령의 민주적 리더십으로 풀어야 133
04 대통령의 취임 100일   137
05 취임 6개월의 '정치'와 '민생'   140
06 집권당의 역할   143
07 세월호, 총체적 난맥과 잔인한 4월   146
08 '가만히 있지 않겠습니다'   149
09 '국가개조'와 '위로부터의 개혁'   152
10 대통령의 지지율   156
11 책임정치가 '국가개조'의 시작이다   159
12 인사의 원칙, 정치의 금도(襟度)   162
13 청와대 문건과 권력 운용   165

14 한국정치는 한국경'제 재도약의 걸림돌?　　　168

15 소통의 골든타임　　　173

16 복지는 '무상(**無償**)이 아니다　　　176

17 블랙홀의 정치, 망각의 정치　　　179

18 정당체제의 재편은 가능한가　　　182

19 북한 변수, 절제된 관리가 필요하다　　　185

20 진부한 선거제도 혁신안들　　　188

21 벼랑 끝에 선 야당　　　191

22 김무성 대표의 경우　　　194

23 새누리당, 지금이라도 늦지 않다　　　197

24 숙종의 정치공학　　　200

25 안철수에 대한 어떤 기대　　　203

제3부 위협받는 대의민주주의

01 공천(**公薦**)과 공천(**空薦**)　　　208

02 총리론　　　211

03 헌법 제1조 제2항　　　214

04 국정원 사건과 '정통성'　　　217

05 국정조사와 단상(**斷想**)들　　　220

06 '민주주의'와 '민생'　　　223

07 국정원의 '의제 설정' 능력　　　226

08 대선 1년, 관용과 절제의 정치가 필요하다   229

09 민생 팽개친 임시국회   232

10 통합신당의 미래   234

11 정도전과 '안팎의 정치'   237

12 책임총리, 가능할까   240

13 개헌과 혁신   243

14 다시 정치다   246

15 '정치'총리는 가능한가   249

16 '성완종 의혹'의 메시지   252

17 의원 신분의 총리 겸직, 바람직한가   255

18 국회법 개정안의 경우   258

19 '유승민 퇴진' 공세, 금도(襟度)지켜야 한다   261

20 '배신의 정치', '배제의 정치'   263

21 오픈프라이머리의 함정   266

22 정치 복원을 잃은 한국정치   269

23 구태에 찌든 예산의 정치학   272

24 국면 전환의 정치학   275

제4부 프레임 정치와 선거

01 경제민주화와 시대정신   280

02 '스윙 보터'의 선거   283

03 문제는 정치다   286

04 '통치'와 '정치'   289

05 윤창중과 정국 반전(反轉)   292

06 NLL과 '출구전략'   295

07 국정원 개혁과 '장외'정치   298

08 채동욱 사태, 어느 관점에 서야 하는가   301

09 대화록 공방과 북한 변수   304

10 프레임 대 프레임   307

11 정권안정론 대 정권심판론   310

12 6·4 지방선거의 경우   313

13 야권 연대는 독인가, 약인가   316

14 '새정치'가 새로워지려면   319

15 통합과 분열, 어느 쪽이든 야권의 몫이다   322

16 안철수의 '현실정치'와 '새정치'   325

17 왜 야당은 번번이 지는가   328

18 정치와 법치   331

19 프레임 정치와 대통령의 침묵   334

20 개헌은 정치혁신이 전제되어야   337

21 선거구 조정, 정당체제의 혁파로 이어져야   341

22 정치혁신의 방향   345

23 정치 복원이 절실하다   348

24 무상급식과 '선별적' 복지   351

25 종북논쟁, 선거에서 추방되어야   354

KOREAN
POLI

제1부 한국정치의 현주소

TICS

01 | 국민과 유리된 한국정치

　　인류가 공동체를 구성하고 삶을 영위해 나가는 행위는 시대와 장소를 불문하고 끊임없이 이어져 왔으며, 이러한 행위는 지구가 소멸하기 전까지는 간단없이 계속될 것이다. 그 과정에서 여러 부문의 산업과 다양한 분야들이 창조되었다가 소멸되고 또 다시 새롭게 등장하곤 한다. 그러나 모든 공동체는 성격과 형태가 다를지라도 경제, 문화, 전통, 관습, 안보, 외교, 군사, 환경 등 공통적으로 해결해 나가야 할 과제에 직면하게 된다. 이러한 문제들을 관리하고 구성원들의 합의를 도출해 나가는 것은 필요불가결하다. 아테네의 폴리스처럼 구성원의 수가 적다면 별도의 합의 형태가 없어도 담화를 통해서 공동체의 공통 관심사에 대해 합의를 도출할 수 있다. 그러나 이는 일반적으로 불가능한 일이다. 여기서 필연적으로 등장하는 것이 바로 권력의 문제다.

정치는 여러 삶의 영역 중에서 권력을 다루는 영역이다. 그러나 그 권력은 권력 자체로는 아무 의미가 없다. 권력이란 "남의 意思에 反해서 자기의 의지를 관철시키는 능력"이라는 고전적 정의가 아니더라도, 정당한 절차를 거쳐서 부여된 권력이라면 이를 통해서 각종 가치를 배분할 수 있고, 삶에 관련된 문제들을 둘러싸고 벌어지는 갈등과 분쟁을 조정해 나갈 수 있다. 이러한 사회적 기능이 없다면 홉스의 "만인에 대한 만인의 투쟁"이 벌어질 수밖에 없다. 따라서 사회와 구성원들이 처한 문제를 해결하기 위해 정치라는 영역은 존재할 수밖에 없는 영역이다.

문제는 '정치'(politics)[2]가 본래의 임무를 다하지 못하고 권력 그 자체를 탐하는 게임으로 전락할 수 있다는 데 있다. 정치에 있어 이와 같은 측면이 있는 것은 부인할 수 없다. 정도의 문제이지, 정치가 권력을 획득하려는 게임의 속성을 불가피하게 갖는 것이라면 이러한 측면은 시공을 막론하고 당연히 존재할 수밖에 없다. 권력정치(power politics)적 측면이 근대 정치학에서 과학적 요소를 획득해 나가는 과정으로서 불가피한 학문적 발전의 경로였으나 한스 모겐소[3](Hans J. Morgenthau)의 현실주의 정치(real politik) 이론으로 무장된 현대정치학의 한계도 자명하다. 이러한 '정치적인 것'이 지니는 보편적 한계와

---

2) 원론적이지만 정치는 이상과 현실의 조화, 명분과 실리 사이의 특정 공간에 위치하는 접점의 모색이다. 그러나 어떠한 경우에도 파워(power), 즉 권력을 바탕으로 한 세력과 세력 간의 투쟁이 본질이다. 권력정치와 현실정치가 정치의 구체적 모습으로 나타나는 이유이다. 정치에 대한 가장 보편적인 정의는 갈등의 조정이다. 영국의 정치학자 이스튼(David Easton)이 말한 "가치의 권위적 배분"은 정치에 대한 고전적 정의로 꼽힌다. 그러나 정치란 "권력의 획득을 위한 세력 간의 쟁투"라는 현실주의적 관점에서의 의미만큼 와 닿는 정의(定義)는 없는 것 같다.
3) 국제정치학자로서 국제정치를 권력투쟁의 정치(power politics)라는 현실주의적 관점에서 파악하는 현실주의 학파의 대표적 학자. 1904년 독일 태생이며 1980년 사망하였다. 권력 추구가 인간의 본성인 것처럼 국제정치를 인간들의 집합체로서의 국가 사이의 권력투쟁과 약육강식의 원리로 정의한다.

한국정치의 구조적 한계가 조응할 때 남는 것은 보편과 특수의 조화가 아닌 한국정치의 실종이다.

정치는 오직 권력을 탐하는 정치 게임의 성격으로 변질되었다. 한국 정당들의 정당제도나 선거제도 등의 제도적 개혁에서 공천 혁신과 정당 내부 얼개의 변화, 물갈이는 빠지지 않는 메뉴로 등장한다. 각종 코스프레(cosplay)로 유권자들의 눈을 현혹시키고 대중들은 그 정치공학에 익숙하다. 선거 결과는 선거 기간 중의 홍보나 이미지 창출에 의해 결정된다. 대선과 총선 등 각종 선거가 나름의 시대정신을 반영해 왔지만 유권자 과반의 지지도 획득하지 못하는 대선의 결과가 대표성(representativeness)과 책임성(accountability)을 상실한 지는 오래다. 여야 정당들의 숱한 쇄신과 혁신이 선거 후에 등장하지만 이는 그들만의 통과의례요, 정당의 존립을 위한 최소한의 절차라는 사실을 아는 사람은 다 안다. 감동도 공감도 없다. 감동과 공감이 없는 광고와 홍보에서 소통을 기대할 수는 없는 노릇이다. 진정성과 성찰이 전제된 제도 혁신의 의지는 찾아볼 수 없다. 정치권, 그들만의 리그라는 부정적 관점이 보편적 상식으로 화석화되고 있다.

그런데 그 정도가 일반 통념상 이해할 수 있는 범주 안에 있느냐가 문제이다. 한국정치가 국민들과 괴리되고, 그람시(A. Gramsci)의 헤게모니(hegemony)[4]가 의미하는 자발적 동의와 지지에 입각한 신뢰를 얻지 못하는 이유는 어디서 찾을 수 있을까. 근대적 의미의 부르주아 혁명을 경험하지 못했다는 점을 역사적 배경으로 진단할 수 있겠고,

---

4) 하나의 계급이 다른 집단에 대하여 갖는 계급적 지배력을 의미한다. 이는 물리적 강제력과 이데올로기적 통제에 기반한 동의가 적절한 균형을 이룰 때 가능하다. 그람시에게 헤게모니는 가장 중요한 개념이다. 그러나 그람시는 이에 대해 명확한 정의를 내리지 않았다. 안토니오 그람시(1891-1937)는 사회주의와 공산주의를 지지하였던 이탈리아의 지식인이며 실천가요 사상가다.

한국적 특수성의 관점에서 본다면 산업화를 성취해 나가는 과정에서 정치군부와 관료, 재벌이라는 기득권 집단의 삼각동맹(triple alliance)에 의한 의식적이고 의도적인 정치의 배제와 탈정치가 고착화·체질화되었기 때문일 것이다. 산업화를 이루고 민주화를 성취한 이후에 정치는 사회적 극단의 이념적 지향을 수렴하여 합의를 도출해 나가는 기능을 원천적으로 상실해 가고 있다. 이는 정치무용론과 국회무용론의 집단사고(group thinking)로 연결되었다.

  정치는 불필요하고 소모적인 영역으로 인식된다. 이는 사실 여부를 떠나 사회적 프레임으로 형성되고 있다. 어떠한 맥락에서 인식되고 해석되느냐가 정치의 핵심이다. 대중들에게 정치적 메시지가 어떻게 전달되느냐가 정치적 리더십의 성패를 좌우한다. 사실(fact)보다 중요한 것은 진실(truth)이다. 사회경제적, 정치적 맥락에서 어떠한 의제(agenda)를 설정하느냐는 선거의 승패를 가른다. 한국정치는 사회적 합의를 도출하기 위한 의제를 설정하는 방법 자체를 잊은 영역이 된 지 오래다. 이러한 관점에서 한국정치는 자정(自淨) 능력을 상실했다. 갈등을 표출하고 집약해서 조정과 조율을 거치는 정치의 본령[5]에서는 이미 멀어져있다는 진단이 결코 과장되지 않다. 보수적 관점에서라도 정치는 이미 국가경쟁력 강화나 국민의 행복과 삶의 질을 제고하는 데 기여한 바가 없다고 인식되고 있다.

---

[5] 정치의 본령은 바르게 다스리는 것이다. 정치의 정(政)은 정(正)을 의미했다. 현대 정치는 정당정치를 기본으로 한다. 정당은 갈등을 표출(expression)하고, 표출된 갈등을 기본으로 이익(interest)을 집약(aggregation)하는 기능을 다해야 한다. 그리고 그 이익을 정책(policy)으로 산출(output)해야 한다. 정당이 대표하는 세력의 요구(demand)나 지지(support)를 투입(input)으로 함은 물론이다. 이는 다시 환류(feedback) 과정을 거쳐 정치체제(political system) 또는 정당체제(party system)에 투입된다. 그러나 이러한 기본적 정당정치의 시스템은 제대로 작동하지 않고 있다. 이에 대해 정치의 실종 또는 부재라는 비판이 제기되고 있다. 물론 타협과 절충의 정치력 부재가 깔려 있고, 이에는 청와대의 집권당에 대한 일방 우위의 구조가 계속되는 것과 무관치 않다.

1. 적대적 공존의 정치

사회에는 갈등이 상존하기 마련이다. 통합에 대한 강조는 그 자체로 몰가치적이다. 사회 통합은 신자유주의적 가치관과 프레임이 관철되는 상황에서 공허할 뿐이다. 통합은 갈등이 내재하는 사회의 모순을 호도할 뿐이고, 문제의 본질을 흐린다. 사회적 갈등 해결을 위해 갈등의 관리가 선행되어야 한다. 자본과 임금노동자의 셈법이 다르고, 노동 영역에서도 정규직과 비정규직의 이해가 갈린다. 세대별 투표 성향의 차이는 연령별 가치관과 성향의 간극을 입증한다. 이는 연령에 따른 문화적 성향과 사회경제적 입장의 차이에서 연유한다. 이러한 차이는 다원주의적 관점의 다양성의 측면에서 접근할 수 없다. 사회에 존재하는 갈등은 계층, 세대, 지역, 신분 등의 균열로 이어진다. 이러한 갈등과 균열이 제도권 내에서 합리적으로 관리될 때 사회적 원심력은 최소화될 수 있다.

사회와 정치를 바라보는 관점에는 크게 두 가지가 있다. 기능주의적 관점6)과 갈등론7)적 관점이 그것이다. 전자는 사회를 잘 통합된 유기체로 보며 사회의 각 부문은 공동체 전체의 안정을 위해 각자의 역할과 소임을 다함으로써 사회 전체의 안정과 조화에 기여하게 된다는 관점이다. 후자는 사회란 갈등의 각축장이며 이해관계가 격돌한다고 본다. 사회를 구성하는 이익집단 간, 개인과 집단, 개인과 개인 등이 치열하게 각자의 생존과 목적을 위해 투쟁한다. 이 같은 이해관계

---

6) 사회학의 구조기능주의적(structural functionalism) 방법론을 의미한다. 체제이론(system theory)과 관련이 있다. 체제를 구성하는 각 요소들은 각각의 역할과 기능을 다함으로써 체제 유지에 기여한다는 이론이다. 변화와 개혁이 요구되는 상황보다는 안정된 조직이나 체제를 설명할 때보다 적실성을 갖는다.
7) 사회학의 주요한 관점으로서 다렌도르프(Ralf Gustav Dahrendorf)의 갈등이론이 대표적이다.

가 권력과 지배를 둘러싸고 경쟁한다. 안정과 조화보다는 당연히 갈등이 상존할 수밖에 없다. 이러한 사회는 공유된 공통의 가치와 신념에 의해서가 아니라 갈등을 유발하는 강제(coercion)에 의해 유지된다. 물론 어느 사회나 두 가지 양태 중 어느 하나의 모습으로만 구현되지는 않는다. 따라서 두 관점 중 어느 하나의 시각으로만 사회를 분석할 수 없음은 자명하다. 중요한 것은 어떠한 틀로 사회를 분석하는 것이 제대로 사물의 현상에 접근할 수 있을까의 문제이다.

한국사회의 지배적인 모순은 무엇일까. 민족 모순, 계급 모순 등 80년대 운동권의 논쟁 의제를 떠올리게 된다. 한국사회의 고전적인 모순들이지만 지금도 여전히 유효한 구도다. 어느 사회나 모순은 있게 마련이다. 종교 갈등과 인종 갈등이 사회를 극단적인 소용돌이로 몰고 가는 경우도 있다. 문제는 사회가 감내할 수 있는 수준의 모순과 갈등이냐일 것이다. 한국사회가 겪고 있는 각종 층위의 갈등과 모순들의 양태는 어떠한가. 민주 대 반민주 세력이 격돌했던 70-80년대의 모순은 어떻게 진화했는가. 지금 우리 사회의 모습은 사회의 안정과 조화보다는 갈등의 일상화와 대립의 구조화, 적대와 증오의 내재화가 일반적이다.

정치는 이러한 갈등을 조정하고 이해관계의 상충을 조절함으로써 제도권 내에서 갈등을 관리하는 기능을 담당한다. 그러나 우리의 정치는 갈등을 조정하기는커녕 증폭시킨다. 정치엘리트들의 권력 유지를 위해 지역갈등을 동원하기도 하고, 당파성을 조장하기도 한다. 편향성의 동원(the mobilization of bias)8)을 통해 정파적 이익에 충실한

---

8) 지역이나 이념적 갈등의 수준을 끌어올림으로써 정치인이나 정치집단이 자신의 지지계층의 결집을 도모하는 정치적 현상을 의미한다. 민감한 정치적 쟁점일수록 자신을 지지하는 그룹의 지지를 결집시키기 위해 보편타당한 수준을 넘는 쟁점 제기로 지지층을 결집시킨다. 이른바 집토끼를 잡기 위해서 과도한 발언임을 알면서 문제를 제기하는 경우를 종종 본다. 갈등

정치결사체가 한국 정당이라는 사실은 그리 낯설지 않다. 그렇게 해서 여야는 이념적 지향과 무관하게 '적대적'으로 '공생'한다. 현안마다 사사건건 부딪치면서 여야의 대립이 집권당과 제1야당의 상호 존재를 추인받는 역설적 구조, 그것이 한국정치다.

세계에 유례가 없다는 한국경제의 빠른 성장, 오랜 권위주의 체제를 국민의 저항과 항쟁으로 무너뜨리고 민주화까지 이룩한 '저력 있는 대한민국'의 산업화와 민주화는 상호보완적으로 기능하지 못하고 접점을 찾을 수 없는 상충된 구도로 고착화되고 있다. 경제적 자유주의와 정치적 민주주의 역시 한국사회의 이념적 대척의 한 축으로 기능한다. 자유와 평등은 성장과 복지의 대립의 연장에서 파악된다. 노후에 대한 불안과 취업에 대한 좌절이 세대 간의 불화로 전이된다. 대기업과 중소기업의 격차를 정책 수단의 동원을 통해 줄여나간다는 것은 어딘지 공허해 보인다. 가진 자나 못 가진 자나 각자도생(各自圖生)의 삶을 찾느라 자신을 제외한 타자(他者)에게 배려할 공간은 희미해져 간다. 이기와 탐욕이 각자의 삶의 수준에서 격렬히 부딪친다. 보편성과 상식으로 독해가 불가능한 기이한 사건·사고는 차라리 삶의 일상이 된 듯하다.

관피아9)를 척결한다고 요란을 떨지만 이 사회의 기득권들이 어디 그 화려한 삶의 자락을 놓치겠는가. 외모가 출세의 중요한 수단으로 사실상 공인되는 사회, 모든 영역에서 서열화와 계급화가 구조화되어 '갑질'이 지탄을 받지만 갑과 을의 종속적 구조, 지배·피지배의 구조

을 이용하는 한편 다른 종류의 갈등은 억압하는 경우도 이에 해당한다고 볼 수 있다.
9) 관료 마피아를 의미하는 조어. 2014년 4월의 세월호 참사 이후 만들어진 용어다. 세월호 참사가 부패한 관료와 결탁한 해운회사와의 연결고리에서 비롯됐고, 한국사회의 구조화된 부패구조에서 연유했음을 이르는 말이다. 이후 군대 마피아의 합성어인 군피아, 특정 대학 교수들이 관료와 결탁하여 요직을 차지하는 학피아, 철도공무원들의 철피아 등 한국사회의 구조적 정경유착과 짬짜미 문화를 의미하는 신조어가 생겨났다.

가 고질화되어가는 사회에서 애당초 편안하고 행복함을 주관적으로 느끼며 하루하루를 생존해 나간다는 것은 어쩌면 사치이다. 가진 자, 못 가진 자, 배운 자, 못 배운 자 모두에게 불편한 사회, 지탱하기 버거운 공동체가 되고 있는지도 모른다.

교육과 문화, 정치와 경제 모든 영역이 궤도를 이탈하고 있다. 어디서부터 손을 대야 하나. 정치가? 교육이? 시민들, 사회구성원 들의 인식을 어떻게 바꿔나갈 수 있을까. 사회의 분위기와 문화가 혁명적으로 바뀌어야 하는데 이러한 거대한 트렌드를 누가, 무엇이 견인해 낼 수 있단 말인가. 한국사회의 갈등이 단순한 계층 간의 이해 충돌을 넘어서 구조적으로 블록화되고 양극화가 보편화되는 구조로 가고 있는 현실에서 눈물과 피와 땀으로 쟁취한 민주주의는 점차 퇴행할 수밖에 없다. 절차적 민주주의조차 위협받을 수 있다.

2. 블랙홀의 정치

그렇다면 한국정치는 왜 이러한 전철을 밟고 있는 것인가? 우리 정치는 사회적 평등과 횡적 유대의 강화를 위해 얼마나 기능하고 있는가? 정치의 고전적인 정의는 갈등의 조정이다. 이는 가치의 권위적 배분이라는 또 다른 전통적 정의와 맞닿아 있다. 그러나 우리의 정치는 자신의 지지층을 작위적으로 결집시킨다. 의도적인 갈등 조장은 지역적, 이념적 간극이 실상보다 더욱 두드러지게 함으로써 다시 갈등의 증폭으로 나타나는 악순환을 확대 재생산한다. 사회적 갈등을 존재론적 관점에서 노출시킴으로써 격차를 관리하고 최소화해야 하는 정치권의 직무유기다. 이는 갈등을 현재화(顯在化) 시키고 이익을 표출함으로써 정책에 반영하는 정치 과정에서 갈등이 관리되는 선순환 구조의 파기를 의미한다. 그렇게 해서 여야는 이념적 지향과 무관하게 '적대적'으로 '공생'10)한다. 현안마다 사사건건 부딪치면서 여야의 대립이 집권당과 제1야당의 상호 존재를 추인 받는 역설적 구조, 그것이 한국정치다.

1987년의 9차 개헌은 한국 정치사회의 변곡점을 찍었다. 군사권위주의 정권의 종지부를 찍은 직선제 개헌은 압축적 성장의 물리적 변화와 함께 국민의 정치적 의사를 반영하는 민주주의 국가 대열에 동참하는 역사의 분수령이었다. 그리고 28년이 지났다. 한국사회는 더 다양해졌고 더욱 복잡해졌다. 모든 영역에서 숨 쉴 틈 없이 변화했다. 교육도, 문화도, 경제도, 정치도, 환경도, 노동도 1987년 때와는 비교 자체를 할 수 없게 변했다.

그런데 이러한 획기적 변화를 관통하는 하나의 흐름이 존재한다. 부유한 자와 가난한 자, 고학력자와 저학력자, 수도권과 지방, 지방 대 지방의 격차가 일상적 수준의 격차를 넘어서 무시할 수 없는 수준으로 고착화되어가고 있다는 점이다. 이러한 현실은 민주화 이후 노태우, 김영삼, 김대중, 노무현, 이명박, 박근혜 다섯 대통령을 거치는 동안 한국의 실질적 민주주의11)는 정체 내지는 퇴행하고 있다는 증

---

10) 한국의 집권당과 제1야당은 이념적으로 보수정당들이다. 물론 전통적인 민주당 계열의 정당들이 상대적으로 진보적 경향을 띠지만 큰 흐름에서 이념정당, 또는 진보정당으로 볼 수는 없다. 이들은 국고보조금 제도와 지역을 기반으로 한 카르텔 구조를 형성하고 있다. 이들은 현안마다 적대적 대립을 보이지만 역설적으로 타협의 부재와 정치력의 실종이 거대 정당들의 '적대적 공존'을 가능케 한다. 양 극단의 주장을 함으로써 자신들의 지지층을 동원하고 결집시킨다. 이는 진보정당과 소수의 이해를 대표하는 정당들의 정치권 진입(entry)이 사실상 어려운 구조와 맞닿아 있다. 단순다수제와 소선거구 제도를 채택하고 있는 선거제도 또한 거대 정당의 독점체제를 강화시키는 요인이다. 따라서 비례대표제를 더욱 확대해야 한다는 주장들이 제기되고 있다.

11) 절차적 민주주의(procedural democracy)란 헌법적 · 법률적 측면에서 민주적 절차에 입각한 하자 없는 선거정치가 이루어지는 형태를 말한다. 형식적 민주주의, 최소한의 민주주의,

거가 된다.

한국정치가 민주화 이후 제대로 된 민주주의를 견인해 내고 있는지는 또 다른 의문이요 과제이다. 분단과 냉전반공주의의 굴레에서 벗어나지 못하고 사회의 모든 영역이 경직화되고 보수화되었던 한국사회는 분단이라는 외생적 변수에서 여전히 자유롭지 못하다. 남북정상회담이 두 번씩이나 개최되었으나 이명박 정권 이후 남북한은 관계 개선이나 긴장 완화에 대해 의지도 능력도 보여주지 못하고 있다. 여전히 한국사회의 이념적 갈등인 '남남갈등(南南葛藤)'은 상존하고 있고, 한국정치의 불확실성[12]은 계속되고 있다.

한국정치를 다이내믹스의 정치라고 하지만 이는 역동적이며 시대변화에 탄력적인 정치의 유연성을 의미하지 않는다. 단지 어디로 튈지 모르는 예측 불가능의 다른 표현에 지나지 않는다는 것이다. 휘발성 강한 정치사회적 이슈가 제기되면 사회적 논쟁은 모두 그 이슈로 함몰된다. 여기에 여야 정치권의 몰정치적 이해타산은 비등점을 향해 치닫는다. 여당과 야당, 보수와 진보의 진영논리는 사회 전체를 양분하고 언론의 상업주의[13] 역시 발 빠르게 움직인다. 선거를 앞둔 시점

유사(類似) 민주주의라고도 한다. 이는 1987년의 민주화 이후의 민주주의 형태를 의미하기도 한다. 반면 실질적 민주주의(substantial democracy)는 단지 법적 절차적 차원의 민주주의뿐만 아니라 민주주의의 내용을 중시한다. 즉 경제적 형평, 노동자의 권익의 보장, 사회적 약자와 소수의 권리가 반영되는 체제, 복지와 분배의 일정 수준의 달성 등이 기준이라 하겠다.

12) '정치는 생물'이란 말은 한국정치의 불가측성을 의미할 때 보편적으로 통용되는 말이다. 어느 하나의 사건이 정국의 대반전을 가져오고 이에 따른 정치인의 부침 등 예측불허의 정치가 한국정치의 속성인 듯하다. 이는 그만큼 민주주의의 제도화(institutionalization)가 지체되고 있다는 방증이기도 하다. 2007년 대선에서 대선일인 12월 19일을 50일도 남겨놓지 않은 상태에서 여전히 야당과 범여권의 후보가 확정되지 않았다는 하나의 예만 봐도 한국정치가 얼마나 예측 불가능한가를 알 수 있다.

13) 미디어 환경과 언론이 지나치게 보수화되어 있는 측면도 지적하지 않을 수 없다. 이른바 주류 언론이라는 조선일보와 동아일보, 중앙일보 및 매일경제신문 등이 보수적인 논조를 견지하고 각 사가 소유하고 있는 종편이 대체로 우편향의 성향을 보이고 있는 상황과 무관치 않다.

이라면 정치기술자들의 공학적 사고가 어김없이 위력을 발휘한다.

　보수 성향 정당들의 집권 시기가 훨씬 긴 한국적 현실에서 대체로 특정 사안이 불거지면 보수 성향의 정당이 불리해지다가 국면은 빠르게 바뀐다. 공수의 빠른 전환은 이제 한국정치의 하나의 프레임이 됐다. 한나라당, 새누리당 계열의 정당들에게 불리한 국면은 바로 국면 전환으로 이어진다. 선거를 앞두고 있는 상황에서는 거의 예외가 없다. 특히 2012년 4월의 19대 총선과 그 해 말 18대 대통령 선거에서 새누리당의 연이은 승리, 이후의 2014년 6·4 지방선거와 7·30 재보선, 2015년 4·29 재보선에서 새정치연합의 패배 등에서 보듯이 선거를 둘러싸고 있는 상황적 요인은 압도적으로 야당에 유리함에도 불구하고 결과는 항상 새누리당의 승리로 귀결되었다. 그 절정은 '성완종 리스트'가 정국을 강타하는 와중에도 야당의 완패로 끝난 2015년 4·29 재보선이다. 물론 선거 바로 전날 박근혜 대통령의 대국민 메시지는 결과적으로 선거에 영향을 끼치기에 충분했다는 추론은 가능하다. 한 판 뒤집기로 전세를 역전시키는 정치공학적 기법은 물론 선거정치라는 측면에서 살펴봐야 할 것이다. 선거의 최종 결과는 투표가 말해 주는 것이며 선거 승리는 지지자들의 투표 행위로 연결될 수 있을 때 가능하다.

　세월호 참사 이후 2014년의 6·4 지방선거와 7·30 재보선[14]이 그랬고, 2015년 4월 성완종 리스트로 여당의 참패가 예상되던 4·29 재

---

14) 서울 동작 을, 경기 수원 을(권선), 경기 수원 병(팔달), 경기 수원 정(영통), 경기 김포, 경기 평택 을, 대전 대덕, 충북 충주, 충남 서산·태안, 부산 해운대·기장 갑, 울산 남 을, 광주 광산 을, 전남 나주·화순, 전남 담양·함평·영광·장성, 전남 순천·곡성의 15군데서 치러진 재보궐 선거. 기존의 새누리당 10석, 새정치연합 4석, 통합진보당 1석이었던 선거 구였으나 재보선 결과는 새정치연합의 참패였다. 새정치연합은 4석을 얻는 데 그쳤다. 전남 순천·곡성에서는 새누리당의 이정현 후보가 당선됨으로써 새정치연합에서 이반된 호남 민심을 상징적으로 보여준 선거. 세월호 참사 정국의 와중에 치러진 선거임에도 불구하고 야당의 패배로 귀결된 선거 결과는 새정치연합의 당내 갈등과 공천 전략의 부재 등이 원인으로 꼽혔다.

보선15)은 새정치민주연합의 참패로 끝났다. 그것도 민주당 계열 정당의 성지인 광주와 관악 을에서 새정치연합이 패배했다. 어느 선거에나 당 내외적 승인과 패인은 존재한다. 그러나 눈여겨봐야 할 부분은 선거 직전 선거 프레임의 변화다. 성완종 리스트가 여당에게 악재로 작용했을 때 여권은 성완종 전 경남기업 회장이 노무현 정부 때 받았던 특별사면을 이슈로 부각시키는 데 성공한다. 물론 선거 바로 전날 박근혜 대통령의 특별사면에 대한 사실상의 수사 지시가 선거에 어떠한 형태든 영향을 미쳤으리라는 합리적 추론은 가능하다. 그래서 한국정치는 블랙홀의 정치요, 망각의 정치이다.

한국정치의 이러한 고정화된 프레임은 정치가 현실과 이상의 조화이면서도 최소한 어떠한 가치를 지향해야 하는지에 대한 사회적 합의가 전제되어 있지 않은 현실에서 더욱 비관적으로 작용한다. 오로지 정치공학적 표 계산이 유권자의 표심을 왜곡시키고 그릇된 정치의식과 연결되면서 선거는 권력을 잡은 자들에 대한 평가라는 고전적 의미를 상실한다. 정치학의 전통적 이론인 선거의 회고적 투표(retrospective voting)와 전망적 투표(prospective voting)에서 회고적 투표가 과거지향적인 투표로 치부되고 정치기술에 의한 전망적 투표의 착시현상이 지배적으로 작동하는 정치공간에서 이미 선거정치는 그 존재이유를 찾을 수 없다.

집단사고를 기반으로 한 집단지성 역시 그 빛을 발하지 않는다. 이러한 정치 관행의 반복은 급기야 정치 허무주의와 정치적 무력감으로

---

15) 서울 관악 을, 인천 서구 강화 을, 광주 서구 을, 경기 성남 중원의 선거구에서 치러진 재보궐선거. 결과는 새누리당 3석, 무소속 1석이 당선됨으로써 새정치연합은 전패했다. 특히 광주 서구 을의 천정배 후보는 새정치연합을 탈당하여 출마하고 당선됨으로써 2014년 전남 순천 곡성에서 새누리당 이정현 후보의 당선에 이어 새정치연합이 패배한 선거가 되어 호남 표심의 새정치연합으로부터의 이탈을 상징적으로 보여준 선거였다.

연결된다. 그리고 젊은 계층의 정치적 무관심과 정치적 패배주의가 고개를 든다. 이러한 상황에서는 정치가 무엇을 바꿀 수 있다는 희망을 갖는다는 논리 자체가 어불성설이다. 정치적 비아냥과 패배주의가 사회를 냉소와 불신으로 가득 메운다. 양 극단의 진영논리가 싹틀 토양이 차근차근 쌓여간다. 이러한 정체된 사회에서 기득권의 지위는 보다 공고해지고 강화된다. 갈등의 조정이라는 정치의 본령은 교과서 이외에서는 찾을 수 없는 한국정치의 현실이요, 자화상이다.

3. 프레임의 정치

정치가 무엇을 바꿀 수 있다는 기대와 희망에서 비껴있을 때 정치 참여의 폭은 축소된다. 변화와 혁신은 개인의 삶이 나아질 수 있다는 전망과 연결될 때 의미를 갖는다. 정치의 변혁이 정치권에 머무른다면 아무런 의미를 찾을 수 없다. 전반적인 투표율의 저하라는 현대 정치의 일상적인 현상 속에 두 흐름이 존재한다. 고령층의 투표율 증가와 젊은 층의 투표율 감소라는 상반되는 현상이다. 정치가 사회적 약자와 먹이 피라미드의 하부에 속하는 계층에게 현재의 지형을 바꿀 수 있다는 믿음과 확신을 줄 때 진정 무언가를 바꿀 수 있다. 바꿀 수 없다는 절망은 투표율의 저하로 연결되고 종국적으로 철옹성처럼 구조화되어 있는 기득권 구조를 깰 수 없다. 계층 이동의 사다리가 끊겨가고 신분 상승의 기회는 제한적인 상황에서, 사회적 연대에 기반한 공동체 의식의 존재는 희미해져 간다. 정치가 미래에 대한 비전과 지향을 보여주지 못할 때 그 존재가치를 인정받지 못한다.

정치의 부재와 실종이 정치 현실로 굳어져 가고 있는 상황에서 이러한 몰정치의 타파는 시대적 당위다. 비정상적 정치 행태에 대한 근본적 성찰을 찾아보기 어려운 상황에서 권력구조 그 자체가 국민에게 어떠한 의미로 인식될까. 한국정치에서 권력구조의 변경이 주된 논쟁적 이슈가 될 수밖에 없는 개헌이 공감을 얻지 못하는 이유이다.

물론 현재의 5년 단임제 권력 집중형 대통령제, 즉 내각제와의 혼합이라고 하면서 최고 권력자의 의지대로 의원을 차출해서 국무총리와 국무위원으로 임명16)하는 현재의 대통령제17)에 대한 문제 제기는 여전히 유효하며 유의미하다. 내각제를 포함하여 대통령 중임제, 이원집정부제 등 권력 집중이 아닌 권력 분점과 권력 분산의 문제가 사회적 논의의 레벨로 끌어올려져야 함은 재론의 여지가 없다.

---

16) 헌법 43조에는 "국회의원은 법률이 정하는 직을 겸할 수 없다"라고 되어 있다. 국회법 29조 1항은 "의원은 국무총리 또는 국무위원의 직 이외의 다른 직을 겸할 수 없다"라고 되어 있고, 단서 조항으로 "공익 목적의 명예직"과 "다른 법률에서 의원이 임명 위촉되도록 정한 직", "정당법에 따른 정당의 직"은 예외로 하고 있다. 국회의원의 국무위원 겸직은 국회법에 따른 것이다. 겸직이 삼권분립에 부합하지 않는다는 비판에 따라 국회법 개정 움직임이 줄곧 제기되었으나 결국은 의원들의 이기주의 때문에 개정은 이루어지지 않고 있다.

17) 한국의 대통령제는 내각제적 요소를 내포하고 있다. 행정부가 법률안 제출권을 가지고 있는 부분과 국회의원이 국무위원을 겸임할 수 있는 구조가 대표적이다. 물론 국회가 국무총리나 국무위원의 해임건의권을 가지고 있는 것도 그 중의 하나다. 그러나 시급히 시정되어야 할 부분이 국회의원의 국무위원 겸임 조항이다. 이는 대통령제의 기본 원리인 견제와 균형(check and balance)을 심각하게 훼손하고 있다.

*박근혜 정부 들어 국회의원의 국무위원 겸직은 물론 대통령 특보로의 기용도 지적될 수 있다. 박근혜 대통령은 새누리당 이완구, 최경환, 황우여, 김희정, 유일호, 유기준 의원 등을 장관으로 발탁했다. 그리고 윤상현, 김재원, 주호영 등을 대통령 정무특보로 임명했다. 이는 위헌 논란을 불러왔다.

**게다가 사법부의 고위 법관들을 행정부의 고위 관료로 임명하는 행태는 삼권분립의 현저한 훼손으로 연결될 수밖에 없다. 박근혜 정부 들어 황찬현 감사원장이 서울중앙지법원장에서 바로 자리를 옮겼고, 최성준 방송통신위원장 역시 서울고등법원 부장판사에서 직행했다. 이성보 서울중앙지법원장이 국민권익위원장에 임명되는가 하면, 이성호 서울중앙지법원장도 국가인권위원장에 임명되는 등 현직 판사를 행정부 요직에 바로 임명하는 사례가 지나치게 빈번하다. 이명박 정부 때도 김황식 대법관을 감사원장에 기용했다가 다시 국무총리로 임명한 적이 있고, 김영삼 정부 때 이회창 감사원장을 국무총리로 내정하기도 했으나, 박근혜 정부 들어 그 빈도가 잦다. 사법부에서 퇴직하고 일정 기간이 지나지도 않은 인사를 행정부 요직에 앉히면 사법부가 행정부를 견제 · 감시할 수 있는 동력은 현저히 떨어질 수밖에 없다.

한국정치의 무력감과 정치 허무주의는 상당 부분 야당의 무기력에 기인한다. 민주당 계열의 정당들은 김대중과 노무현 두 대통령 임기를 제외하고는 줄곧 야당이다. 1990년 1월의 민주정의당, 통일민주당, 신민주공화당의 3당합당으로 등장한 거대 여당인 민주자유당의 등극은 한국의 보수대연합을 알리는 팡파르였다. 사실상 프레임 정치의 서막이다. 3당합당을 보수의 연합으로 보든 유권자의 선택을 왜곡한 인위적 정계개편으로 보든, 3당합당은 1990년대 이후 한국정치의 흐름을 바꿔 놓은 분수령이다. 이후 야당은 각 계파로 공천과 지분권을 둘러싸고 분열했다. 이념과 노선에 따른 진화가 아니었다. 19대 총선과 18대 대선의 패배 이후 이어지고 있는 야당의 무기력증과 분열은 고착화되어 가고 있다. 2015년 성완종 리스트 정국에서 치러진 4·29 재보선에서의 완패는 한국 야당의 존재 의미조차 의심받을 정도의 정치적 사건이라 해도 과언이 아니다. 광주에서 새정치연합의 후보가 패배하는 일은 일찍이 한국야당사에서는 찾아볼 수 없었다.

　한국 야당이 수권정당과 대안정당을 지향할 수 있느냐의 여부는 유권자의 연령별 분포의 변화에 적절히 대응할 수 있느냐의 문제와 직결되어 있다. 노령세대로 갈수록 투표율이 높다. 그리고 고령화는 보수 지향의 투표 성향으로 연결된다. 한국 대통령선거의 승패는 근소한 차이로 엇갈린다. 선거 국면에서 선거의 승패를 가르는 쟁점 이슈에 여하히 대응하고 표를 결집시키느냐가 승패의 관건이다. 그러나 야당은 2011년 서울시장 선거에서의 승리 이후 변화하고 있는 선거 지형에 효과적으로 대응하지 못하고 '패배의 프레임'에서 헤어나지 못하고 있다.[18] 야당이 패배의 트라우마에서 벗어나지 못하고 있는 정

---

18) 야당은 2012년 총선과 대선의 패배, 2014년 6·4 지방선거의 사실상의 패배, 7·30 재보선, 2015년 4·29 재보선에서 참패 등 5번을 연이어 패배했다. '이기는 법을 잊은 정당'이라는

치공학적 이유는 고착화되고 구조화된 계파의 이합집산 때문이다.

　민주화 이후부터 야당의 변천사는 이를 상징적으로 방증한다. 1995년 절치부심 차기 대권을 노리던 김대중은 새정치국민회의를 창당한다. 이후 김대중 후보는 15대 대통령선거에서 승리한다. 그리고 노무현 대통령의 참여정부 이후 이명박 정부와 박근혜 정부로 이어지면서 야권은 연대를 통한 표의 결집도, 사회경제적 이슈를 주도할 수 있는 어젠다 세팅(의제 설정)도 실패했다. 주지하다시피 19대 총선과 18대 대선에서 경제민주화와 복지 어젠다는 새누리당이 선점해 나갔다. 진보진영의 전유물처럼 여겨졌던 어젠다(agenda)를 포장하는 정치 기술과 정무적 판단조차 여권에 압도당한 결과다.

　유권자의 정치 성향 변화와 연령효과(aging effect)[19] 및 세대효과(generation effect)[20] 등의 외부적 요인에 못지않게 야당의 무기력과 선거정치에서의 연이은 패배에는 프레임이라는 흐름이 존재한다. 물론 이 프레임을 부수는 것도 야당의 몫이다. 그러나 야당은, 보다 구체적으로는 친노 그룹은 이른바 친노(노무현) 프레임으로 지칭되는 틀을 자신들의 기득권을 지키기 위한 또 하나의 프레임으로 동원한다. 현재는 언제 유통기한이 만료될 지 기약이 없는 길고도 지루한

비아냥까지 생겼다.

19) 연령효과란 나이가 들수록 사회정치적 현안을 보는 관점이 보수화되는 현상이다. 현안을 보는 태도에서 보수적 시각이 우세해지는 경향(propensity)을 의미한다. 사회적 지위의 상승과 경제적 안정에서 오는 정향(orientation)의 변화와 무관치 않다. 또한 생물학적 노화로 인한 생각과 태도의 변화를 뜻하기도 한다.

20) 세대효과는 사회적 인식이 형성되는 청년기나 성년 초기에 같은 사회경제적, 역사적 경험에 노출된 집단은 비슷한 정향을 체득하고 이에 대한 정서와 인식을 공유하는 현상을 의미한다. 따라서 세대마다 다른 인식과 태도를 갖고 유지하게 됨으로써 하나의 세대로서 자리매김한다. 이후의 경험들이 계층화(stratification)된다. 예를 들어 4·19혁명을 청년기에 겪은 세대, 한일국교정상화 반대 운동을 전개했던 1964년 6·3사태를 경험했던 세대, 1972년 유신 때 감수성이 예민한 청소년기를 겪은 연령층, 1980년의 5·18세대 등의 정치와 역사를 보는 인식과 관점은 어떠한 정향을 가진 흐름을 형성한다.

논쟁의 핵심으로 자리 잡았다. 물론 친노 그룹이 실제 존재하는지도 논쟁의 또 다른 주제다. 그러나 정치가 어떻게 유권자에게 인식되고 해석되느냐가 표심과 직결되는 현실공간에서의 세력 다툼이라면 친노가 있느냐 없느냐의 논쟁은 그야말로 소모적이며 존재한다는 상수로 보고 이에 대한 인식을 없앨 방안을 고민하고 성찰하는 자세가 훨씬 중요하다.

실체 유무와 관계없이 야당 내의 특정한 정치적 변인에 따른 '친노' 논쟁이 일단 제기되면 이는 야당을 집어삼키는 블랙홀이 된다. 친노 프레임은 친노 패권주의와 동의어로 인식되고 이는 야당을 지지하든 지지하지 않든 유권자들에게 계파 이기주의로 해석되면서 야당 전체는 이미 보수진영에게 이슈 및 어젠다와 무관하게 부도덕하고 무능한 집단으로 각인된다. '친노 프레임'이 '친노 효과'로 전환되는 지점이다. 친노 프레임과 친노 효과는 제1야당의 분열로 이어진다. 이제 친노 프레임은 제1야당의 덫이 됐다.

그렇다면 친노란 구체적으로 어떤 세력으로 정의할 수 있는가. 문재인을 지지하는 그룹, 노무현의 정신을 계승하고자 일단의 생각을 같이 하는 그룹, 정치적으로 공천이라는 정치적 과실을 획득하기 위해 모인 계파, 정권 교체와는 무관하게 현재의 제1야당의 기득권을 유지하고자 하는 정치적 파벌. 아마 친노라는 의미는 그러한 정의들 중 어느 가운데 위치할 것이다. 지난 19대 총선 때 한명숙 대표가 공천한 인물로도 정의할 수 있을 것이고, 17대 총선 때 열린우리당으로 당선되었던 의원들로도 광범위하게 정의할 수도 있을 것이다. 어떻게 정의를 내리든 친노와 친노가 아닌 비노 사이에 가로지르고 있는 갈등과 대립의 폭을 좁히는 일은 야당의 쇄신과 직결된다. 이는 공천 혁신과 연결될 수밖에 없을 것이고 정당 개혁과도 직간접적으로 맞물린다.

이는 호남 세력과 비노의 연합군 대 친노의 구도로 단순화되기도 한다. 2003년 열린우리당이 창당되고 이후 야권 내의 이합집산을 거쳐 민주당과 새정치연합이 합당하여 새정치민주연합으로 통합되면서 문재인과 안철수의 대립 구도, 문재인과 박지원의 갈등도 변수로 등장한다. 갈등을 넘는 분열과 분당까지 거론되는 상황이다. 20대 총선을 앞두고 어떻게 진화하고 분화할지 아무도 장담할 수 없다. 말이 진화고 분화이지 분열과 분당으로 치닫게 되면, 일반적 의미의 연대를 통한 연합정치(coalition politics)[21])도 불가능해 진다. 이는 또 다시 총선과 대선의 패배로 귀결될 것이다.[22]

그렇다면 이를 이대로 방치할 건가. 방치는 곧 기울어진 운동장을 의미하고 이러한 상태에서는 선거정치 자체가 의미를 상실한다. "친노 프레임은 보수언론이나 반대 세력이 우리를 분열시키는 프레임", 새정치연합의 문재인 대표가 2012년 6월 12일 대통령 선거 출마 선언 후 한 말이다. 그러다 며칠 뒤엔 "나는 친노가 확실하고 딱지를 떼고 싶지도 않다"(6월 27일 관훈클럽 초청토론회)고 번복했다. 친노 프레임은 청와대와 새누리당의 분리 전략이라는 것이 새정치연합의 인식이다. 새정치연합의 친노 그룹은 친노 프레임에 대해 3당합당 이후

---

21) 선거 후의 공동정부 구성이나 선거 승리를 위한 정당 간의 후보 단일화, 정책연대 등의 형태를 말한다. 합당이나 당의 통합과는 다르지만 여소야대와 같은 상황에서도 야당 간의 연대를 통한 여당 견제도 포함될 수 있다.

22) 한국정치에서 분열과 통합은 선거 승패를 가르는 주요한 요인이다. 선거정치에서 선거 전 당의 이합집산이 빈번하게 이루어졌다. 선거를 앞두고 당 이미지 변신과 혁신이라는 명분의 당명 개정이 자주 이루어지는 행태도 한국정치의 특징 중 하나다. 19대 총선을 앞두고 한나라당에서 새누리당으로 당명이 변경되고 17대 대선 때 대통합민주신당이 민주통합당, 통합민주당, 민주당, 새정치연합 등으로 바뀌는 등 빈번한 당명 개정은 정당의 분열과 통합이 이념적 정체성이나 정책에 따른 분화가 아니라 공천을 둘러싼 정치공학적 측면에서 이루어져 왔음을 잘 보여주고 있다.

개혁 세력의 결집을 막는 한편 야권의 연대를 의도적으로 방해하려는 기득권 세력의 전략이라고 보고 있다. 그러나 이는 친노 프레임 형성의 원인과 구조적 측면을 간과한 편의주의적 해석이다. 개혁 세력의 결집의 방해는 결과로 나타난 현상일 뿐이다. 친노 프레임의 부정적 작용을 외부로 돌리려 해선 안 된다. 바로 이 부분이 문제 인식의 부재를 단적으로 나타낸다. 이는 여전히 자신의 기득권에 안주하려는 합리화의 습속이 배어나오는 전략이다. 친노 프레임은 야당의 덫이 되었다. 벗어나려 해도 끊임없이 빠져드는 블랙홀이 되었다.

결국은 노무현 전 대통령이 권력을 획득한 후 민주당을 탈당하여 열린우리당을 창당한 이후 호남을 지역 기반으로 하는 구 민주당 계열과 열린우리당의 친노 세력과의 통합 과정에서 화학적 결합에 실패한 결과23)이다. 게다가 19대 총선 때 한명숙 전 총리가 공천권을 행

---

23) 한국 야당의 주류는 민주당 계열의 정당들이다. 물론 민주당 계열은 김대중, 노무현 정권 때 집권한 경험이 있으나 기본적으로 야당의 주류를 형성해 왔다. 한국 민주당의 역사는 자유당 정권의 사사오입 개헌 때 범야권의 통합으로 거슬러 올라간다. 신한민주당 총재 이민우의 이른바 '내각제 구상'에 반대한 김영삼, 김대중이 신한민주당을 탈당하여 1987년 4월 통일민주당을 창당한다. 당시는 전두환의 5공 정권 때였으나, 이전의 박정희 정권 때는 김영삼 총재가 이끄는 신민당이 야당의 주류였다. 신한민주당의 총재는 이민우였으나 실질적으로 당권을 양분하고 있던 김영삼 김대중 양김의 영향력 아래 있었다.
1987년 6·29선언을 통해 대통령 직선제 개헌이 이루어졌으나 야권에서 양김의 대립으로 단일 후보를 결정하지 못했다. 통일민주당(민주당)의 양대 주주였던 김영삼의 상도동계와 김대중의 동교동계는 후보 단일화에 실패했고, 동교동의 김대중계는 탈당하여 평화민주당(평민당)을 창당한다. 야권표의 분산은 1987년 12월의 13대 대통령선거에서 당시 민주정의당 후보인 노태우 후보의 승리로 귀결된다.
1988년 치러진 13대 총선에서 민주정의당(민정당)이 제1당이 되었으나 과반 의석 확보에 실패함으로써 헌정 사상 최초로 여소야대의 분점정부(divided government) 상황이 발생한다. 노태우 정권은 여소야대를 극복하기 위하여 인위적 정계개편을 시도하고 민정당과 통일민주당, 신민주공화당이 합당하여 거대 여당인 민주자유당(민자당)이 탄생한다. 이 때 민자당의 의석은 개헌선을 넘는 수였다. 그러나 통일민주당 소속 의원 중 일부는 민자당 창당에 합류하지 않고 이른바 '꼬마민주당'을 창당했다. 3당합당 이후 평민당은 신민주연합으로 당명을 바꾼 뒤 1992년 '꼬마민주당'과 합당하여 민주당을 창당했다.
이후 1992년 대선에서 패배한 민주당의 김대중은 정계 은퇴를 선언한다. 그러나 동교동계는 여전히 민주당의 당권을 장악하고 있었다. 1995년 김대중은 정계에 복귀하여 민주당을

사하면서 친노와 비노의 대립은 구조적·만성적인 양상을 띠게 된다. 친노 프레임을 여권이나 보수세력이 정치적으로 이용하려 한다는 분석은 관점의 차원이다. 보다 중요한 것은 이른바 친노 프레임이라는 것이 야권의 결집에 부정적으로 작용하고 정책이나 노선보다는 야권 내의 진영논리로 작용하고 있다는 현실이다.

리더십의 부재도 야권이 극복해야 할 대상이다. 여권에 비하여 대선 주자급의 인물이 적지 않음에도 불구하고 여전히 정당 지지도에서

탈당하여 새정치국민회의를 창당한다.
새정치국민회의(국민회의)는 1997년에 김종필이 이끄는 자유민주연합(자민련)과의 이른바 'DJP연합'으로 정권을 창출한다. 국민회의는 2000년 새천년민주당으로 당명을 개정한다. 이후 노무현이 대통령으로 취임한 후 열린우리당을 창당하고, 새천년민주당은 17대 총선에서 패배하여 9석의 미니 정당으로 전락한다. 노무현 정부 때 여당은 열린우리당이 됨으로써 새천년민주당은 또 다시 야당의 신분이 되었다. 새천년민주당은 2005년 '새천년'을 뺀 민주당으로 개명하였다. 2007년 열린우리당은 계파 분열로 소수 정당으로 전락한다. 이후 2007년 8월 창당한 대통합민주신당에 흡수되어 자동 해체된다. 일부는 민주당으로 복귀하였다.
2007년 12월 17대 대통령선거에서 대통합민주신당의 정동영 후보는 한나라당의 이명박 후보에게 패한다. 이후 2008년 민주당을 흡수하여 통합민주당을 창당한다. 그러나 18대 총선에서 참패한다. 그러나 2010년 지방선거에서 통합민주당은 한나라당을 누르고 압도적 승리를 거둔다. 이후 2011년 민주통합당으로 개편한다. 이후 2013년 다시 민주당으로 개명한다. 그리고 안철수의 '새정치연합'과 연대하여 새정치민주연합이 출범했다.
야당의 변천사를 정리하면 다음과 같다.

1995. 9. 5 새정치국민회의 창당
1997. 12. 18 새정치국민회의 김대중 후보 대통령에 당선
2000. 1. 20 새정치국민회의를 확대 개편, 새천년민주당 창당
2002. 12. 19 새천년민주당 노무현 후보 대통령 당선, 참여정부 출범
2003. 11. 11 새천년민주당에서 분당, 열린우리당 창당
2005. 5. 3 새천년민주당에서 민주당으로 당명 변경
2007. 8. 5 대통합민주신당 창당
2007. 8. 18 대통합민주신당과 열린우리당 합당
2008. 2. 17 대통합민주신당과 민주당 합당, 통합민주당 창당, 손학규·박상천 공동대표 체제 출범
2008. 7. 6 통합민주당에서 민주당으로 당명 변경, 정세균 대표 체제 출범
2010. 10. 3 민주당, 손학규 대표 체제 출범
2011. 12. 16 민주통합당으로 개편
2013. 5. 4 민주당으로 당명 변경
2014. 3. 16 새정치민주연합으로 출범

새누리당에 비해 낮은 지지율을 보이는 것도 야권의 분열과 무관치 않다. 하나의 틀로 고착화되고 있는 친노 프레임과 야당에 대한 신뢰의 철회는 야권이 극복해야 할 과제이다. 또한 이념적 방향의 정립도 중요하다. 보편적 복지와 선별적 복지 사이의 어느 지점쯤에 위치해야 할 복지의 방향과 야당 정체성의 확립도 정립해야 한다. 당내 486 그룹과 호남 세력의 융합은 결국 리더십이 해결해야 할 문제다. 무엇보다 중요한 것은 중도 유권자들의 표심을 끌어들일 수 있는 외연의 확장이다. 시대의 변화와 유권자 표심의 변화를 통찰하는 지성과 진정성이 전제되지 않으면 야당의 위기는 위기로 끝나지 않을 것이다.

야권의 적절한 연합정치에 대해서도 특단의 연구가 필요하다. 어차피 야권은 여권의 행태와는 다르다. 한국의 야당은 연대할 때는 승리했고 분열하면 패배했다. 선거정치에는 표의 분열을 여하히 막느냐가 승리의 관건이다. 결국 정치공학은 권력적 현실 정치에선 마지막 화룡점정이다.

분열과 통합은 선거정치에서 선거의 승패에 결정적으로 작용해 왔다. 1990년의 민주정의당, 통일민주당, 신민주공화당의 3당합당 이후 1992년 14대 대선에 민주자유당이 승리했다. 1997년 15대 대선에서는 이른바 DJP연합으로 한국정치사상 최초의 수평적 정권교체를 이룬다. 반면 당시 신한국당은 이인제 후보의 출마로 패배한다. 특히 2011년 서울시장 선거에서 승리한 이후 2012년 문재인 후보와 안철수 후보의 형식적 단일화로 선거에 패배하고 2015년 4·29재보선에서는 정동영과 천정배의 탈당으로 패배한다. 거슬러 올라가서 1987년 김영삼과 김대중의 분열로 후보 단일화에 실패하면서 민주정의당의 노태우 후보가 대선에서 승리한다. 요컨대 다양한 형태의 연대(連帶)를 바탕으로 한 연합정치는 한국정치, 특히 진보진영에겐 선거정치에서 반드시 필요한 전략이다. 보수진영은 이를 승리만을 위한 연대의 프레임을 구사하는 것이라고 비판한다. 그렇다면 민주화 이후 연합정치는 어떠한 절차와 과정을 밟았나. 그에 관해서는 05 〈한국의 연합정치〉 장에서 다루기로 한다.

02 | 어떻게 바뀌어야 하나

1987년 절차적 민주주의의 최소한의 요건을 충족시킨 의사민주주의(pseudo democracy) 또는 형식적 민주주의는 민주화로의 이행(transition)이라는 새로운 역사적 의미를 담고 있다. '87년 체제'[24]는 박정희와 전두환의 권위주의 정권의 종식을 의미했다. 그러나 군부 출신 대통령의 탄생으로 분배나 형평 등 사회경제적 차원의 민주주의로의 이행은 훨씬 더 많은 시간과 노력을 필요로 하게 됐다. 국가의 권력, 즉 주권의 소재에 따라 민주주의의 정체(政體) 여부를 판단하지만 진정한 민주주의는 사회경제적 차원에서의 평등과 형평을 추구하

---

24) 1987년 9차 개헌의 골자는 대통령 직선제이다. 민주화의 상징적 조치라고 볼 수 있다. 개정된 헌법에 의해 13대 대통령선거가 치러졌고, 김영삼과 김대중의 단일화 불발로 민주정의당의 노태우 후보가 대통령으로 당선된다. 노태우 후보는 1979년 박정희 시해 이후 신군부의 12·12쿠데타 당시 전방인 9사단장을 맡고 있었다. 전두환의 명령에 의해 수도로 진격했던 사단의 장이다. 13대 대선이 절차적으로 하자가 없는 선거였으나, 민주화 이후 첫 대선에서 쿠데타의 주역이 당선된 것은 아이러니라 하지 않을 수 없다.

는 체제이기 때문이다. 사회적 양극화를 해소해 나갈 수 있는 제도적 기제와 노·사·정의 타협이 이루어질 수 있는 체제가 실질적 민주주의(substantial democracy)이다.

따라서 당시 민주화로의 이행은, 의사민주주의에서 擬似(의사)라는 말이 암시하듯이 진정한 의미의 민주주의로의 제도화나 공고화가 이루어졌다고 할 수 없는 것이었다. 이는 최소정의적 관점에서의 민주화(democratization)이다. 그럼에도 1988년 실시된 13대 총선에서는 한국정치사상 처음으로 여소야대 정부가 들어서게 된다. 노태우를 배출한 민주정의당(민정당)이 과반을 획득하지 못했다. 행정부의 의회에 대한 압도적 우위의 구도가 깨진 것이다. 1990년 1월 3당합당에 의해 민주자유당(민자당)이라는 거대 여당이 탄생함으로써 한국정치는 보수가 전체적인 우위를 점하는 이른바 '기울어진 운동장'[25]의 토대가 형성된다.

한국정치의 이념적 지형의 대립이 진영논리로 나뉘어지는 근저에는 산업화(industialization)세력과 민주화(democratization)세력의 불화가 있다.[26] 1987년의 민주화는 산업화 이후에 표면적이나마 민주주의

---

25) 고령화의 진행과 연령효과에 따른 투표 성향의 보수화는 진보정당의 원내 진출이 미미할 수밖에 없는 기본 토양을 제공한다. 보수우파 정당의 과반 확보가 상대적으로 용이한 이유 중 하나는 이러한 이유 외에도 선거제도에도 연유한다. 소선거구제와 단순다수제의 선거제도는 지역 구도의 온존과 친화적이고, 소수정당에 대한 정당 지지가 원내 진출로 이어지지 못하는 제도적 허점을 그대로 노출하고 있다. 권역별 비례대표제의 실시와 비례대표 의원 정수의 증가는 이러한 제도적 미비점을 보완할 수 있는 제도다. 1인2표의 정당명부식 비례대표를 채택하고 있는 현행 선거법상 권역별로 인구에 비례하여 지역구와 비례대표를 미리 확정시켜 놓고, 정당 득표와 지역구 당선을 배정하면 소수정당의 원내 진출이 가능해질 개연성이 높다. 소수가 대표되지 않는 제도는 그 자체로 퇴행적이다. 그러나 이러한 제도는 새누리당 계열 정당의 국회 의석 과반 확보의 가능성을 낮추기 때문에 국회 과반을 확보하고 있는 새누리당의 반대로 입법화가 쉽지 않다.
26) 현대 한국정치를 규정했던 두 가지 과제, 산업화와 민주화의 첫 갈등의 진원지는 박정희 정권의 출발인 제3공화국이었다. 한국정치의 단초를 본격적으로 연 것은 바로 5·16쿠데타라고 해도 과언이 아니기 때문이다. 한국정치에서 민주화의 험난한 여정을 거치는 과정

의 가장 기본적인 절차를 충족시켰다는 중요한 의미가 있다. 이후 김영삼, 김대중 정부를 지나 노무현 정부를 거치면서 한국의 민주주의는 공고화(consolidation)의 단계로 접어든다.

그러나 한국정치가 민주화 이후 제대로 된 민주주의를 견인해 내고 있는지는 또 다른 의문이요 과제이다. 권위주의 시대만큼 노골적이지는 않지만 분단 변수는 정략적인 차원 여부와 무관하게 한국사회의 모든 쟁점적 현안들에 상황변수로 작용하고 있다. 불가피한 측면을 인정하더라도 포괄적으로는 긍정적인 효과보다는 부정적인 면으로 작용하고 있다. 모든 사안에 이른바 보수와 진보의 정파적 대치의 토양을 제공하는 것은 분단이라는 외생적 변수다. 보수주의(conservatism)와 진보주의(progressism)는 없고 보수세력과 진보세력만이 존재한다는 명제와 무관치 않다.

정치적이거나 이념적인 면보다는 옳은가 옳지 않은가가 기준이 되어야 함에도 불구하고 이념적 지향이 판단의 준거로 작용하는 프레임이 한국사회 전체를 지배하고 있다. 이념적인 갈등은 상존하고 있고, 한국정치의 불확실성과 불가측성은 증폭되고 있다. 이에 대한 원인이 제대로 밝혀질 때 올바른 처방이 나올 수 있다. 원인은 복합적이다. 이념적 대척을 중재할 사회의 권위도 존재하지 않는다.

에서 1969년의 삼선개헌과 1972년의 유신은 군부권위주의 정권의 독재정치를 상징적으로 보여주는 정치적 사건이다. 삼선개헌 이후 치러진 1971년 7대 대통령 선거에서 김대중 후보에게 불과 94만 표차로 승리한 박정희 정권은 이듬해인 1972년 초헌법적이고 반역사적인 유신헌법을 통하여 영구 집권의 제도적 쿠데타를 감행한다. 무소불위 권력의 무제한적인 연장을 가능케 한 유신으로 민주주의는 결정적 후퇴를 맞게 된다. 그 이후 긴급조치와 부마항쟁을 계기로 하여 박정희 정권은 몰락의 길을 걸으며 결국은 1979년 10월 26일 박정희 개인의 불행한 최후와 함께 유신 정권은 종말을 고하게 된다. 그러나 1979년의 12월 12일 전두환을 필두로 한 신군부의 쿠데타로 민주주의는 새로운 싹을 피워보지도 못하고 질식한다. 민주주의를 열망했던 국민들은 1980년 '서울의 봄'을 민주주의로 연결시키지 못하고 권위주의 정권의 연장과 함께 7년이라는 세월을 기다려야만 하는 숙명을 맞게 된다.

1. 카르텔 구도 혁파해야

　현재 한국의 양당체제는 역설적이게도 '적대적 공존'에 기반하고 있다. 새누리당이나 새정치연합 모두 보수정당이다. 물론 새정치연합이 현안이나 쟁점에서 보다 진보적 경향을 띤다. 이념적 구분은 시대의 산물이고 역사적인 맥락 속에서 새롭게 정립된다. 그래서 한국에서의 보수와 진보가 서구의 부르주아 발달의 역사 속에서 형성된 보수와 진보를 닮을 이유는 없다. 그러나 수구적 기득권의 인식에 동조하고 이를 조직적으로 뒷받침하는 집단을 '보수' 또는 '보수세력'과 등치하는 왜곡은 시정되어야 한다.

　새누리당과 새정치연합 내부의 계파 갈등은 이념과 노선에 따른 균열의 측면보다는 20대 총선의 공천을 둘러싼 권력투쟁적 성격이 짙다. 그러나 양당체제의 적대적 공존과 거대 정당의 카르텔 구도 우산 속에 안주하는 세력에 맞서는 새로운 집단 출현의 기폭제가 될 가능성을 배제할 수 없다. 2015년 5월에서 6월 사이의 '유승민 사태'[27]는 정책과 이념의 분화 가능성을 내포하고 있다. 임기의 반환점도 돌지 않은 '살아있는 권력'에 대해 반기(反旗)를 든 정치인의 배제를 통해 집권 3년차의 레임덕을 막아보려는 박근혜 대통령의 승부수가 통한 정치공학적 사건이었다. 그러나 모든 역사가 그랬듯이 다른 측면에서는 지금까지 왜곡되어 있던 '보수'의 개념 부여를 새롭게 할 수 있는 단초를 제공했다.

---

27) 2015년 5월 29일 국회는 211명의 찬성으로 국회법 개정안을 통과시켰다(각주 4 참조). 박근혜 대통령은 국회법 개정안에 대해 거부권을 행사했다. 6월 25일 거부권 행사의 의지를 밝히는 국무회의석상에서 유승민 당시 새누리당 원내대표를 국무회의에서 공개적으로 비난하고 정치권과 국회를 비판했다. 이후 유승민 의원의 사퇴를 둘러싼 여권 내 친박과 비박 간의 갈등이 증폭되고, 계파 간 권력투쟁의 양상을 띠었으나 7월 8일 의원총회 이후 유승민 원내대표가 사퇴함으로써 이른바 '유승민 사태'는 일단락되었다.

2015년 4월 원내 교섭단체 대표 연설에서 유승민 의원의 발언은 보수에 대한 경고로 받아들여졌다. 복지와 세금에 대한 새누리당의 전통적 입장에 정면으로 배치되는 내용들이 당내 민주주의에 입각한 건강한 논쟁으로 발전하지 못했다. '증세 없는 복지는 허구'라는 인식에 입각한 법인세 인상의 공론화 필요성 제기, 따뜻한 보수, 정의로운 보수 등 새로운 보수의 지평에 대한 언급 등은 가치 지향을 둘러싼 논쟁의 주제를 제시했다. 유승민 사태를 보는 관점이 여권 내 권력 지형의 변화나 청와대 일방 우위의 당청 관계 확인 등의 정치공학적 해석에 머물지 말아야 하는 이유이다.

본래 이념적으로 보수와 개혁을 대척점에 놓는 방식은 그릇된 배치다. 체제를 보수하고 기존의 가치를 지키자면 끊임없이 개혁하지 않으면 안 된다. 시대정신을 외면하고 수구적 패러다임에 안주한다면 지켜야 할 가치를 '보수'할 수 없다. 지금 한국의 보수는 건강하지 않다. 현재의 보수세력을 보수라고 지칭하는 것은 네이밍(naming)이 잘못된 것이다. 지금의 보수는 사실상의 수구다. 점점 벌어지는 빈부 격차와 사회적 계급의 블록화의 빠른 진행을 목도하지 않고 애써 고개를 돌리려는 세력을 보수로 칭할 순 없다. 자신만의 기득권을 지키려는 수구 이상도 이하도 아니다.

중도 개혁 세력의 출현은 그래서 긴요하다. 특정인을 중심으로 하는 친박과 친노 세력은 그래서 이념적 구분과는 무관한 패권주의 세력 그 자체다. 지나친 이념적 좌파로의 편향도 진보와는 거리가 있다. 왜곡된 보수와 진보를 본래의 자리에 가져다 놓으려면 현재의 정당체제 개편 외에는 방법이 없다. 정당 내의 원심력 작용이 설령 내년 공천 지분권 확보의 정치적 이익을 채우려는 '불순'한 동기래도 좋다.

현재의 거대 정당의 적대적 공존[28]으로 기득권을 유지해 나가는 정당체제는 이미 약효를 다했다. 적대적으로 공존하면서 적대적으로 대립하는 현재의 정당 구도는 시대착오적이다. 정치가 혐오의 대상이 되고 불신의 대명사가 되는 근본적 이유가 바로 현재의 정당체제다. 새누리당과 새정치연합의 패권세력을 뒤로 한 채 두 정당의 중도 세력이 이념적 지향을 맞춰간다면 정당체제가 재편될 수 있다.

대통령 말 한마디에 바로 의총을 열어, 자신들이 찬성표를 던진 법안에 대해 아무 토론도 없이 '폐기'를 결정하는 정당은 더 이상 보수정당이 아니다. 보스가 정치의 중심에 있는 패권정당에 다름 아니다. 보수와 진보가 생각의 잣대가 될 필요도 없다. 미국과 영국에 버금가는 양극화의 심화, 시대착오적인 사회적 계급의 블록화, 내쳐진 사다리, 비정규직의 절망 등 사회경제적 현실에 대한 정확한 상황 인식이 전제될 때 보수와 진보의 존재 가치가 있다. 따뜻한 보수와 합리적 진보가 지향해야 할 가치는 사회적 형평의 추구와 경제적 갈등의 해결이다. 야당을 지지하지만 새정치연합의 구태와 맹목적 좌편향이 내키지 않는 유권자, 여권 지지 성향이지만 박근혜 대통령의 비민주적

---

28) '적대적 공존'은 패권적 지역주의의 동원으로 가능하다. 지역주의의 불식을 위한 권역별 비례대표제는 전국을 6개의 권역으로 나누고, 권역별 정당 득표에 따라 비례대표를 배분하는 제도이다. 비례대표 의석을 늘려야 효과가 있다. 그러나 권역별 비례대표제를 2012년 치러진 19대 총선의 정당 득표에 대입하여 시뮬레이션 해보면 호남에서 새누리당이 차지하는 의석보다 영남에서 새정치연합이 차지하는 의석이 15석 정도 높게 나타난다. 이러한 이유로 새누리당은 비례대표의 확대에 반대하고 새정치연합은 지지한다.
2015년 7월 말에 새정치연합 혁신위가 제안한 국회의원 369명으로의 증원은 비례대표를 54석에서 123석으로 늘리는 방안이다. 본래의 지역구 246석에 123석을 합친 숫자다. 2015년 초 중앙선거관리위원회가 제안한 안은 지역구 대 비례대표의 비율을 2대1로 하고, 권역별 비례대표를 100명으로 늘리는 대신 지역구는 200명으로 줄여서 전체 의원 정원은 같게 한다는 방안이었다. 현행 헌법 41조에는 "국회의원의 수는 법률로 정하되, 200인 이상으로 한다"라고만 명시되어 있다. 새정치민주연합의 안은 인구편차를 2대1로 맞추라는 헌법재판소의 판단에 따라 도시 지역은 분구가 될 수밖에 없는 것이 현실이므로 지역구 의원 수를 감축하는 것은 현실적으로 어렵다는 판단하에 선관위가 제안한 지역구 대 비례대표의 비율, 2대1을 준용하여 지역구 246명에 비례대표 123명을 제안한 것이다. 당연히 여론은 부정적이다.

리더십과 친박 '돌격대'들의 비겁함에 절망하는 시민들을 규합할 수 있는 야당의 출현을 기다린다.

2. '제왕적 대통령제' 재고돼야

2015년 5월 29일 국회법 98조 2의 3항에 대한 개정안[29]이 국회에서 통과됐다. 정부의 시행령에 대한 국회의 수정권을 강화하는 국회법 개정안을 둘러싸고 정국이 급랭했다. 입장은 갈렸다. 쟁점은 입법부의 행정부 소관인 행정입법에 대한 수정·변경 요구가 대통령제의 기본 원칙인 권력분립을 위배하느냐의 여부이다. 즉 국회의 행정입법에 대한 시정 요구는 삼권분립을 무너뜨림으로써 위헌의 소지가 있다는 것이다.

---

29) 개정되기 전의 국회법 98조의 2의 3항의 내용은 이러하다.
　"상임위원회는 위원회 또는 상설 소위원회를 정기적으로 개최하여 그 소관 중앙행정기관이 제출한 대통령령 총리령 및 부령(이하 이 조에서 "대통령령 등"이라 한다)에 대하여 법률에의 위반 여부 등을 검토하여 당해 대통령령 등이 법률의 취지 또는 내용에 합치되지 아니하다고 판단되는 경우에는 소관 중앙행정기관의 장에게 그 내용을 통보할 수 있다. 이 경우 중앙행정기관의 장은 통보 받은 내용에 대한 처리 계획과 그 결과를 지체 없이 소관상임위원회에 보고하여야 한다."
　문제가 된 개정안은
　"대통령령 총리령 부령 등 행정입법이 법률의 취지 또는 내용에 합치되지 아니하다고 판단되는 경우, 소관 중앙행정기관의 장에게 수정 변경을 요구할 수 있다. 이 경우 소관 중앙행정기관의 장은 수정 변경 요구를 받은 사항을 처리하고 그 결과를 상임위원회에 보고하여야 한다."
　쟁점은 수정 변경 요구에 대해 행정부가 반드시 따라야 하느냐의 여부일 것이다. 이에 대해서는 여야가 각각 강제성이 있다 없다로 갈렸다. 물론 개정안에 "수정 변경 요구를 받은 사항을 처리하고"를 "수정 변경 요구를 받은 사항을 소관 중앙행정기관은 반드시 따라야 한다"로 했으면 강제성이 확실히 있는 것으로 됨으로써 강제성 유무에 대한 논란은 해소될 수 있었을 것이다. 대통령령과 총리령, 부령 등 행정부가 제정하는 시행령은 행정입법에 속하는 상황이지만 국회에서 입법한 모법의 위임 범위를 벗어나지 않아야 함은 물론이다.

그러나 대통령이 직접 국회법 개정안을 받아들일 수 없다는 입장을 명시적으로 밝히면서 대통령과 국회, 청와대와 집권당, 행정부와 입법부가 대립하는 상황이 발생했다. 6월 1일 박근혜 대통령은 수석비서관회의에서 국회법 개정안을 받아들일 수 없다고 밝히면서 사실상 거부권 행사를 시사했다. 이에 대해 새정치연합은 입법부에 대한 전쟁 선포라며 강력 반발했다. 핵심은 국회가 행정부의 시행령에 대해 수정·변경을 요구하는 것이 권력분립을 침해하며 위헌 소지가 있느냐의 여부이다.

　정부가 거부권을 행사한다면 청와대와 국회와의 관계는 돌이킬 수 없는 관계로 치달을 수 있으며 4대 국정혁신 과제는 물론 황교안 국무총리 후보 인사청문회를 앞둔 상황에서 행정부와 입법부와의 교착은 심화될 수 있는 상황이었다. 또한 친박 주류의 비주류에 대한 공개적 비판은 사태가 여권 내 계파 갈등으로도 확대될 수 있음을 암시하고 있기도 했다. 그럼에도 불구하고 박근혜 대통령의 거부권 시사 발언은 극단적 상황에 이르기 전에 여당이 주도적으로 해법을 마련하라는 압박으로 해석됐다.[30] 새누리당이 청와대의 의중대로 재개정안을 낸다면 여야 대치는 심화될 수 있는 상황이었다.

　행정입법은 국회가 행정부에 대통령령 등에 대해 위임한 입법사항이다. 따라서 국회가 모법의 취지에 합치하지 않는 시행령에 대한 시정 요구가 권력분립 위반이란 논리는 설득력이 없다. 그러나 시행령의 수정·변경을 요구할 수 있는 개정안이 위헌의 소지가 있다는 견

---

30) 결국 박근혜 대통령은 거부권을 행사했고 국회는 새누리당의 국회법 재의 표결 불참으로 사실상 국회법 개정안을 폐기시키게 된다. 이는 새누리당 의원들의 투표로 선출된 유승민 원내대표의 사퇴로 연결되면서 대통령의 국회에 대한 간섭, 삼권분립의 침해, 여전한 '제왕적 대통령'제의 제도적·관행적 허점에 대한 논쟁적 이슈를 제기하기에 충분했다. 또한 당청관계의 수직적·위계적 서열구조의 한계도 확인되었다. 정당정치에서 정당의 역할과 기능에 대한 문제의식을 상기시키는 계기가 되기도 하였다.

해도 존재한다. 헌법적 관점에서 해석의 차이가 크고 민감한 정치적 사안이기 때문에 쉽게 어느 한쪽 주장만이 옳다고 할 수 없다.

그럼에도 불구하고 국회에서 압도적으로 통과된 개정안 때문에 국정이 마비되고 정부가 무기력해진다는 논리로 입법부와의 정면충돌도 불사하겠다는 자세는 과도하고 지나치다. 이러한 접근법이 해법을 더 꼬이게 할 수 있다. 대의제 민주주의에서 국회는 국민의 대표기구다. 국민으로부터 권력이 나온다는 헌법 정신을 굳이 들추지 않더라도 국회법 개정안을 행정부 권한에 대한 침해로 간주하는 청와대의 태도는 정치를 통한 갈등의 최소화와 거리가 멀다.

국회법 개정으로 행정부가 마비되거나 권력분립이 침해되어 헌법적 가치가 훼손된다고 볼 수 있는 근거는 여전히 미약하다. 입법부가 행정부의 시행령 자체를 일일이 간섭한다는 것이 아닌 바에야 모법의 취지에 합치하지 않는 조항에 대해 이의를 제기할 수 있다. 물론 당시 국회법 개정안에서 시행령에 관한 수정·변경 요구가 강제성을 갖느냐의 문제는 별개의 문제이다. 시행령을 둘러싸고 입법부와 행정부가 충돌할 때는 권한쟁의심판을 비롯하여 사법부의 심사를 청구하면 되는 문제다. 결국 박근혜 대통령의 거부권 행사와 국회의 재의에서 새누리당의 표결 불참으로 의결정족수가 성립하지 않음으로써 국회법 개정안을 둘러싼 갈등은 일단락됐다.

이 정치적 사건에서 놓쳐서는 안 될 부분이 입법부와 행정부의 충돌이 언제든지 국정의 교착으로 연결될 수 있다는 사실이다. 또한 대통령의 거부권 행사 발언에 바로 당일 의원총회를 소집하여 국회법 개정안의 사실상 폐기를 의결한 새누리당은 과연 정당으로서, 국회의 일원으로서 존재가치가 있는지 심각한 의문을 제기하지 않을 수 없다. 물론 대통령의 리더십의 문제도 제기될 수 있다. 그러나 제도적 측면에서 내각제나 분권형 대통령제에서는 일어나기 어려운 상황이다. 이는 분점 정부 상황이 아니더라도 이원적 정통성에 입각하고 있는 대통령과 국회의 대립 가능성이 상존하고 있음을 보여주는 좋은 예이다.31)

3. 다수결에서 합의제로 나아가야

민주주의가 운영되기 위한 원리로서의 다수결이 존재하지만 정치 발전(political development)의 차원에서 보면 다수결에서 합의제로 가는 것이 옳은 방향이다. 다수결은 민주주의의 핵심이 아니고, 운영 방편 중의 하나이다. 다수결에 대한 절대적 믿음과 다수결이 민주주의의 지향 가치라는 인식은 그릇된 인식이다. 단순화한다면 다수결은

---

31) 대통령제는 입법·사법·행정의 삼권의 분립을 전제로 운용되는 권력구조다. 견제와 균형이라는 기본 원칙이 작동되지 않으면 대통령제는 필연적으로 '제왕적 대통령'의 단점이 노출될 가능성이 크다. 국무총리 임명에 필요한 국회 비준과 국무위원의 인사청문회, 국무위원 해임건의안을 제출할 수 있는 권한 등 입법부의 권능이 강화되었다고는 하지만 대통령은 국정원, 검찰과 경찰, 국세청 등 권력기관을 장악하고 있다. 따라서 대통령의 권력분립에 대한 확고한 인식, 민주주의에 대한 철저한 이해가 수반되지 않으면 행정부와 입법부의 충돌 시 입법부의 일각을 형성하고 있는 여당이 입법부의 입장이 아닌 청와대를 대변하는 일이 수시로 발생한다.

2015년 국회법 개정안을 둘러싼 거부권 행사에 따른 새누리당의 모습은 이러한 대통령제의 잘못된 권력 운용의 전형이라 할 수 있다. 대통령이 여당의 원내대표에 대해 공개적으로 퇴진을 촉구하는 압박을 가하는 모습이나, 특별한 이유나 설명 없이 자신들이 통과시킨 법안에 대해 대통령의 말 한마디로 바로 당일 개정안 철회를 결정하는 모습은 정상적인 권력 운용이 아니다. 2015년 5월에서 7월 초순까지 유승민 당시 새누리당 원내대표에 대해 대통령이 '배신의 정치'를 하고 있다고 공개적으로 퇴진을 촉구하는 듯한 국무회의 발언이 있었고, 결국 여권의 다각적인 압박에 못이겨 유승민 의원은 7월 8일 원내대표직을 사임한다.

새누리당 의원들이 선출한 원내대표가 대통령의 지시에 의해 퇴진하는 구조는 청와대와 집권당과의 관계, 입법부와 청와대(행정부로 해석할 수 있다)와의 비균형적이고 기형적인 관계를 적나라하게 보여주었다.

현재의 국회의원 선거제도에 그대로 나타나 있다. 소선거구제와 단순다수제의 결합은 다수결의 단점을 극명하게 노출시킨다. 단 한 표라도 많이 얻은 후보만이 당선되는 제도에서 사회적 갈등의 최소화는 애당초 언감생심이다. 사표(死票)가 많아서 투표에 의한 정치적 의사의 반영이 제한적인 정치사회적 구조는 민주주의에 심각한 영향을 초래할 개연성이 높다.

민주주의는 인민주권(popular sovereignty)에 근거하고 있다. 따라서 국민의 정치 참여가 최대화될 때 민주주의가 적절히 구현될 수 있는 체제이다. 그러나 단순다수제는 다수결에 집착하는 제도이다. 이를 보완하기 위해서 비례대표제의 확대 실시는 그래서 긴요하다. 현재 실시하고 있는 1인 2표에 의한 정당명부식 비례대표제는 정당에 투표한 정치적 의사가 그대로 반영될 수 있어서 유권자의 정치참여가 적어도 이론적으로는 증대될 수 있는 제도이다. 지역구 의석을 줄이고 비례대표를 확대해 나가는 것이 다수결에서 합의제로 나아가는 정치발전인 이유이다.

비례대표의 확대는 정당정치의 정착과도 연계된다. 그리고 사회적 약자나 소수가 자신들의 의사를 정치체제(political system)에 투영하기 위해서도 긴요하다. 독일의 경우 지역구와 비례대표 의석의 비율이 1대1이라는 사실은 충분히 참고할 필요가 있다. 대선에서 결선투표 도입도 다수결을 보전(補塡)할 수 있는 제도이다. 결국 다수결보다는 합의제로의 제도적 개선이 민주주의 원칙에 보다 부합한다.

다수결에서 합의제로의 모색은 내각제적 요소의 도입과도 이론적 · 논리적 친화력(affinity)을 갖는다. 국민이 선출한 의회가 내각을 구성하고 그 내각은 절대 다수가 의회를 장악하지 않는 한 연정을 통해 이루어지기 때문에 국민의 의사가 내각에 반영된다고 해석할 수 있다. 대통령이 임명하는 내각과 차별적이다. 물론 내각제나 대통령제나 모두 장단점이 있다.

대통령제는 대통령과 의회가 모두 국민의 직접 선출에 의해 선출되었기 때문에 정통성을 가지고 있다. 하지만 이 같은 이원적 정통성(dual legitimacy)이 대통령과 의회의 교착(deadlock)이 발생하는 지점이다. 교착과 마비를 최소화하고 해소하는 관건은 정치력과 정치문화다. 그러나 정당의 역사가 일천한 한국에서 이러한 상황을 해소하기가 쉽지 않다. 게다가 민주화 이후 보편화되다시피 한 여소야대 정부, 즉 분점정부(divided government)[32]상황에서는 대통령과 집권세력의 민주주의에 대한 이해와 인식, 교착상태를 풀고자 하는 의사소통 능력이 절대적으로 긴요하다. 그러나 한국에서 이를 기대하기는 현실적으로 쉽지 않다. 따라서 제도의 보완이 필요하다.

제도 보완이 가능하려면 대통령의 임기 초반에 추동력을 발휘해야 함은 물론이다. 개헌이나 여타의 권력구조 변경이 정치적으로 첨예하게 대립할 수 있는 정파적 이익에 함몰될 개연성이 크기 때문이다. 선거 상황이나 정치적 변수를 고려할 필요가 없을 정도로 다음 선거가 치러질 시간이 많이 남은 상태라야 가능하다. 어떠한 형태가 되었든 현재의 승자독식(winner takes all)의 대통령제는 보완되어야 한다.

한국은 해방 이후 민주주의에 대한 훈련과 의식이 전제되지 않은 채 미국의 정당제도, 선거 등 민주주의의 제도와 절차를 완제품으로 수입했다. 제도나 관행에 대한 연구가 부족한 상황은 이후 왜곡된 헌

---

32) 집권당(ruling party)이 의회 의석의 과반을 획득하지 못하는 정국을 분점정부라 표현한다. 즉 대통령과 의회가 권력을 나눠 가졌다는 의미이다. 집권당이 의석수에서 제1당의 위치를 차지하고 있으나, 야당들의 의석이 집권당인 여당보다 많은 상태이다. 1987년 직선제 개헌 이후 최초의 총선거인 1988년 13대 총선에서 처음으로 여소야대 정부가 이루어졌다. 그러나 대통령과 의회의 이중성 정통성(dual legitimacy)으로 정국의 교착이 발생하곤 한다.

정사와 대통령에로의 권력 집중을 결과했다. 의회의 권능이 강화되었다고는 하지만 기본적으로 내각제와의 혼합 형태를 취하고 있는 한국의 혼합형 대통령제의 형태에 대해 본격적으로 정치적 · 사회적 논의의 장으로 공론화 시킬 때가 되었다. 현직의 대통령들은 대체로 권력구조에 대한 논의 자체를 금기시했다. 권력구조의 변경은 개헌을 통해서만 가능하기 때문에 대선 공약의 형태로 권력구조의 변경을 국민에게 약속하고 대통령에 취임하자마자 임기 1년 안에 개헌을 발의하고 동력을 확보하지 않으면 개헌은 현실적으로 어렵다.

각종 선거를 앞두고 개헌은 각 정파의 정치적 손익과 유불리를 가늠하는 수단으로 전락할 수 있기 때문이다. 이명박 정부와 박근혜 정부의 경우 두 후보가 개헌을 대선 공약으로 제시하지도 않았지만 임기 첫 해 각각 광우병 사태와 국정원 대선 개입 사건으로 개헌이 정치사회적 어젠더로 등장할 수 있는 현실적 여건은 갖춰지지 않았다. 물론 국정 최고책임자의 개헌에 대한 의지 결여가 가장 큰 요인이다.

대통령제에서는 대통령과 입법부가 이원적 정통성을 가지고 있으므로 행정부와 입법부 사이의 교착(deadlock)과 대립은 항상 발생할 수 있다. 이를 타협과 절충의 정치로 풀어야 함은 물론이다.

그러나 대통령의 인식이 민주주의적 리더십에 기반하지 않으면 대통령제의 운영 원리인 견제와 균형은 언제든지 침해될 수 있다. 결국 제왕적 대통령제의 모습을 한 우리나라의 대통령제는 이제 그 수명을 다 했다고 봐야 한다. 87년 체제의 약발도 다 했다. 장기집권을 방지하고자 도입했던 임기 5년의 단임제 권력구조인 현재의 대통령제는 사회의 다양성도 반영하기 어렵고, 선거 때의 줄 서기와 제로섬 게임으로 인한 승자독식 등 많은 폐해를 양산한다.

이제 한국정치에서 권력구조의 문제를 논하면서 이런 상태로의 대통령선거가 그저 마냥 고수해야만 하는 가치인가에 대한 진지한 성찰이 필요할 때이다. 내각제를 포함하여 대통령중임제, 이원집정부제 등 권력 집중이 아닌 권력 분점과 권력 분산의 문제가 사회적 논의의 레벨로 끌어올려져야 한다. 그러나 권력구조의 변경뿐만 아니라 이념적으로 첨예하게 얽혀있는 부분이 쟁점으로 점화되면 우리 사회의 갈등 조정 능력이나 정치력으로 볼 때 헌법 개정 논의 자체가 엄청난 블랙홀을 형성하게 될 것은 자명하다. 선거공학적 이해관계에 입각한 백가쟁명식 논의는 사회의 파열음만 증폭시킬 개연성도 크다.

국민들에게 대선이나 총선 공약으로 제시하고 공약을 제시한 측이 선거에서 승리하면 개헌 작업에 반드시 착수해야 하는 정치적 약속을 해야 한다. 선거가 끝난 직후에 일정 기간을 한시적으로 설정해서 개헌에 임하면 블랙홀도 불필요한 대결과 갈등도 최소화할 수 있다. 중요한 것은 국민에게 개헌이 지향하는 권력구조를 제시하고 선거의 승패에 따라서 국민의 동의로 간주한다는 정당과 후보들 간의 공개적 대국민 약속이 필요하다.[33]

4. 요원해 보이는 민주주의

민주주의는 전체 인민의 의지가 지배하는 정치체제다. 다른 측면에서는 '개인들이 인민들의 표를 얻기 위한 경쟁적 투쟁을 통해 권력

---

33) 1997년 15대 대통령 선거 때 김대중 국민회의 총재와 자유민주연합(자민련)김종필 총재의 이른바 'DJP연합'이 좋은 예이다. 충청과 호남의 지역연합이 속내이지만 명분은 정권을 획득한 이후 내각제로 권력구조를 바꾸는 것이었다. 내각제하에서 총리를 노린 김종필과 대선에서 캐스팅보트로 기능해 왔던 충청의 지지가 필요했던 두 정치인의 이해가 일치한 결과였다. 이는 지역연합의 성격을 갖는 한편, 내각제를 대선 공약으로 내세운 것이다. 정권을 획득한 이후 김종필은 총리에 취임하여 정치적 지분을 가진 총리의 역할을 하였으나 내각제 개헌 공약은 파기되고 김대중과 김종필의 공동정부는 무산되었다.

을 획득하는 정치적 결정'에 이르는 제도를 이른다. 또한 다수의 권력을 헌법에 의해 제약함으로써 다수의 권력과 소수의 권력이 타협에 이르는 것을 의미한다. 그래서 민주주의는 인민주권과 정치적 평등의 관념에 기초한다. 결국 민주주의에서 권력의 원천은 국민이다. 고전적 의미의 주권재민을 가리킨다.

민주화란 정당을 비롯한 복수의 제도들이 정치권력을 획득하기 위해 공개적이고 공정한 경쟁을 할 수 있는 정도(程度)가 어떠한 수준에 와있는지를 의미한다. 이러한 목적을 위해 자유롭고 공정한 선거, 사상과 표현의 자유, 집회와 결사의 자유 등의 기본권이 충족되어야 하고, 집권 정당의 교체는 민주화의 최소한이다. 따라서 정치 참여, 정치적 경쟁, 경제발전의 수준, 사회적 정치적 평등의 정도, 시민적 자유, 선거정치 등이 민주하의 척도가 된다.

그러나 민주주의를 향한 민주화 과정은 정치 참여를 위한 제도적 차원의 법적 구비만으로 이루어지는 것은 아니다. 선거제도나 정당제도가 정치 현실에서 여하히 구현되느냐가 관건이며 제도의 운용이 공정하고 민주적이어야 함은 물론이다. 한국에서 민주화는 대통령 직선제로의 개헌을 분기점으로 한다. 1987년 9차 개헌에 의해 이전의 '체육관 선거'시대를 마감하고 국민의 선택으로 대통령을 선출한 시점을 민주화의 분수령으로 본다. 이를 절차적 민주주의(procedural democracy)로 보는 시각이 보편적 관점이다. 형식적 민주주의나 최소한의 민주주의와 연관시켜 보는 시각도 존재한다. 여기서 유권자의 의사가 방해받지 않는, 선거권의 자유로운 행사는 역시 민주주의에 있어 최소한의 필요조건을 충족할 형식적 요건임을 알 수 있다.

대통령선거나 국회의원 총선거, 지방선거 등 각종 선거에서 선거부정이 나타나지 않고 강압이나 관권의 개입 없이 유권자의 자유의지에 의한 선거권 행사를 절차적 민주주의의 확립이라고 한다. 또는 형식적 민주주의, 최소정의적 관점에서의 민주주의라고 한다. 이러한 절차적 정당성의 확립을 민주화(democratization)로 정의한다. 절차적 민주주의에 형식적, 최소한이라는 수식어가 따라다니는 이유는 단순히 선거 과정의 공정성만으로는 민주주의의 실질적 내용을 담보할 수 없기 때문이다.

실질적 의미의 민주주의란 사회경제적 분배와 평등이 이루어지고 사회구성원들의 유대감이나 일체감이 확보되는 사회를 의미한다. 진정한 민주화는 선거 절차 차원의 필요조건 충족이라는 소극적 자유(negative liberty)의미를 넘는 적극적 자유(positive liberty)[34]의 쟁취를 의미한다. 선거 경쟁에 의해 정권의 교체가 가능해졌으나 선거 과정과 결과에 의한 사회적 합의의 형성은 여전히 요원하다. 거주 지역에 따른 확연한 투표 성향의 차이는 한국정치의 지역주의와는 또 다른 균열을 촉발하고 있다. 이는 경제적 이해관계와 맞물리는 차원이며 사회적 양극화의 정치적 표출에 다름 아니다.

현대 정당정치의 요체는 사회적 이해관계의 상충을 정당체제라는 제도권 내에서 관리하고 갈등의 조정을 통해 상이한 이익집단 간에 이해의 공통분모를 찾아가는 과정이다. 그러나 접점의 모색은 부자와

---

34) 신자유주의가 자본주의의 보편적이고 지배적인 양식으로 군림하는 상황은 비단 한국만의 문제는 아니다. 시장논리에 입각한 경제 생태계를 중시하는 신자유주의는 결과적으로 성장, 효율, 경쟁을 추구하게 된다. 경제적 자유주의인 신자유주의는 유독 한국에서 격차의 심화와 사회적 불평등의 문제로 나타난다. 1998년과 1999년 외환위기 때 IMF가 제시한 구조조정 프로그램 등을 실행하는 과정에서 보다 과감한 재벌개혁이나 지역구도 타파를 위한 정치제도를 개혁할 수 있는 절호의 기회를 놓쳤다. 외환위기를 극복했으나 오히려 신자유주의적 정책과 관행이 일상화되는 요인도 제공했다. 외환위기라는 절체절명의 국가 위기가 조성됐을 때는 비록 외부의 충격이지만 기득권의 반발을 극복할 수 있는 유리한 정치경제적 입지가 확보된 상황이었다. 이를 효율적으로 살리지 못한 점은 두고두고 아쉬움으로 남는다.

빈자 간, 힘을 가진 엘리트와 서민대중의 양자 간에 주고받기의 절충이 이루어질 때 가능하다. 다원주의(pluralism)라는 현대 민주주의의 모습이 한국사회에서 다양성의 조화라는 순기능으로 부각되지 않고 사회공동체의 원심력 증대로 이어지는 현상이 두드러진다면 공동체의 합의를 이루어 나가는 것은 요원하다.

세계에 유례가 없다는 한국경제의 빠른 성장, 오랜 권위주의 체제를 국민의 저항과 항쟁으로 무너뜨리고 민주화까지 이룩한 '저력 있는 대한민국'의 산업화와 민주화는 상호보완적으로 기능하지 못하고 접점을 찾을 수 없는 상충된 구도로 고착화되고 있다. 경제적 자유주의와 정치적 민주주의 역시 한국사회의 이념적 대척의 한 축으로 기능한다. 자유와 평등은 성장과 복지의 대립의 연장에서 파악된다.

노후에 대한 불안과 취업에 대한 좌절이 세대 간의 불화로 전이된다. 대기업과 중소기업의 격차를 정책수단의 동원을 통해 줄여나간다는 것은 어딘지 공허해 보인다. 가진 자나 못 가진 자나 각자도생의 삶을 찾느라 자신을 제외한 타자(他者)에게 배려할 공간은 희미해져 간다. 이기와 탐욕이 각자의 삶의 수준에서 격렬히 부딪친다. 보편성과 상식으로 독해가 불가능한 기이한 사건·사고는 차라리 삶의 일상이 된 듯하다.

관피아를 척결한다고 요란을 떨지만 이 사회의 기득권들이 어디 그 화려한 삶의 자락을 놓치겠는가. 외모가 출세의 중요한 수단으로 사실상 공인되는 사회, 모든 영역에서 서열화와 계급화가 구조화되어 '갑질'이 지탄 받지만 갑과 을의 종속적 구조, 지배·피지배의 구조가 고질화되어가는 사회에서 애당초 편안하고 행복함을 주관적으로 느끼며 하루하루를 생존해 나간다는 것은 어쩌면 사치이다. 가진 자, 못 가진 자, 배운 자, 못 배운 자 모두 별로 행복하지 않은 사회가 한국사회다.

　교육과 문화, 정치와 경제 모든 영역이 궤도를 이탈하고 있다. 어디서부터 손을 대야 하나. 정치가? 교육이? 그러나 시민들, 사회구성원들의 인식을 어떻게 바꿔나갈 수 있을까. 사회의 분위기와 문화가 혁명적으로 바뀌어야 하는데 이러한 거대한 트렌드를 누가, 무엇이 견인해 낼 수 있단 말인가. 한국사회의 갈등이 단순한 계층 간의 이해 충돌을 넘어서 구조적으로 블록화되고 양극화가 보편화되는 구조로 가고 있는 현실에서 눈물과 피와 땀으로 쟁취한 민주주의는 점차 퇴행할 수밖에 없다. 절차적 민주주의조차 위협받을 수 있다. 2012년 18대 대통령 선거 때의 국가정보원 댓글 사건과 2015년도 성완종 전 경남기업 회장의 사망 사건에서 불거진 '성완종 리스트' 파문은 불법 대선자금과 연결되어 있을 개연성에 대한 합리적 추론을 가능하게 하고 대선의 절차적 정당성에 의문을 제기하기에 충분하다.

03 | 자유주의와 민주주의

    정치적 측면에서 자유와 민주는 이중적 관계[35]이다. 때로는 견제와 긴장, 길항의 관계로, 국면에 따라 협력과 조화의 관계라는 중층적 관계를 형성하고 있다. 자유주의와 민주주의는 낯선 개념이 아니다. 누구나 자유를 얘기하고 민주를 논한다. 그러나 자유와 민주는 상호보완적이긴 하나, 출발이 상호친화적인 것은 아니었다. 자유로 상징되는 자유주의와 민주로 대표되는 민주주의는 오히려 상호갈등적이었다. 우리에게 익숙한 자유민주주의는 용어에서 알 수 있듯이 자유주의와 민주주의의 타협의 산물이다. 자유와 민주가 갈등적이었다면 당연히

---

35) 자유와 민주의 이중적 관계는 자유와 평등 간의 역설적 관계와 비견된다. 언론, 집회 및 시위, 결사, 종교, 사상, 양심 등 기본권의 자유는 법 앞에서의 평등이 전제되지 않고는 불가능하다. 또한 기본권의 자유가 전제되지 않고는 법 앞에서의 평등이 유지될 수 없다. 즉 자유와 평등은 상호보완적이지만, 반대로 자유가 강조되어 자유방임으로 흐르면 평등은 훼손될 수 있고, 평등이 부각되면 개인의 자유는 손상될 수 있다. 따라서 자유주의가 지향하는 자유와 민주주의의 기본 가치인 평등은 상호모순적이면서도 친화적이라는 이중적 관계다.

상호절충의 결과가 자유민주주의임은 논리적 인과관계에서도 그렇다.

정치적으로 자유주의가 국가의 간섭의 정도가 척도가 된다면 민주주의는 국가권력의 소재를 문제 삼는다. 경제적 측면에서는 신자유주의를 주장하는 보수적 관점과 복지를 추구하는 진보적 관점이 충돌한다. 경제적 관점에서의 자유가 경쟁, 성장, 효율 지향적이라면 민주는 평등, 분배, 균형 지향적이다. 자유주의와 민주주의는 같은 차원에서 논의될 수 있는 성격의 것이 아니다. 자유주의는 국가의 기능에 관련되는 사상이고, 민주주의는 국가권력의 원천과 소재를 논하는 것이기 때문이다. 그럼에도 불구하고 구체적인 실현 양태에 있어 두 이데올로기는 밀접하고 역사적 인과관계를 형성하면서 발전해 왔다. 서구에서 역사적으로 자유주의와 민주주의는 갈등적 경로를 걸어 왔다.

한국의 경우는 어떠한가. 한국에서는 자유주의와 민주주의가 역사적 단계를 밟지 못한 채 제도로서의 자유민주주의가 해방 이후 직수입되었다. 자유와 민주는 자유민주주의와 민주주의의 대치와 조화의 양면성을 보여왔다. 민주화 이전과 이후의 자유주의와 민주주의의 갈등과 타협의 양면성을 살피는 작업은 향후 한국사회의 조화로운 성장과 발전을 위한 방향 설정이라는 중요한 의미를 함의한다. 이러한 관점에서 한국의 자유주의와 민주주의의 상호 보완과 갈등을 개인과 공동체의 관점에서 탐색해보고, 자유주의의 올바른 발전과 향후 바람직한 공동체 형성을 위한 변화와 민주주의의 조화를 모색하고자 한다.

1. 서구의 자유주의와 민주주의

자유주의와 민주주의는 조화로운 관계로 출발하지 않았다. 자유주의는 국가의 개입을 빈곤과 독점을 해결하는 정도로까지만 제한적으로 허용하는 개념이고, 국가의 개입을 재분배 수준으로까지 확대하는 개념이 민주주의라고 할 수 있다. 20세기 후반에 민주주의의 의미를 절차적 차원을 넘어, 국가의 기능을 재분배 문제 개선 차원으로까지 늘리자는 '확대된 사회적 자유주의(enlarged social liberalism)'가 등장했다. 복지국가가 그 예가 될 수 있다. 자유주의와 민주주의는 상호의존적이거나 보완적일 수 있지만, 실제는 매우 상충적이고 불편한 관계라고 할 수 있다.

서구에서 자유주의36)는 절대군주와 귀족들에 저항하는 과정에서 출발했다. 서구의 부르주아들이 자신들의 경제 활동에서 국가의 간섭을 배제하기 위한 투쟁에서 비롯된 것이다. 이는 자연스럽게 개인의 권리와 자유에 대한 투쟁으로 이어졌고, 이의 구체적인 표현이 시민혁명이다. 17세기에서 19세기까지 서서히 그 형태가 진화되고 완성된 자유주의는 르네상스, 과학혁명, 종교개혁을 통한 개인주의와 합리주의를 그 내용으로 한다.

본래 자유주의는 개인주의에 바탕을 두고 있다. 개인보다는 전체로서의 공동체적 사회가 강조되던 전근대적 사회로부터 개인의 자유와 생명, 재산 등이 보호받아야 할 가치가 있다는 주의이다. 자유주의에는 인간이 이성을 지닌 존재이자 합리적인 존재로서 평등하게 존중되어야 한다는 관념이 내포되어 있다. 따라서 자유주의적 개인주의는 보편주의와 평등주의와 상호주의를 내포하고 있다. 20세기 최고의 정치사상가인 노르베르트 보비오(Norberto Bobbio)는 자유주의를 국가

---

36) 자유주의라는 용어는 1810년 절대주의에 맞서 저항한 스페인의 의회파가 자신들을 부를 때 사용한 말이다. 자유주의가 공식적으로 사용된 예라고 볼 수 있다. 영국정치의 맥락에서는 1860년대에 휘그당(whig) 내의 급진파가 '자유당 The Liberal Party'이라고 부르면서 비로소 자유주의라는 용어가 사용되기 시작했다고 한다. 문지영, 「존 로크 - 자유주의의 사상적 토대」, 강정인 · 김용민 · 황태연 엮음, 『서양근대정치사』, 269쪽에서 인용.

에 대한 어떤 독특한 태도를 일컫는 개념으로서, 즉 국가의 권력과 기능이 제한적이라고 보는 신조라고 한다. 즉 최소국가(minimal state)를 지향하는 이데올로기이다.

자유주의는 소유권을 중심으로 하는 개인의 기본권을 지키기 위해 국가권력을 제한할 필요가 있다고 생각한다. 정치적 자유주의는 보편적 이상으로서의 자유와 평등을 기본 이념으로 하되, 정의를 이론적 토대로 하고 있다. 자유주의와 민주주의의 긴장은 경제적 자유주의인 자유방임주의와 정치적 민주주의 사이의 긴장으로 볼 수 있다. 따라서 자유주의와 민주주의 사이의 긴장은 정치적 자유주의가 아닌, 경제적 자유주의와 민주주의와의 긴장 관계로 볼 수 있다.[37] 자유민주주의는 이러한 양자의 자율성을 조화시키는 형태로 나타나며, 정치적 자유주의와 경제적 자유주의, 즉 민주주의와 자유주의의 절충과 타협을 통해 형성되는 것으로 이해할 수 있다.

흔히 자유주의와 민주주의의 갈등은 자유와 평등의 긴장으로 이해되곤 한다. 자유권과 평등권이 경제 영역에서 자유방임주의와 평등주의라는 서로 상반되는 개념으로 발전되었다. 즉 자유주의적인 자유방임 사회는 불평등주의적일 수밖에 없으며, 평등주의적인 사회는 비자유주의적일 수밖에 없다. 자유지상주의(libertarianism)와 평등주의(egalitarianism)는 서로 다른 세계관에 바탕하고 있다. 자유주의적 관념은 개인주의적이고, 갈등론적이고, 다원주의적인 반면, 평등주의적 관념은 포괄적이고, 상호조화론적이고, 일원주의적이다. 그러나 자유주의와 양립 가능한 평등이 있다. 즉 보비오가 말하는 "자유를 위한 권리에 있어서의 평등"이다. 이는 두 가지 형태로 나타난다. 법 앞의

---

37) 하버마스는 사적 자율성과 공적 자율성의 개념을 들면서 양자 사이에는 지속적인 긴장과 갈등이 존재한다고 했다.

평등이고, 다른 하나는 권리의 평등이다. 이는 자유의 평등을 의미하는 바, 다른 사람의 자유를 침해하지 않는 범위 내에서의 개인의 자유는 보장된다는 것이다.

자유주의는 개인의 자유를 중시한다는 입장을 기본으로 한다. 근대 시민사회는 전근대적 공동체로부터 분화되어, 합리성과 이성을 바탕으로 형성되었다. 근대 시민사회에서 개인은 공적인 권력으로부터의 간섭을 배제할 권리가 있다는 것이 자유주의의 핵심이다. 이러한 자유주의는 권리의 관점에서 정의되며, 가장 핵심적인 가치는 생명과 재산과 자산의 소유권을 보장받을 권리이다. 이 점에서 자유주의의 기본원리는 소유집착적 개인주의(possessive individualism)이다. 그러나 현대에 와서 단순히 국가의 시장 개입 정도만을 가지고, 자유주의와 비자유주의를 가르는 것은 적절치 않다. 즉 국가의 기능면에서 반드시 자유방임적(laissez faire)이어야만 하는 것은 아니기 때문이다. 자유주의자들 중에서도 시장에 대한 '제한적' 국가 개입의 불가피성을 주장하는 입장도 적지 않다.

1970년대 말과 1980년대 초 등장한 대처와 레이건 이전의 사회복지 국가는 경제적 자유주의 관점에서도 '제한적 자유주의(embedded liberalism)'38)를 인정했다. 19세기 말에서 20세기 초의 '사회적 자유주의(social liberalism)'39)나 2차 대전 이후의 신자유주의(new liberalism)40)도 같은 맥락이다. 특히 질서자유주의(ordo liberalism)는 '사회적 시장

---

38) 1930년대 케인즈의 수정자본주의가 서구의 복지국가 발전의 주요 정책으로 자리 잡았다. 그러나 2차 대전 이후에는 국내적 차원에서는 시장에 대한 국가의 개입을 인정하고 대외적으로는 자유무역을 허용하는 자유주의를 의미한다고 하겠다.
39) 아담 스미스의 고전적 자유주의를 비판한 사조로서 현재의 신자유주의와는 다르다. 19세기 후반부터 20세기 초반까지 입법을 통한 점진적이고 계량적 개혁으로 분배와 노동 문제를 해결하려 했던 계량주의를 뒷받침한 사상이다. 정치적 자유주의와 자본주의를 받아들이고 소득재분배 정책을 통한 빈곤 문제의 해결을 모색했다.
40) 지금의 신자유주의를 의미하는 neo liberalism과는 다르다. 사회적 자유주의와 같은 맥락이다.

경제(social market liberalism)'를 추구하는데, 자유방임주의보다는 적극적 국가 개입을 주장하지만, 케인즈주의에 비해서는 소극적이다. 정부는 시장경제의 질서 확립에 필요하다면 개입하지만, 소득의 재분배를 위한 개입에는 반대한다는 것이다.

자유주의를 국가의 시장 개입 유무와 개입의 정도 차이에 초점을 맞춘다고 본다면, 자유주의는 시대 상황에 따라 변화할 수 있으므로, 자유방임주의나 최소국가(minimal state)가 자유주의의 핵심 원리는 아니라는 것이다. 물론 절대군주 시대의 자유는 신분으로부터 유래하는 억압과 종교적 강제로부터의 해방이 자유였다. 따라서 야경국가적 개념과 시장의 자율성이 강조된다. 고전적 의미의 자유주의가 추구했던 자유, 즉 소극적 자유(negative liberty)의 보호는 근대국가에 들어 성과를 거둔다.

따라서 산업혁명 이후 개인의 자유를 가로막는 빈곤과 질병, 최소한의 생활을 영위할 수 있는 여건의 부재 등이 자유를 위협하는 요인이 되고 있는 것이다. 그리고 자본주의의 심화로 빈부격차와 독과점 등이 오히려 자본주의를 위협하게 되는 상황에서 등장한 것이 복지국가적 개념이고, 이것을 사회적 자유주의, 진보적 자유주의라고 칭할 수 있다. 그러나 제2차 세계대전 이후 30여 년에 걸친 자본주의의 번영은 1차와 2차 오일쇼크를 계기로 위기에 처하게 되고, 이후 등장한 것이 영국의 대처와 미국의 레이건 정권을 계기로 본격화한 신자유주의이다. 즉 대처리즘과 레이거노믹스는 복지국가의 비용 증가로 인한 자본주의의 위기에 대한 대응인 셈이었다. 이렇듯 자유주의도 시대의 요구와 상황에 따라 진화해 왔다.

서구에서는 자유주의와 민주주의가 개별적으로 발전해 왔다. 자유주의는 소수 법 제정 집단의 자의적인 결정을 방지하기 위해 인민에게 주권이 있음을 확인해 둘 필요가 있었다.

그러나 자유주의는 인민이라는 개념을 자본가 계급, 즉 부르주아지에 국한하는 제한적인 입장이었다. 인민을 재산과 교양을 가진 시민, 즉 부르주아지로 한정하고자 했던 것이다. 자유주의자들은 다수로 인해 소수의 자유가 위협받을 수 있다는 점을 우려했으나, 보편적 참정권을 요구하는 인민의 요구에 따라 결국 민주주의의 원리와 절차를 전면적으로 도입하게 된다. 이는 자유주의와 민주주의의 전면적 결합으로서의 자유민주주의의 탄생을 의미한다. 기본적으로 민주주의는 국가권력의 소재를 밝히는 것이다. 즉 인민주권과 주권재민을 의미했던 것이다.

부르주아지와 노동자 계급의 타협은 곧 자유주의와 민주주의의 타협을 의미했다. 이는 자유민주주의(liberal democracy)[41]로 진화했다.

2. 한국의 자유주의와 민주주의

한국에서 자유와 민주에 대한 올바른 개념 설정은 보수와 진보가 상호 보완의 긍정적 작용보다는 상호 대립의 부정적 측면이 상대적으로 부각되기 때문에 더 중요하다. 서구의 역사적 경험에서 보듯이 자유주의와 민주주의의 대립이 19세기에 신흥 자본가 계급과 노동자 계급의 상호 타협의 결과 자유민주주의로 정착되었듯이 우리에게도 그

---

41) 오늘날 헌정적 자유주의(constitutional liberalism)를 의미하기도 한다. '헌정적 자유주의'란 '법치(the rule of law)'와 헌법에 보장되어 있는 생명, 자유, 재산권, 그리고 행복추구권과 같은 기본권의 보장을 의미한다. 자유와 평등은 긴장과 보완의 양면적 관계를 형성한다. 법 앞에서의 평등을 의미하는 법치가 이루어질 수 없다면 자유는 원천적으로 보장받을 수 없다. 따라서 헌정주의와 자유민주주의는 불가분의 관계를 가지고 있다.

러한 과정이 필요하다. 외형적으로는 자유민주주의가 정착된 것처럼 보이지만 남북 분단의 현실적 상황적 요인이 이념적 화해를 어렵게 하는 측면이 있다.

서구의 역사적 경험을 통해 알 수 있듯이 산업화와 민주화는 16세기부터 19세기에 걸친 오랜 기간의 역사적인 투쟁의 산물이었다. 그러나 서구의 자유주의적인 전통을 경험하지 못하고, 선거와 정당, 의회 등의 서구의 제도적 개념으로서의 민주주의를 수입한 신생 대한민국은 권위주의적 개발독재를 통해 경제성장을 추진하면서, 최소한의 민주주의조차도 성취하지 못했다. 그러나 권위주의 정권하에서의 민주화 투쟁과 87년의 6월 항쟁이 가져다 준 민주화는 한국을 2차 대전 이후 독립한 개발도상국 중에 산업화와 민주화를 동시에 성취한 모범 국가로 자리매김하였다.

1987년 민주화 이후 보수정권과 진보정권의 수평적 정권교체가 이루어지면서 선거의 절차적 정당성에 그치지 않는 민주주의의 공고화 단계에 진입했다고 할 수 있다. 그러나 절차적 민주주의의 달성이 곧 민주주의의 완성으로 연결되지는 않는다. 또한 민주화 이후 자유주의는 양날의 칼로 인식되기에 이르렀다. 개인의 인권과 기본권적 자유가 법에 의해 보장되는, 법 앞에서의 평등이 일정 부분 이루어졌다. 이는 자유주의와 민주주의의 타협과 절충의 결과로서의 자유민주주의적 관점에서 보면 확실히 서구적 의미의 정치적 자유주의의 신장이다. 그러나 정치적 자유주의와 함께 자유주의를 구성하고 있는 경제적 자유주의의 관점에서 자유주의는 또 다른 변화를 요구받고 있다.

1998년 김대중 정부는 외환위기를 극복하기 위하여 IMF가 요구하는 프로그램을 따르는 과정에서 정리해고를 골자로 하는 노동시장의 유연화 정책[42]을 취하게 된다. 이는 구조조정이라는 명분으로 노동시장 전반에 확산되면서 분배구조를 악화시키고 빈부격차를 심화시키는 전형적인 신자유주의 경제 정책이 지배적 이데올로기로 등장하는 계기가 된다. 신자유주의 경제 정책은 이후 노무현, 이명박, 박근혜 정권에 일관되게 적용되는 정책으로 자리 잡는다.

　이의 필연적 결과로서 빈부격차의 심화와 양극화의 문제가 경제적 측면에서 뿐만이 아니라, 정치사회적 갈등의 중심축으로 자리 잡게 된다. 물론 이 문제는 한국만이 당면한 것은 아니지만, 압축성장을 경험한 한국의 경우 사회 통합 차원에서 더욱 심각한 것이 되었다. 사회의 양극화 진행은 경제적 자유주의에 대한 비판과 자유주의 자체에 대한 거부로 이어졌다. 이는 민주화가 실질적 의미의 민주주의의 공고화로 연결되지 않고, 민주화 이후 민주주의의 후퇴로 인식되는 주요한 요인이 되었다. 또한 계급 간 불평등 구조의 심화, 사회적 신분 이동 기회의 감소, 정당의 무능 등의 문제를 야기했다. 절차적 민주주의(procedural democracy)가 실질적 민주주의(substantial democracy)를 담보하지는 않는다는 사실을 확인해 준 것이다.

　민주화 이후 일련의 사회경제적, 정치적 변화는 자유주의와 민주주의의 갈등이 우리 사회의 주요 담론으로 등장하는 동인으로 작용하였다. 사회 통합의 문제는 여러 영역 중에서도 경제적 자유주의에 대한

---

42) 노동시장의 유연화는 박근혜 정부가 추진하는 노동개혁의 골자다. 2015년 8월 6일 박근혜 대통령은 대국민담화에서 공공, 노동, 금융, 교육 등 4대 부분의 구조개혁을 국정 어젠다(의제)로 제시하였다. 그러나 담화의 골자는 노동부문 개혁에 초점이 맞춰졌다. 노동개혁을 통한 일자리 창출이 핵심 과제로 제시되었다. 청년 일자리 창출을 위해서는 정년연장에 따른 임금피크제 도입이 필수적이라는 주장이다. 그러나 노동도 정규직과 비정규직의 이해가 다르고, 해고 요건의 완화를 전제로 하는 노동개혁은 기본적으로 정규직에게 부담을 안겨준다는 점에서 노동계의 저항에 부딪칠 수밖에 없다. 2016년 총선을 의식하여 청년들의 표심을 받으려는 정치적 의도의 개입도 배제할 수 없다. 2015년 6월 기준으로 15세부터 29세까지의 청년실업률은 10.2%로 외환위기 직후인 1999년(11.3%) 이후 16년 만에 가장 높았다. 청년실업자 수도 45만 명으로 1년 전보다 4만 명 이상 늘어난 수치다(통계청 자료).

문제 제기로 연결된다. 통합의 문제가 민주주의의 위기로 연결되는 것은 한국에서 자유주의와 민주주의의 갈등이 중요한 사회적 문제로 제기될 수 있다는 것을 보여주는 것이다.[43]

3. 한국 자유주의의 양면성

한국의 자유주의는 기본적으로 권위주의 정권에 대항하는 과정에서 생겨났으나, 권위주의 정권 역시 반공 이데올로기를 강조하면서, 그 명분으로 채택한 것이 자유주의다. 보다 구체적으로는 북의 김일성 체제로부터 남한의 자본주의 체제를 수호하기 위해 동원된 이데올로기가 바로 자유주의였다. 여기서 자유주의의 한국적 전개 과정에서 나타난 모순점을 발견할 수 있다. 즉 자유주의를 수호하기 위해 동원된 논리가 안보 이데올로기였고, 이는 정권안보로 기능했다. 한편 이러한 권위주의 정권은 결과적으로 개인의 인권과 자유를 침해하게 된다. 이에 저항한 논리가 바로 자유주의 수호를 위한 민주화 투쟁이었다. 다시 말하면 권위주의 정권이 표면적으로 내세운 논리가 자유주의의 수호였고, 권위주의 정권에 저항하는 세력의 논리적 근거도 자유주의였다.[44]

---

43) 역사교과서 논쟁에서도 보듯이 이른바 보수진영과 진보진영의 학자가 자유민주주의와 민주주의를 각각 주장한다. 뭔가 자유와 민주 사이의 갈등의 혐의가 짙음을 직감할 수 있다. 우선 박정희 권위주의 시대에는 쿠데타로 집권한 정권의 태생적인 한계를 극복하기 위하여 자유를 강조했고 공산주의의 침략으로부터 자유를 보호한다는 명분으로 안보논리가 강조되었다. 그리고 권위주의 정권에 저항하는 반독재 세력은 자유를 찾자고 외쳤다. 당시의 정치구도는 민주 대 반민주 구도였다. 반민주 독재 세력과 민주 세력 공히 자유를 주장하는 일견 상호모순이 되는 것을 발견할 수 있다. 이렇듯 한국에서 자유와 민주는 매우 미묘한 관계를 형성했다.

44) 특히 한국은 해방 이후 자유주의가 서구적 의미의 시민혁명과 산업혁명을 경험하지 못한 상태에서 주로 미국을 통하여 자유주의와 민주주의의 타협과 절충의 소산인 자유민주주

자유주의는 민주화 이전과 민주화 이후에 서로 다른 양태를 보이고 있다. 민주화 이전에는 정통성이 없는 권위주의 정권이 정권안보를 위해 반공주의를 내세우면서 자유민주주의의 수호를 명분으로 내세웠다. 결국 권위주의 시절의 자유주의는 정권안보를 위한 반공주의의 하위 개념으로서의 안보이데올로기 역할로 전락했다. 자본주의 체제와 국민의 '자유'를 지키기 위한다는 명분을 내세우면서 국민의 기본 권리와 자유를 억압하고, 정치적 배제가 일상화되는 국면이 지속되었다. 민주화 이전에는 자유주의가 제 기능을 다하지 못하고, 안보논리로 포장되었던 것이다. '자유주의'와 '자유'를 수호하기 위한 것이라는 반공주의와 냉전의식은 철저히 反자유주의적인 것이었다.

한편 자유민주주의와 자유주의를 쟁취하기 위한 시민사회의 저항은 자유주의를 이론적 무기로 한 것이었다. 자유주의가 개인의 권리와 자유를 추구한다는 점에서 이는 당연한 논리이다. 이 두 가지를 종합해 보면 한국에서 민주화 이전 자유주의는 당시의 현실에서 양면성을 띤 것이었다. 민주화 이후 헌법이 명문화하고 있는 개인의 권리와 자유가 신장되면서 자유주의는 제대로 기능할 수 있게 되었다. 자유주의는 1980년대와 1990년대 본격적으로 수입된 신자유주의적 세계화로 인해 정치적 자유주의뿐만 아니라, 경제적 자유주의의 성격을 강하게 갖게 되었다.

해방 이후 60여 년 동안 우리나라는 권위주의 정권을 거쳐 1987년 민주화를 달성하고, 세계 10위권의 경제적 성취를 이룩했다. 그러나 민주화 이전의 민주 대 반민주 구도에서 잠재해 있던 사회경제적 인식의 간극은 심화되고 있다. 이념적 갈등은 현재진행형이며 특히 민주화

의가 수입되었다. 물론 논의에 따라 개화기의 사상적 원류가 자유주의였다는 주장이 있지만 현대적 의미와 제도로서의 자유민주주의는 해방 이후 수입되었다.

이후의 갈등은 보다 일상화·고착화되는 양상마저 보여주고 있다. 상류층과 중산층, 서민들이 상호 인정과 관용의 정신보다는 서로를 인정하지 않으려는 경향성(propensity)을 보이며, 이러한 현실은 쉽게 불식되지 않을 성 싶다. 이는 이러한 대립과 갈등이 구조적인 측면을 보이고 있기 때문일 것이다. 정치사회적 현안들은 어김없이 진영논리45)에 갇히고 만다. 이는 계층적 위화감의 증대와 맞물린다. 각자가 처해 있는 사회적 존재에 따른 소득과 신분의 차이는 상층부와 중하위층의 계층적 갈등으로 확대 재생산된다. 사회경제적 위상의 거리는 시민적 유대를 실종시킨다. 이러한 고질적인 문제는 사회 전체의 파이(pie)가 증대된다고 쉽사리 해결될 것 같지 않아 보인다. 그렇다면 어디서 문제의 원인을 찾고, 진단해야 하나. 그리고 처방은 무엇인가.

4. 자유주의와 민주주의의 화해의 모색

우리나라 헌법에는 자유민주주의적 요소와 사회민주주의적 요소가 혼합되어 있다고 볼 수 있다. 헌법 23조의 재산권 보장 조항, 헌법 119조의 경제의 민주화 조항과 적정한 소득의 분배 등은 상호 상충적

---

45) 사안의 옳고 그름을 기준으로 시시비비를 가리지 않고 사회적 언어로 화석화된 프레임에 따라 이분법적 구도로 현안에 접근하는 태도를 말한다. 이는 산업화와 민주화의 대결 구도 속에서 사회적 통념으로 굳어져왔다. 또한 군사권위주의 정권 시절 안보이데올로기의 남용으로 정치적 반대 세력을 반국가적 세력으로 몰고, 흑백논리로 지지층을 결집하여 동원하는 정치적 구태에 맞닿아 있다. 출발은 그러했으나 진영논리는 위장된 보수와 왜곡된 진보 세력이 적대적 공존을 통하여 패권을 유지하려는 이념적 패권주의로 고착화되는 추세이다. 예컨대 19대 대선 때의 국정원 대선 개입 사건, 2013년의 채동욱 당시 검찰총장의 사퇴, 남북정상회담 회의록 공개를 둘러 싼 정치공방 등에서 예외 없이 작동했다. 2014년 4월의 세월호 참사 이후 이에 대처하는 정부의 대응에 대한 시민사회의 반응과 세월호 특별조사위원회의 활동을 둘러 싼 여론 등에서도 화석화된 '보수 세력'과 '진보 세력'의 대립은 여지없이 극단으로 치닫는 경향을 보인다. 이념적 대립과 무관한 사안에서도 작동되는 대결 구도의 본질적 원인은 문제의 본질을 희석시키고자 하는 수구적 권력집단의 행태이다.

인 것 같으나, 자유와 평등, 자유주의와 민주주의의 원칙을 상징적으로 선언하고 있는 조항들이다. 헌법 119조는 1987년 절차적 민주주의를 규정한 민주화 헌법으로 개정한 9차 개헌 때 보완된 조항이다. 바로 이 조항이 민주화 이후 민주주의의 위기로까지 일부에서 거론하는 문제를 해결할 수 있는 헌정주의적 메커니즘으로 볼 수 있다.

그러나 헌법 119조가 한국사회의 문제로 등장하고 있는 사회경제적 의제를 해결할 수 있는 기제로 작용하기 위해서는, 빠른 속도로 진행되고 있는 사회 전반의 양극화와 경제적 빈부격차를 해소할 수 있는 분배에 초점을 맞춘 정책이 일관되고 꾸준하게 진행되어야 한다. 그러나 18대 대선 때 여야 각 진영이 내세웠던 경제민주화와 복지 공약은 박근혜 정권의 출범 이후 상징적인 입법을 제외하곤 거의 실종되다시피 했다. 이는 경기침체 탈피와 경기부양을 전면에 내세운 2014년 최경환 경제부총리의 경제활성화와 규제완화 정책에 의해 구체화되었다.

민주화 이후 신자유주의적이고, 시장근본주의적인 정책의 추구는 사회경제적 맥락에서 볼 때 계층 간의 간극을 넓히는 결과를 초래했다. 오늘날 사회경제적인 이슈를 둘러 싼 정당 간 정책적 차이나 실제 정부정책을 본다면, 신자유주의와 성장지상주의의 나쁜 조합을 내용으로 하는 정책이 분명하고 강력하게 작동하고 있다. 이의 결과는 양극화와 빈부격차의 심화다. 민주화 이전에 권위주의 정권에 저항했던 기제로 작용했던 교리가 자유주의였으나, 정당성을 획득하지 못한 정권이 저항적 시민사회를 억압하고, 반독재와 민주 세력을 탄압했던 명분도 자유주의였다. 여기에 민주화 이전의 우리나라 자유주의의 이중성이 있다.

민주화 이후 자유주의는 또 다른 진화의 과정을 겪는다. 70년대 말과 80년대 초 유럽에서 복지국가의 실패를 보완하기 위한 명분으로 부각된 신자유주의는 영국의 대처와 미국의 레이건의 집권으로 세계사의 전면에 등장하게 된다. 우리나라는 1980년대 소개되기 시작한 세계화와 함께 신자유주의적 정책과 프로그램을 수용되게 된다. 이는 IMF 위기를 겪으면서 본격화되고, 김영삼, 김대중, 노무현, 이명박, 박근혜 정부를 거치면서 정권의 보수와 진보적 성향의 차이에 관계없이 한국의 사회경제적인 정책적 지향과 이념적 방향으로 작용한다. 한국은 2010년 1인당 국민소득 2만 달러를 회복하고, G-20[46]정상회의를 개최하는 등 유사(類似 pseudo) 선진국 수준의 괄목할 만한 성취를 이룬다. 그러나 전체적인 국부의 증가와 외환보유고의 증가와는 별개로 한국사회의 위기적 증후군으로 등장하고 있는 것이 빈곤층과 중하위층의 신분 상승이 갈수록 어려워지고, 부모의 계층적 지위가 자녀세대까지 이어지고 있는 현상이 심화되고 있다는 점이다. 또한 비정규직의 증가, 불안한 노후, 청년세대의 취업 전쟁 등은 취업을 둘러싼 세대 간의 갈등 양상마저 보이고 있다.

결국 이는 1997년 외환위기 이후 빈곤과 불평등의 문제가 사회적 문제로 확산되었고, 중산층이 감소하는 등 사회적 양극화의 문제가 심화되고 있음을 의미하는 것이다. 다시 말해 민주화 이후 자유주의가 본원적 의미의 개인의 권리와 자유의 증진, 억압의 해소 등의 위

---

46) Group 20의 약자이다. 주요 20개국은 G7과 유럽연합 의장국에 12개 신흥공업국을 포함한 국가를 지칭하는 용어다. 아시아 금융위기 이후 금융, 외환 등에 관련된 국제적 위기 대응 시스템을 구축하기 위하여 1999년 G8 재무장관 회의에서 주요 신흥국가가 참여하는 G20 창설에 합의하였다. 이들 나라의 인구는 전 세계 인구의 3분의 2에 달한다. G20 국가의 GDP(Gross Domestic Product 국내총생산)는 전 세계의 85%에 달한다. 아시아에서 한국, 일본, 중국, 인도, 인도네시아, 사우디아라비아, 터키, 유럽에서 유럽연합, 프랑스, 독일, 이탈리아, 영국, 러시아, 아메리카 대륙에서 캐나다, 멕시코, 미국, 아르헨티나, 브라질, 아프리카의 남아프리카공화국, 오세아니아의 호주가 구성원이다.

상을 회복했으나, 경제적 자유주의인 신자유주의적 세계화로 공동체의 조화의 문제가 전면에 나타난 것에서 보듯이, 민주주의적인 가치의 측면이 많은 분배와 평등의 문제가 자유주의적인 요소와 충돌하고 있는 것을 의미한다고 하겠다.

민주화 이후 민주주의가 어떠한 변화와 진화를 가져왔는가는 향후 한국정치의 지향 및 변혁과 밀접한 관계를 갖고 있다고 할 수 있다. 자유주의의 증진이 개인의 인간다운 삶을 유지할 조건을 충족시키는 것은 기본적으로 중요하다. 그러나 권위주의 시대의 소극적 차원의 자유주의의 확장과 쟁취는 삶의 질을 향상시키는 데 있어 필요조건에 불과하다. 서구의 역사적 경험에서 알 수 있듯이 공동체적 관점에서 볼 때 자유주의의 소극적 측면을 보완하고, 이에 대한 갈등을 해결한 것이 민주주의와 타협으로서의 자유민주주의이다. 한국에서 민주화 이후 나타나는 현상은 민주주의의 불안한 모습이다. 자유주의와 민주주의를 자유와 평등의 문제로 환치시키지 않더라도, 한국의 정치사회적 지향점은 자유주의와 민주주의의 조화에 두어야 한다.

자유주의가 서구의 계몽사상[47]의 영향을 받았고, 자유주의가 민주주의적 가치에 주목한 것은 아니었지만, 자본주의와 산업혁명이 발전되고 진행되는 가운데, 자유주의와 민주주의는 갈등과 협력의 관계를 유지해 왔고, 자유민주주의와 대의제 민주주의를 발전시켜 왔다. 물론 아시아와 동유럽과 남유럽, 라틴아메리카의 경험에서 보듯 제3세계 국가들에서의 민주주의는 오랜 민주주의의 역사를 가진 나라들과

---

47) 계몽주의의 사상적 기반은 서구의 합리주의(rationalism)와 개인주의(individualism)이다. 교황권의 지배에서 벗어난 중세 이후 인간의 자유와 이성에 가치를 부여하고 개인의 기본권과 자유, 인권의 평등을 중시하는 사조를 말한다. 16세기부터 신흥 상공계급, 즉 부르주아지의 대두와 관련이 있으며 근대 서구 정치사상의 근간을 이루고 있다. 이후 자유주의 정치철학으로 이어진다.

는 다른 조건과 배경에서 가능했다. 또한 민주주의는 고대 그리스 이래 이론적으로나 실천적으로 다른 이념에 의존하지 않고 독자적으로 발전해 왔다. 즉 민주주의는 그 자체의 이념과 원리에 의해서 발전되어 왔기 때문에 다른 이념들과의 관계 속에서만 논의될 수 있는 것은 아니다. 민주주의의 핵심 요소는 시민들의 자기통치체제이다. 여기서 함축하듯이 정치적 평등과 공동체적 균형이 민주주의의 핵심 요소다. 따라서 개인의 자유와 권리를 우선시하는 자유주의와는 겹치는 부분과 상충되는 부분이 동시에 존재한다고 할 수 있다. 분명한 것은 서구의 전통적인 국가의 발전에서 알 수 있듯이 자유주의와 민주주의의 연계가 현재의 지배적인 자유민주주의와 민주주의의 모델이란 사실이다.

그런데 우리가 봉착하고 있는 문제는 자유주의의 상실이 아니라, 민주주의의 미완성이다. 민주주의는 현재도 우리가 추진하고 있는 과제이다. 따라서 민주화 이후 일정 수준 이상 보장되고 있는 자유와 권리의 보호가 계층적 이해관계에 기반한 나머지, 우리 사회의 중산층 이하의 계층과 상위 계층과의 사회경제적 격차 심화라는 현상을 가볍게 보는 근거로 작용해서는 안 된다. 바로 여기에 자유주의와 민주주의의 갈등이 존재하고 있다. 민주화 이후의 한국사회가 자유주의 사회의 성격을 갖는 것과 정치적 평등체로서의 민주주의 사회로 공고화되는 것은 별개의 문제다.

개발독재와 권위주의 산업화 과정에서 축적되어 왔던 이기적이고, 출세지향적인 가치관의 과도한 확산은 정치적인 민주화와 자유주의를 달성하고 난 이후에도 여전히 한국이라는 공동체에서 불평등한 분배의 기저가 되고 있다. 신자유주의적 공세는 자유주의의 본원적 가치도 훼손할 수 있다. 공동체 내에 지나친 격차의 확대와 광범한 불평등은 민주주의의 저해와 함께 자유주의적 가치도 훼손할 수 있다. 서구에서 자유주의가 스스로를 지탱하고자 민주주의적 가치와 화해하고, 자유민주주의와 보통선거권을 통한 대의제 민주주의를 정착시켰듯이 한국에서도 신자유주의적 시장 만능주의적 관점에 대한 교정이 필요한 시점이다. 자유주의라는 이름으로 합리화되고 있는 사회의 도덕적 해이와 분배의 저해를 민주주의적 가치로 바로잡을 필요가 있다. 이러한 바로잡음이 한국사회에 요구되는 자유주의와 민주주의의 갈등을 해결하고, 자유주의와 민주주의의 화해로 연결되어야 한다.

04 | 한국 자유주의의 역사와 전망

한국사회에서 자유주의는 민주화 이전과 민주화 이후에 그 전개 양상과 지향점이 상이했다. 또 민주화 이전에도 두 가지 양태를 보이고, 민주화 이후에도 엇갈리는 변화를 보이게 된다. 특히 민주화 이후 최근까지 자유주의와 민주주의의 상호 보완과 갈등이 중첩적으로 작용하면서 한국사회가 진정한 자유민주주의로 발전·변화할 수 있는지 시금석이 되고 있는 상황이다.

1. 권위주의 정권과 압축성장

보편적이고, 통념적으로 받아들일 수 있는 문제 인식은 서구 국가들이 이삼백 년에 걸친 시민혁명과 산업혁명의 역사적 경험과 투쟁을 통해 쟁취한 민주주의와 경제적 성취를 한국은 너무나 빨리 성취했다는 사실이다. 제도로서의 자유민주주의를 완제품으로 수입하고, 민주주의 의식과 훈련을 쌓을 기회도 없었던 상황 속에서 절대 빈곤의 해결을 위해 경제성장 제일주의를 추구했다. 이는 쿠데타로 집권한 정권의 태생적 한계를 메꾸려 경제와 안보를 두 축으로 한 정치공학과도 무관치 않다. 군사권위주의 정권의 재벌 중시 정책과 각 부문에서의 각종 특혜와 지원으로 이룩한 압축성장의 폐해가 이제 경제 규모 세계 15위 수준의 한국에 부메랑으로 돌아오고 있다.

이를 시각을 달리 해서 보면 이렇다. 한국의 괄목할 만한 경제적 성과가 한국민의 절대 빈곤을 해결하고, 개인적인 차원에서도 보다 나은 상태로의 진전을 이루었다. 그러나 절대 수준에서의 지위의 향상과 의식주 및 여타 생활에서의 향상이 주관적인 행복감의 증대로 연결되지 못했다. 압축성장 과정에서 노출되었던 과도한 경쟁과 효율 위주의 사고방식, 획일화된 가치관 등이 삶의 질을 향상시키지 못했다. 상위 소득계층과 중하위 소득계층과의 소득 격차의 증대는 OECD 국가 중에서도 가장 빠른 속도로 진행되고 있다.[48] 주위 사람들이 성취한 발전과의 상대적 격차가 더 벌어진 것이 주관적인 행복을 가져다주지 못하는 원인이다.

이러한 상대적 박탈감(relative deprivation)의 증대는 글로벌 기업의 증가와 거시경제 지표의 긍정적 시그널과는 무관하게 오히려 반비례하여 증가한다. 이는 삶의 행복감의 저하로 연결되며 다시 사회통합의 저해와 계층 간의 균열[49]로 나타나게 된다. 이러한 현상은 민주화

---

48) '2008년부터 2013년까지 통합소득 100분위 자료'를 국회 기획재정위원회 오제세 의원(새정치민주연합)이 분석한 결과가 이를 잘 나타내고 있다. 소득 상위 40% 이상에서 41% 미만 구간의 1인당 평균소득은 기간 중 3,130만 원에서 3,340만 원으로 5년간 210만 원, 6.5% 증가했다. 반면 최상위 1%는 같은 기간 3억 3,190만 원에서 3억 7,840만 원으로 14.0%나 증가했다. 소득 전 구간에 걸쳐 가장 높은 증가율을 나타냈다. 여기서 통합소득은 근로소득과 종합소득을 합친 개념이다.

이후에 더욱 극명하게 드러난다. 민주화 이전에는 시민사회 내의 소득과 계층의 균열보다는 민주주의 쟁취라는 시대적 지향이 있었다. 신자유주의적 경제정책이 본격화되지 않았기 때문에 소득의 격차나 지역적 차이가 크게 부각되지 않았던 측면도 있다. 따라서 상대적 박탈감의 문제는 크게 부각되지 않았다. 재벌과 관료들은 일상에서 시민사회의 구성원이지만 이들은 민주 대 반민주의 정치사회 구도에서 기득권층으로 여겨져, 민주주의를 요구하는 시민들과는 차별화됐다. 그러나 민주화 이후 이들이 시민사회 내에 편입되면서 빈부격차, 사회적 양극화가 진전되고, 사회통합(social integration)[50]이 사회경제적 의제(agenda)로 등장하게 된다.

사회통합의 문제는 이념 대립으로 나타나게 된다. 민주화 이전에 정치적 입장에 따라 비교적 단순하게 형성되었던 보수와 진보의 대립은 민주화 이후에는 보다 다양하고, 중첩적으로 나타나는 양상이다. 정치적 대립과 지역적 갈등, 세대 간의 차이도 있지만, 보다 심각하게 나타나는 것은 경제적 층위에서의 대립이다. 사회적 양극화의 진행은 경제적 양극화와 맞물리면서 민주주의의 위기와 연계된다.[51]

민주주의가 실질적 차원의 사회경제적 형평을 지향하는 가치체계라면 이는 당연한 귀결이다. 또한 민주화 이후의 정치적 자유주의 및

---

49) 대기업과 중소기업 간, 정규직과 비정규직 간 노동시장의 양극화가 심화되고 있고 이는 사회균열의 주된 요인으로 작용한다. 상위 10%의 임금을 하위 10%로 나눈 '임금불평등 배율'은 한국이 4.7배로 스페인(3.1배), 이탈리아(2.3배)의 2배에 달한다. (동아일보 2015년 7월 21일자 A3면)

50) 사회통합이라는 용어가 보편적, 통념적으로 쓰이지만 엄밀한 의미에서 통합은 신자유주의 사회에서 거의 불가능에 가깝다. 필연적으로 존재하는 사회적 갈등이 정당체제와 제도권 내에서 관리됨으로써 갈등의 최소화를 지향하는 것이 보다 현실적인 대안이다. 민주주의란 갈등과 균열을 관리해 넘으로써 가능하면 평등과 형평을 유지할 수 있는 시스템의 작동을 전제로 하는 체제다.

51) 이는 다시 자유주의와 공동체주의와의 동거 가능성을 차단하고 자유주의와 민주주의의 불화를 야기할 수 있다.

경제적 신자유주의52)와 민주주의의 화해 가능성을 원천적으로 봉쇄할 수 있는 개연성도 배제할 수 없음을 의미한다.

민주화 이전에 자유주의의 양면성이 존재했다면 민주화 이후의 자유주의는 또 다른 분화를 겪는다. 민주화의 결과 자유와 개인의 인권이 신장되고, 법치가 상대적으로 보장되는 정치적 자유주의를 성취했다. 자유주의가 민주화의 성취로 일정 부분 충족되는 한편, 신자유주의적 이데올로기와 세계화는 한국사회의 양극화를 가속화시킨다. 민주화 이후 한국에서 자유주의가 정치사회적 측면보다는 경제적 영역에서 더 큰 영향력을 발휘하게 되고, 이것이 사회적 균열(social cleavage)의 진행을 가속화한다. 이는 민주화 이후 민주주의의 위기53)를 주장하는 논거로서 작용하게 된다.

민주화 이후 세계사적인 환경의 변화는 시장경제의 강조, 효율과 성장 등, 국가경쟁력 강화와 무한경쟁으로 대표되는 신자유주의와 세계화의 공세로 요약될 수 있다. 이는 1980년대 후반과 1990년대 초반의 소련과 동구권의 붕괴로 인한 탈냉전의 세계사적 변화를 반영한다. 한국에서는 1998년의 IMF 경제위기와 맞물리면서 위기 극복의 방법으로 IMF의 신자유주의 정책이 동원되면서 보다 극명하게 드러났다. IMF의 신자유주의적 방법은 그동안 권위주의 정권과 성장지상주

---

52) 1979년 영국 보수당의 대처(Margaret Thatcher)와 1981년 미국 공화당의 레이건(Ronald Wilson Reagan)의 집권이 신자유주의의 도래를 알리는 신호탄이었다. 신자유주의는 시장 논리에 입각한 경제운용, 효율과 성장, 경쟁을 중시하는 경제적 자유주의이다. 1990년과 1991년의 독일 통일과 소련의 붕괴로 인한 동구의 공산주의 정권의 몰락은 사회주의에 대한 자본주의의 승리로 인식되었다. 이러한 냉전의 종식과 해체는 세계화의 역사적 배경이 되었다. 신자유주의는 양극화의 심화, 약육강식의 논리에 입각한 냉혹한 자본주의라는 비판에도 불구하고 세계화와 함께 지배적 사조로 자리잡고 있다.
53) 민주주의의 가치지향이 평등이라면 신자유주의로 인한 빈부격차와 상대적 박탈감의 증대는 평등과 형평과는 거리가 있으며, 이의 당연한 귀결로 경제적인 격차의 증대는 민주주의의 위기로 연결되는 논리적 구조를 가지고 있다.

의의 방법으로 채택되어 왔던 재벌의 족벌체제, 관치금융, 분식회계, 문어발식 경영 등의 시정을 요구하게 되고, 한편으로는 노동시장의 유연화 정책으로 정리해고를 용이하게 만드는 결과를 초래했다.

다시 말하면 경제적 자유주의는 민주화 이후 경제에서의 민주주의식 개혁과 일정 부분 친화력을 보여주었다고 하겠다. 그러나 정리해고의 강화와 경쟁과 효율에 대한 집착 등은 시민사회 내에 중산층 이하 계층에게는 일상적인 피로로 다가왔고, 이는 사회통합의 문제와도 연결되면서, 평등의 가치를 우선으로 한다는 의미에서의 민주주의와는 일정 부분 상충되는 면을 노정시키게 된다. 여기서 민주화 이후 자유주의와 민주주의의 충돌을 목도하게 되고, 오늘날 한국사회에서 중요한 사회적 의제로 등장하고 있는 '공정'과 '정의'의 문제로 귀착된다. 공정과 정의는 구체적으로 아니 보다 현실적으로 경제적 형평의 제고와 연결되는 문제다. 그래서 제기되는 어젠다가 경제민주화이다.

경제민주화는 민주주의가 질적으로 발전하고 공고화됨으로써 민주주의가 지향하는 평등으로 한 걸음 가까이 가기 위한 전제조건이다. 발전이란 단어가 근대화와 동의어로 쓰이던 시대의 근대화는 곧 산업화를 의미했다. 산업화는 곧 경제성장을 지칭하는 용어였다. 특히 '근대화 이론'이 '발전이론'으로 소개될 때인 1960-1970년대의 일이다. '발전'이라는 용어는 정치적·경제적·사회적 근대화 또는 양적 성장을 가리킨다. 그러나 진정한 '발전'은 사회의 양극화가 최소화되고 상대적 박탈감의 해소를 위한 정책적 배려와 문화심리적 치유가 병행될 때 비로소 이루어진다. 경제적 민주주의를 실현하기 위한 정책적 노력과 정치사회적 합의가 이루어질 때 경제민주화는 가능해진다. 경제민주화의 실현이 실질적 민주주의(substantial democracy)의 구현임은 말할 나위도 없다.

새삼 거론할 것도 없이 성장일변도 산업화의 후유증은 사회 곳곳의 어두움으로 드리워져 있다. 자살률 최고 수준, 저조한 출산율, 취업난과 구인난의 역설적 모습, 가진 자와 못 가진 자 모두가 행복감을 느끼기 어려운 공동체의 모습 등, 분명한 것은 이러한 상태로는 사회의 지속적 발전과 관용 및 배려의 민주주의를 담보할 수 없다는 사실이다.

GDP 규모로는 세계 15위권의 경제대국으로 자부심을 가질 만하다. 그러나 '경제대국'이 얼마나 많은 국민 대중에게 실감나게 다가올 수 있을까. 강대국이면서 선진국이라는 타이틀을 가질 수 없는 중국의 인민들에게 자신의 조국인 중화민국이 G2라는 사실은 심화되는 양극화와 함께 상대적 박탈의 깊이를 더해간다. 민주주의가 정치적 의미의 절차적 차원에 그친다면 실질적 민주주의는 요원하다. 한국사회의 갈등[54]의 깊이가 더해가고, 지역과 계층의 블록화가 진전되는 상황에서 실질적 민주주의는 정치적 구호에 불과하다. 사회경제적 민주주의가 정착되지 않는다면 공동체적 유대의식은 실종될 것이다.

세계에 유례가 없는 경제성장 과정은 2014년 1인당 국민소득(GNI) 2만 8천 달러의 통계수치가 보여주듯이 괄목할만하다. 기업 소득의 증가가 가계 소득의 감소를 상쇄하고 남은 수치의 허구에도 불구하고 우리는 분명 2차 대전 이후 독립한 후발 국가 중에서는 눈부신 성장을 이룩했다. 성장이냐 발전이냐 하는 전통적인 발전론의 의문은 남아있지만 마냥 경제 부문의 비약적 발전을 폄하할 수 없는 이유다.

---

54) 갈등은 일상적 차원을 넘었다. 청년실업의 문제는 기성세대와 청년세대, 노동계 내부에서도 정규직과 비정규직, 지역갈등 등이 사회학적 차원을 넘는 경제적 갈등으로 비화되고 있다. 취업을 둘러싼 청년과 장년층의 갈등은 60세 정년 연장을 위해 필요하다고 정부가 역설하고 있는 임금피크제 도입과 노동시장의 유연성 제고, 즉 해고 요건의 완화를 법제화시킨다고 해결될 문제가 아니다.

그러나 산업화 60년의 발전의 속살, 성장의 내실을 이제는 깊숙이 들여다보아야 한다. 지역적, 계층적 블록화가 진행되고 있는 상황에 대한 대책이 강구해야 한다. 대기업과 중소기업, 정규직과 비정규직, 중장년층과 청년층, 대졸과 고졸 등의 격차[55])가 심화되고 있는 현실에 대해 표피적인 대책으로 일관해선 안 된다. 부의 세습화는 물론이고 부모 세대의 사회적 지위와 권력이 사회적 출세의 요건이 되는 사회는 지속가능한 발전을 이루어나갈 수 없다.

2. 권위주의 시대의 자유주의

한국에서는 자유민주주의가 서구와는 달리 일시에 주어져서 제헌헌법에 구체적으로 구현되었다. 자유주의의 기본 요소인 사적소유권과 권력분립, 서구 국가들도 20세기 초중반에나 와서야 실시된 보통선거가 도입되는 등, 기본권은 물론이고, 바이마르 공화국 헌법에서 처음 도입되었던 사회권까지도 보장하고 있다. 건국 이후 민주화 이전, 즉 권위주의 정권 시대에도 헌법에는 헌정적 의미에서 자유주의와 민주주의가 훌륭하게 명시, 구현되고 있다.

---

55) 30대 재벌이 투자하지 않고 사내유보금으로 쌓아두고 있는 돈은 2015년 1분기에 710조 원에 달한다. 사내유보금이 투자처를 찾지 못하는 이유는 경제 여건의 악화와 내수의 부진, 환율 문제 등 다양하지만, 정부가 불필요한 규제를 풀지 않기 때문이다. 정부가 규제개혁위원회를 만들고 대통령이 규제 혁파를 내세우고 추진한다고 하지만 정작 허가와 인가권에서 자신들의 기득권을 유지하고자 하는 관료집단의 '철밥통' 지키기 때문에 실효성이 없다. 각종 규제와 인허가권을 가지고 있어야 정부산하기관도 유지할 수 있고 이는 퇴직 후 자신들의 기득권을 유지할 수 있는 안전망이 되기 때문이다. 이른바 관피아와 각종 이해와 이익으로 결탁되어 있는 먹이사슬 구조가 혁파되지 않는 한 규제를 붙잡고 안주하는 관료집단과 이에 기생하는 집단들의 공존으로 기업은 투자처를 해외에서 찾으려 하는 악순환이 벌어진다. 집권 세력이 투자를 강조하고 재벌들에게 특별사면을 통해 경제 활성화를 유도한다고 하지만 이는 문제의 본질을 잘못 짚은 것이다.

한국에서 자유주의는 애당초 정치적 자유주의의 관점에서 출발했다. 자유주의는 해방 이후 제도로서의 선거와 정당, 의회 등 정치적 절차와 과정의 도입에서 설명되어야 할 것이다. 이는 자유주의적 민주주의가 주로 미국의 압도적인 영향 아래서 도입됨을 의미한다. 그러나 건국 이후 한국의 헌정사[56]를 보면 아홉 번에 걸친 개헌 중 정당성을 부여받을 수 있는 개헌은 4·19혁명 이후 내각제 개헌을 담고 있는 3차 개헌과 1960년의 3·15 부정선거 관련자를 처벌하기 위해 부칙을 개정했던 4차 개헌, 그리고 1987년, 민주화의 절차적 완성이라고 일컬어지는 대통령 직선제 개헌밖에 없다. 직선제 개헌이 9차 개헌인데 이 때 경제민주화 조항[57]이 명문화한다.

나머지 여섯 번의 개헌은 독재자의 권력욕에 입각한 비민주적, 반자유주의적 개헌이었다. 이렇듯 한국의 자유주의는 해방 이후 도입된 이래, 민주화 이전까지 왜곡된 역사를 밟아왔다. 그러나 자유주의는

---

56) 05 '한국의 연합정치' 참조.
57) 헌법 제119조 1항
"대한민국의 경제질서는 개인과 기업의 경제상의 자유와 창의를 존중함을 기본으로 한다."
제119조 2항
"국가는 균형 있는 국민경제의 성장 및 안정과 적정한 소득의 분배를 유지하고, 시장의 지배와 경제력의 남용을 방지하며, 경제주체 간의 조화를 통한 경제의 민주화를 위하여 경제에 관한 규제와 조정을 할 수 있다."
경제민주화 조항은 119조 2항을 의미한다. 1항은 자유주의 시장경제를 천명하고 있으며, 2항은 시장에 국가가 개입할 수 있는 헌법적 근거를 명기하고 있다. 특히 2항에서 '경제의 민주화'라는 단어를 사용함으로써 자유주의 경제시장 논리인 경쟁과 효율과 더불어 사회의 형평과 경제적 평등을 위한 정당한 국가권력의 개입을 정당화하고 있다.
그러나 성장일변도의 정책 추구가 빈부격차와 소득불평등을 심화시켰음은 주지의 사실이다. 19대 총선과 18대 대선 때 여야 정당과 후보들이 내세운 공약이 경제민주화였다는 사실은 시대정신이 경제민주화였음을 말해주고 있다. 그러나 2012년 12월 19일의 18대 대선 이후 승리한 박근혜 정권은 집권 첫 해의 경제민주화 관련 입법을 제외하곤 사실상 경제민주화 공약을 폐기한 것이나 다름없다. 분배와 성장의 선순환이 가능해지기 위해서 대기업으로의 경제력 집중을 혁파하고, 기업의 소유·지배구조 개선을 위한 정책적 노력을 경주해야 함에도 불구하고 상호출자와 순환출자 등 한국 재벌의 고질적인 병폐를 타파하는 일에도 소극적이다.

또한 민주화의 목표이기도 하다. 민주화 이전까지 자유주의는 독재 대 반독재, 민주 대 반민주의 기본적인 정치적 지형 안에서 작용해 온 것이다. 즉 민주화 이전 자유주의는 국민의 기본적인 자유권의 보장이라는 국민적 요구와 함께, 반독재 민주화운동의 이념으로 작용해 왔다.

민주화 이전의 자유주의는 경제적 측면보다는 기본권의 확보와 사상, 출판, 언론, 결사 등 정치적 자유주의의 차원에서 인식됐다. 민주화 이전에도 경제적 분배와 기득권 세력에 대한 저항 등 민주주의와 함께 한 축을 형성했으나 기본적으로 인권과 기본권에 대한 자유의 요구가 민주화 투쟁의 핵심이었다.

한국에서 자유주의의 발전은 분단으로 인한 반공주의에서 자유롭지 못했다. 반독재와 독재의 대립을 기본 구도로 하는 정치 상황에서 자유주의가 독재 세력의 반공 이데올로기의 도구로 차용되는 한편, 반독재 세력의 독재에 대한 저항의 근거가 되는 양면성을 지니고 있었기 때문이다. 해방 이후 참정권과 정당 간의 자유로운 경쟁, 노동3권 등은 보장되지 못했다. 박정희 정권 때 정권의 두 가지 축은 반공주의와 경제성장이었다. 정당성이 없는 정권에 대한 정치적 반대를 무력화시키고, 정권을 합리화하기 위한 정권안보로 냉전 이데올로기가 동원된 것이다. 이는 분단이라는 상황적 변수로 한층 용이할 수 있었다.

한편 해방 이후 시민사회의 부재 속에 산업화라는 과제에 직면했던 대한민국은 박정희의 집권 이후 1962년 제1차 경제개발 5개년계획의 시작으로 산업화를 본격화하기 시작했다. 즉 반공주의와 성장주의로 구체화된 개발독재와 산업국가의 모습은 권위주의 정권을 합리화하고, 정당화하는 데 동원된 것이다.

민주화 이전 자유주의는 이중적인 모습을 보인다. 권위주의 정권은 자유주의를 정권안보의 논리로 포장하여, 자유주의를 지킨다는 명분으로, 개인의 인권과 자유를 탄압하는 모습을 보인다. 즉 자유주의로 자유주의를 탄압하는 역설적 양태를 보이게 되는 것이다. 민주화를 위한 이념적 기제로 작용했던 자유주의가 한편으로는 반공주의로 변신하는 아이러니를 경험하게 된다. 정치적 기본권과 인권을 수호하고자 권위주의에 저항했던 세력은 자유주의를 지향했다. 반면 권위주의 세력은 북한으로부터 남한의 자유를 수호해야 한다는 명분으로 자유주의 세력 즉 민주화 세력을 억압하고 탄압했다. 이들은 안보 이데올로기를 구실로 삼았고 표면적으로 자유주의를 지향한다는 명분을 내세웠다.

자유주의 세력을 탄압하기 위한 도구로 사용된 명분은 자유주의였고, 독재 세력에 저항했던 무기도 자유주의였다. 한국의 정치공간에서 갖는 자유주의의 양면성이라고 해야 할 것이다. 그러나 권위주의 세력을 자유주의 세력이라고 볼 수 없음은 재론의 여지가 없다.

3. 민주화 이후 자유주의의 변화

1987년 민주화 이후 절차적, 최소 정의적 관점이긴 하나, 민주 대 반민주 구도의 소멸로 한국의 자유주의는 새로운 계기를 맞게 되었다. 민주화 이전의 권위주의 정권이 정당성의 위기를 반공주의로 메꾸려 했으나, 민주화 이후 직선제로 구성된 정권은 냉전 이데올로기에 기반한 정권안보의 필요성을 느끼지 않았다. 김영삼 정권에 이어 1997년 김대중 정권, 2007년 노무현 정권에서 이명박 정권으로의 교체라는 두 번의 수평적 정권교체58)를 경험하면서 한국은 절차적 민주주의의 단계를 넘어, 민주주의의 공고화 단계로 접어들었다고 할 수 있다.

민주화 이후의 자유주의는 새로운 재편을 맞게 된다. 1987년 민주화 이후 독일의 통일과 소련의 해체로 상징되는 냉전의 해체라는 세계사적 환경의 변화와 함께, 1970년대 말과 1980년대 초의 대처와 레이건의 등장으로 상징되는 신자유주의(neo-liberalism)가 지배적인 경제사조로 등장했다. 이러한 세계사적 환경의 변화 속에서 한국은 1998년 외환위기를 맞으면서, 김대중 정부 들어 본격적인 신자유주의를 정책으로 채택하게 된다. 신자유주의적 세계화는 기존의 자유주의가 추구하던 정치적 의미의 긴장과는 다른 측면의 새로운 긴장을 유발하게 된다. 여기서 발생하는 긴장이 '자유'와 '평등' 간의 갈등이다. 이는 세계화가 진행되면서 세계 각국에서 나타나는 반세계화의 흐름과 무관하지 않다. 신자유주의가 추구하는 것이 경쟁과 효율성의 제고, 시장에 대한 신뢰와 시장효율주의로 구체화되는 것이고, 이의 귀결로 사회적 양극화가 심화되는 결과를 초래한다.

여기서 잠시 민주화 이후 정치사회적 측면에서의 자유주의 논쟁을 살펴보기로 한다. 권위주의 정권의 종식은 개인적인 차원의 억압과 정치적 배제, 저항적 시민단체나 지식인에 대한 구금 등 정치적 자유

---

58) 해방 이후 진보 성향 정치세력의 집권은 김대중 정부의 집권이 처음이다. 14대 김영삼 정권인 '문민정부'는 김영삼이 민주화를 목표로 투쟁했던 야당 출신 인사임에도 불구하고, 1990년 3당합당을 통해 탄생한 민자당 후보로 당선되었기 때문에 수평적 정권교체로 보지 않는다. 김대중 대통령의 '국민의 정부'를 거쳐 노무현 정권으로의 교체 역시 수평적 정권교체가 아니다. 노무현 정권인 '참여정부'에서 이명박 정권으로 정권이 바뀐 것은 진보정권에서 보수정권으로의 교체라는 의미에서 수평적 정권교체라고 볼 수 있다. 같은 이유로 박근혜 정권의 집권 역시 같은 보수성향인 집권세력의 변화이므로 수평적 정권교체라고 부르지 않는다.

를 제약하던 상황을 벗어나는 소극적 의미의 자유의 성취를 의미했다. 그 후 친미나 반미, 국가보안법 개정 유무, 노무현 정부 때의 사학법59)이나 신문법 등 이념적으로 쟁점이 될 수 있는 영역에서 나타났던 정치적 대립이 쟁점현안(issue group)을 둘러싼 갈등으로 전환되는 국면을 맞게 된다. 예컨대 사형죄나 간통죄 폐지 여부, 환경보존과 개발 사이의 갈등, 동성애에 대한 사회적 관용의 문제 등 정치적 이념의 성격이 아닌 삶의 질을 둘러싼 사회적 논쟁들이다. 경제적 측면에서는 노동현안 및 의료법인의 영리화 여부, 철도공사의 자회사 설립 등 경쟁 원리 도입 여부 등이 주요 쟁점으로 부각되고 있다.

권위주의 정권 시절의 민주화 세력은 국가권력으로부터 개인의 기본권 보호라는 가치에 초점을 맞추는 진보적 경향을 보인 반면, 사회의 기득권 세력은 시장경제의 자율성과 경쟁 및 성장을 지향하는 경향을 띠게 된다. 민주화 세력은 정치사회적 측면에서는 개인의 자유를 지키기 위하여 국가간섭의 배제를 주장한다. 그러나 사회경제적 측면에서는 신자유주의 정책에 따른 사회적 양극화와 빈부격차를 해소하기 위한 국가 역할의 증대 및 개입을 지향한다.

자유주의 세력은 정치사회적 차원에서는 국가권력의 배제, 경제적 차원에서는 국가의 정당한 개입을 강조하는 진보(liberal)의 경향을 띠고 있다. 'liberal'과 'progressive'가 모두 '진보'로 번역되는 이유이다. 보수진영은 반대의 논리를 주장하고 있다. 예컨대 집회 및 시위에 관한 법률에 관해서는 보수진영이 시위 시간에 대해 국가의 간섭의 폭을

---

59) 노무현 정부 사학법의 골자는 ▲개방형 이사제 도입 ▲대학평의원회 설치 의무화 ▲법인이사회 회의록 공개 ▲법인 임원의 인적사항 공개 등이다. 당시 야당이었던 한나라당 박근혜 대표는 12월에 57일 동안이나 장외투쟁을 벌였다. 사학법은 노무현 정부 시절인 2005년 개정되었다가 2007년 일부 조항이 완화되면서 재개정되었다. 헌법재판소는 2013년 헌법소원이 제기된 사학법에 대해 합헌 판결을 내렸다.

넓히는 것을 주장하고, 서울광장의 사용에 대해서도 허가제를 주장함으로써 국가 간섭의 증대를 선호하는 것을 볼 수 있다. 그러나 시장에서는 규제완화나 민영화를 추진하는 것에서 단적으로 알 수 있다. 규제완화나 민영화, 효율성의 제고는 신자유주의적 가치와 친화력을 갖는 것들이다.

여기서 신자유주의와 자유주의가 동일한 의미가 아님을 알 수 있다. 최근 한국에서는 신자유주의가 마치 자유주의인 것처럼 인식되는 경우를 보게 된다. 다시 말하면 시장자유주의와 시장근본주의가 자유주의의 전형인 것으로 오해되고 있다. 서구의 자유주의는 기실 19세기 후반 이래 복지 개념의 자유주의가 대세이다.

4. 자유주의와 민주주의의 갈등을 넘어

민주화 이후 '자유주의적'인 것의 의미는 반공주의와 냉전적 사고방식의 탈피를 의미한다. 반공주의와 냉전의식에서 비롯되는 흑백논리와 색깔공세[60]는 언론·출판·집회·결사·사상·양심 등 기본적 자유권을 제한하는 '반(反)자유주의적'인 결과를 낳는다. 민주화 이후 한국사회에서 자유주의는 정치의 장을 넘어 사회 전반에 이슈의 다양화를 가져왔다. 기존에 주로 정치적인 쟁점에 국한되었던 현안들이

---

60) 진영논리는 왜곡된 반공주의와 냉전적 사고에서 비롯됐다. 안보논리로 정통성을 보전하고자 했던 권위주의 정권의 그릇된 행태와 등치시킬 수는 없으나, 민주화 이후에도 보수정권들은 종종 안보를 등에 업고 진실을 호도하려는 유혹에 빠지곤 했다. 2012년 대선 때의 국정원 댓글 사건, 2015년의 국정원 해킹 의혹 사건 등에서도 의혹의 진상을 밝히고 진실에 접근하려는 자세보다는 사실을 규명하려는 시민단체와 야당을 국가안보 저해 세력으로 몰아가려는 행태가 지배적이었다. 이는 여전히 진영논리에 머물러 있는 왜곡된 보수 기득권 세력의 정치적 퇴행(political decay)에 다름 아니다.

문화와 환경, 복지, 사회적인 이슈로 확장되면서 개인의 권리와 자유에 대한 관심이 한층 높아졌다. 이는 자유주의의 소극적 측면을 넘어보다 적극적인 의미의 자유를 추구한다는 데에 의미가 있다. 이는 민주화 이후 시민사회의 확장과 관련이 있다. 권위주의 시대 억압적인국가의 강력한 힘이 시민사회의 위축을 가져와 이른바 '강한 국가(strong state)'와 '약한 사회(weak society)'를 초래했다.

개발독재[61]하에서 중산층의 형성은 미약하나마 시민사회의 성장을가져왔고, 이는 역설적으로 민주주의의 토양이 되어 권위주의 국가를압박해 나가는 단초를 마련했다. 비록 서구적 의미의 시민혁명이 없었다고는 하지만 4·19와 1979년 부마항쟁, 1980년의 5·18 광주민주화항쟁, 1987년 6·10 민주 대항쟁 등은 시민사회의 저력을 보여준 것으로서 국가 대 시민사회의 대결 구도에서 시민사회의 성장을 보여준다.

그러나 민주화 이후 경험하고 있는 시민사회의 확장은 단순히 국가에 반대하는 시민사회에 머물러 있지 않다. 민주화 이후 시민사회는 권위주의 정권의 타파라는 '공공의 적'이 사라지고 난 이후의 변화로서 의제의 다양성과 이슈에 따른 활성화를 주된 내용으로 한다.

민주화 이전의 시민사회는 국가에 대한 체제 비판이나 저항 세력으로 인식되었다. 대기업과 지주 등 기득권층도 분명 시민사회의 한구성부분일진대, 이들은 대체로 국가와 동일시되었다. 그러나 민주화이후 사회의 지배 세력도 시민사회에 편입되어 자신의 이익과 이해관

---

61) 개발독재는 5·16쿠데타 이후 박정희 정권이 경제성장을 추진하는 방식을 가리킨다. 정치적으로는 독재이나 후발국인 한국의 경제성장과 산업화를 위해서는 독재가 불가피했다는 합의를 가지고 있는 단어이다. 이는 부지불식간에 독재를 합리화·정당화할 수 있는 함정을 내포한다. 1972년, 박정희는 장기 집권을 위해 의회를 해산시키고 통일주체국민회의를 통해서 대통령을 선출하는 반역사적이고 반민주적인 유신정권을 수립했다. 유신정권 이후 중화학공업에 많은 투자가 이루어지고 산업구조의 고도화를 경험했다. 이러한 현상도 개발독재라는 용어로 종종 표현하곤 한다.

계를 시민사회 운동을 통해 대변한다. 그리고 시민사회 내에 체제 비판적 역할을 수행하던 진보진영은 민주화 이후 자유주의적인 시민운동과 노동운동, 국회의원 낙선, 낙천 운동 등 정치 부문에서도 실천적 활동을 전개했다. 그리고 민주 대 반민주, 독재 대 반독재의 정치 지형에서 노출되지 않았던 성폭력, 가정폭력, 사형제, 동성연애, 종교와 관련한 양심의 자유 등 다양한 사회적 이슈들이 표출되었다.

민주화 이후 시민사회의 진보적 경향의 후퇴와 보수화는 시민사회의 변화와 밀접한 관련이 있는 것으로 보인다. 소극적 의미의 자유의 쟁취가 목표였던 민주화 이전의 시민사회와, 시민사회 내의 다양한 세력의 포진과 이념 분포가 중첩적인 모습을 보인 민주화 이후의 시민사회가 상이한 정향(定向, propensity)을 보이는 것은 어쩌면 당연하다. 이렇듯 민주화 이전에 민주주의적 가치를 실천하는 데 이념적 토대로 작용했던 자유주의는 민주화 이후에 상대적으로 보수적 경향을 띠게 되면서 민주주의와 갈등을 빚게 된다. 이는 정치사회적 측면과 경제적 측면에서 발생할 수 있는 문제이다.

세계적으로 민주화 이후의 정부들은 경제와 사회정책에서 권위주의 정부[62]보다 더 신자유주의적인 경제정책을 추구했다. 그러나 민주주의가 지향하는 평등에 정치적 의미와 경제적 의미가 있다고 할 때 절차적 민주주의가 확립된 이후의 평등은 경제적 의미에 초점이

---

[62] 브라질의 오도넬(G. O'Donell)이 주장한 관료적 권위주의(bureaucratic authoritarianism) 정권은 1972년 한국의 유신정권과 비교되곤 했다. 관료적 권위주의는 산업구조의 고도화를 위해 민중 부분의 요구를 억압하면서 불가피하게 권위주의 정권이 탄생할 수밖에 없었다는 논리를 편다. 1960년대 브라질의 권위주의 정권의 한 유형이라고 볼 수 있다. 그러나 관료적 권위주의는 산업구조의 고도화라는 경제적 변수는 독립변수로, 정치적 권위주의는 종속변수로 설정함으로써 은연중에 산업화를 위해서는 권위주의가 불가피했다는 함의를 담고 있다. 그러나 한국의 유신정권은 박정희의 정치적 야심이 지배적으로 작용했던 측면을 간과할 수 없다. 따라서 유신을 관료적 권위주의로 설명하는 데는 무리가 따른다.

맞춰져야 한다. 복지와 소득 재분배가 선거나 정치권의 화두로 등장하지만 한국사회에는 모든 영역에서 신자유주의적인 가치가 빠른 속도로 확산되고 있다. 신자유주의에 입각한 민주주의이다. 이러한 신자유주의적 민주주의는 민주주의가 지향하는 경제적 민주화와는 거리가 멀다.

진정한 민주화는 절차적 차원에 그치는 형식적 민주주의(formal democracy)를 의미하지 않는다. 한국의 경우 민주화 이후의 신자유주의적 정책들로 사회적 양극화는 OECD 국가 중 가장 빠른 속도로 진행되고 있다. 효율과 경쟁은 형평과 균형을 압도한다. '분배 없는 성장'이 어렵다는 명제에 대해 보수진영도 동의한다고 하지만, 법인세와 자산에 대한 과세에 인색하고 근로소득세와 사업소득에 대한 과세에 집중되는 것은 여전히 기득권을 위한 정책, 즉 신자유주의의 확장이라고 해석할 수밖에 없다. 이러한 상황에서 사회통합은 얼마나 공허한 논제인가. 결국 사회의 지속가능한 발전은 사회경제적 민주주의가 진행될 때 이루어질 수 있다.[63]

민주화 이후 한국은 계급 대립의 완화에 실패하고 있다. 민주화 이후 한국에서 자유주의와 민주주의의 충돌은 불가피해 보인다. 계약 및 시장의 자유와 사유재산권의 존중을 핵심 가치로 하는 고전적 자유주의에 충실할 때, 현재의 신자유주의적 가치와 민주주의의 충돌은 불가피하다. 민주화 이후 실질적으로 제기되고 있는 빈부격차로 인한

---

63) 일자리 창출은 한국뿐만이 아니라 세계 각국이 직면한 사회경제적 난제다. 특히 한국은 청년실업률이 10% 이상 되면서 심각한 정치사회적 문제로 대두되고 있다. 이른바 3포, 5포라는 신조어까지 생겼다. 3포란 연애, 결혼, 출산을 포기한다는 의미이고, 5포란 3포에 덧붙여 희망과 일자리도 포기한다는 뜻이다. 노동개혁을 추진하고 있는 박근혜 정부도 일자리 창출, 특히 청년세대의 고용 증대에 노동개혁의 정책 목표를 두고 있다. 그러나 해고 요건의 완화를 전제로 하고 있는 노동개혁이 청년들의 일자리 창출과 연결된다는 논리는 설득력이 떨어진다.

공동체의 원심력 작용, 사회적 양극화로 인한 사회통합의 저해 등을 방어하기 위한 사회정의와 복지의 증대, 사회개혁적 정책 의제의 채택과 집행은 자유주의와 충돌할 수밖에 없을 것이다. 개인의 자유와 자유방임적 시장 논리를 강조하는 신자유주의는 시민에 의한 통제를 중시하는 민주주의적 가치와는 충돌할 수밖에 없다. 결국 신자유주의의 확산은 약자의 퇴장, 강자 논리의 지배 등 약육강식의 경제논리에 의해 지배되는 사회를 탄생시키고 있다.

민주화 이전에 국가보안법이라는 정치적·법적 기제를 통한 정치적 탄압과 배제, 냉전 반공주의에 의한 민주 세력의 탄압 등은 자유주의와 민주주의 모두에게 공동의 투쟁 대상이었다. 그러나 민주화 이후의 양상은 사뭇 다르게 전개되었다. 기본적으로 자유주의와 민주주의의 이념적 지향이 다르고, 특히 개인의 자유 못지않게 다수의 지배에 의한 민주적 시민의 자기 통제를 핵심 가치로 하는 민주주의는 자유에 방점을 찍는 자유주의와는 상충될 수밖에 없다.[64]

민주화 이후 자유주의와 민주주의의 관계는 협력적 경쟁보다는 상호갈등적 양상을 노출하고 있다. 역사 교과서 논쟁에서 '한국을 자유민주주의 체제로 정의할 것이냐, 민주주의 체제로 정의할 것이냐'의 해묵은 논쟁은 한국에서 민주주의의 실현이 얼마나 지난(至難)한 작업인가를 웅변으로 증명하고 있다고 하겠다. 정치체제(political system)는 상충되는 이해관계를 조정하고, 충돌하는 이익의 타협과 절충에서 공동체가 지향할 최대공약수를 모색해야 한다. 이의 결과 사회구성원들

---

[64] 자유주의와 민주주의의 충돌은 자유민주주의가 영국과 미국의 산물이듯이 영미식 민주주의에서 전형적인 것이다. 민주화가 영국이나 미국보다 늦게 시작한 유럽은 자유주의와 민주주의의 충돌이 두드러지지 않다. 공화주의적 전통이 유럽이 영미보다 강했기 때문이다. 즉 국가와 공동체의 연대성의 중시, 시민참여 중시의 공화주의적 전통이 지배적이었다고 해야 할 것이다.

의 자유와 권리가 신장되고, 공공선(common good)에 대한 합의가 이루어질 때 이른바 '통합'이 모색될 수 있다.[65] 분출되는 자유와 권리가 타협되지 못하고, 각자의 이해관계가 첨예하게 맞붙을 때, 갈등은 극대화 될 수밖에 없을 것이다. 이러한 갈등을 구성하고 있는 주요 인자 중, 가시적이고, 경험적으로 관찰될 수 있는 부문이 경제적 차원의 문제일 것이다. 이는 자유와 평등의 문제로 환원될 수 있다.

요컨대 민주화 이후 자유주의의 확산과 신장으로 '자유'의 문제가 해결된 반면, 자유주의의 확대로 인한 개인적 사익 추구의 증대는, 경제적 신자유주의의 확산과 함께, 경제적 빈부의 격차와 양극화의 문제로 귀결되면서 '자유'와 상충되는 가치로서의 '평등'의 문제와 만나게 된다. 변증법적인 지양을 통한 자유와 평등의 친화가 이루어질 때 헌법 1조의 '민주공화국'이 삶의 공간에서 제대로 조망될 수 있다.

---

65) 사회는 기본적으로 갈등(conflict)이 상시화되어 있다. 따라서 갈등의 완벽한 해소는 불가능하다. 통합이란 갈등의 관리와 최소화를 의미한다고 하겠다.

05 | 한국의 연합정치

1. 연합정치의 의미와 정치적 함의

연합정치는 내각제 권력구조에서 일반화되었으나 대통령제와도 일정 부분 친화력을 갖는다. 이념적 스펙트럼을 공유하는 정치세력 간의 연대는 물론이고 이념적 간극이 큰 정치세력 간의 연합도 선거 승리를 위한 변수가 되고 있다. 정당의 합당이나 연대, 후보 단일화 등 연합정치는 선거 구도를 바꾸기도 하고, 정계 개편의 단초가 되기도 한다. 민주화 이후 총선, 대선, 지방선거 등 각종 선거를 전후하여 보편화되고 있는 연합정치 중에서 특히 진보 성향의 후보 단일화가 선거의 쟁점이 되고 있다. 이는 정치적 유불리에 따른 정치 공학의 성격이 짙으나 현실적으로 정치적 현상으로 주목하지 않을 수 없다. 또한 연합정치가 정당체제의 변화와 연결되는 접점은 중요하다. 그러나 한국의 연합정치는 선거 승리와 정권 획득 차원의 현실적 측면을 인정하더라도 시민 사회의 균열을 반영하는 정당체제의 개편으로 연결되지 못했다.

선거 경쟁을 기본으로 하는 선거 민주주의에서 빼 놓을 수 없는 것이 정당 간의 경쟁이다. 간접 민주주의의 형태를 띠고 있는 대의제 민주주의의 민심 왜곡 현상을 보완하기 위한 참여정치가 다양한 형태로 실험·확대되고 있으나, 민주주의는 정당정치를 기본으로 한다. 정당은 정치적 의사와 이념을 공유하며 권력 획득을 목표로 하는 정치적 결사체이므로 공직 후보를 추천함으로써 각종 선거에 임한다. 정당이나 정치세력은 연대나 연합 등을 통하여 선거 승리를 도모한다.

이러한 연합정치(coalition politics)는 주로 내각제 권력구조에서 일반화되고 있다. 다당제와 제도적 맥락의 친화력을 가지고 있는 내각제 국가에서 제1당이 안정적 과반을 획득하지 못했을 경우 의석수 기준이나 이념적 성향에 따라 다른 야당과 연정을 꾸리는 것이 일반적으로 볼 수 있는 연합정치다. 그러나 대통령제에서 연합정치가 존재하지 않는 것은 아니다. 내각제에서 선거 후 연정의 형태로 나타나는 연합은 아니나 선거 전 후보 단일화나 정책 연대를 통한 연합, 정당의 합당, 정책 공조 등의 경우에서 보듯이 대통령제에서도 연합정치는 보편적으로 나타나는 현상이다.

한국에서도 연합정치는 낯설지 않은 정치현상이다. 정당의 이합집산을 통한 합당, 정당 간의 공식적인 정책 연대나 단일 후보 선정 등 연합의 형태는 다양하다. 보수 성향의 정치집단 간, 진보 성향의 이념적 스펙트럼을 공유하는 정치세력 간의 연대는 물론이고, 이념적 성향에서 친화적이지 않은 정치집단 간의 지역 연합 등을 통한 연합도 선거 승패를 좌우하는 정치적 변수이다. 유럽에서도 정치적 이념을 달리하는 정당 간 연정도 드문 현상은 아니다. 독일의 기민-기사 연합이라든지, 메르켈 총리가 이끄는 기민당과 사민당 연합이 좋은 예이다. 1990년의 민주정의당, 통일민주당, 신민주공화당의 3당합당과 1997년의 'DJP연합'도 이념적 색채가 다른 정치세력 간의 연합이었다.

정당의 연합과 연대, 후보 단일화는 선거 구도를 바꾸기도 하고 정계개편의 단초나 촉매가 되기도 하며 일거에 정치 지형을 변화시키면서 지지율의 변화를 동반하기도 한다. 이렇듯 연합정치는 정치 메커니즘이라고 볼 수 있으나 정치세력 간 이해관계의 상충으로 대립의 심화를 가져오기도 함으로써 정치적 쟁점을 왜곡하거나 주요 정치적 의제(agenda)를 분산시키기도 한다. 따라서 연합정치를 보는 관점은 정치적 입장과 이념에 따라 첨예하게 엇갈린다. 시대적 상황과 선거 프레임이라는 정치공학적 차원에서도 논쟁의 대상이 될 수밖에 없다. 선거 승패를 좌우하고 정치적 지각 변동을 초래할 개연성이 높은 연합은 선거나 정치공학적 관점에서의 분석뿐만 아니라 실제 유권자의 선택을 인위적으로 일거에 변경시킬 수 있다는 점에서 정치적 관심의 대상이다. 한국에서 민주화 이전에는 연합정치가 작동될 수 있는 현실적 여건 자체가 부족했다.

2. 한국정치에서 연합정치의 관점

한국정치에서 연합을 보는 몇 개의 관점이 있다. 우선 아래로부터의 연합인가, 위로부터의 연합인지를 구분하는 것이 필요하다. 아래로부터 추동력을 얻어서 이루어지는 유권자 연합의 성격과 상층 정치 엘리트들의 정치적 이해관계를 기반으로 한 연합의 성격을 들 수 있다. 둘째, 연합이 선거 승리를 위한 정당 간의 이합집산에 머물지 않고 정치개편으로 이어졌는지의 여부이다. 셋째, 연합의 고리가 특정 정책에 근거한 것인가, 지역 또는 이념적 동질성에 근거한 것인가, 나아가 정서적 유대감에 기반한 것인지의 차이도 중요하다.

한국에서는 연합정치를 현실 정치공간에서 나타나는 정치현상이라기보다 비판적 관점에서 이합집산과 일시적 거품현상으로서 보는 시각이 우세했다. 게다가 이념적 성향에 따른 진영논리가 작용하면서 민주화 이후 빈번하고 다양하게 나타나는 이 현상에 대해 편향적으로 보는 경향도 존재한다. 이는 진보 성향 정치세력 간의 연합이 지배적이었다는 것과 무관치 않다.

한국은 내각제 국가가 아니므로 연합정치를 대통령제와의 연관하에서 살펴야 한다. 연합정치가 연립정부 구성이 일반화되어 있는 내각제에서 보다 자연스럽긴 하지만, 대통령제에서도 연합정치는 정치세력의 이합집산이라는 측면에서 빈번히 발생한다. 이는 선거연합을 포함한 연합정치의 목적이 공직의 획득이나 정책과 이념의 실현에 있다는 점이 대통령제와 내각제에서 크게 다르지 않기 때문이다. 반면 대통령제가 가지고 있는 제도적 특성이 대통령제에서 연합정치가 실현되기 어려운 측면도 간과할 수 없다. 그렇다면 대통령제의 어떠한 면이 상반되는 면을 노정시키는 것일까.

대통령제의 단점으로 꼽히는 것 중 가장 대표적인 것이 입법부와 행정부의 충돌 가능성이다. 이는 대통령이 속한 정당이 의회에서 과반을 획득하지 못할 경우 발생할 가능성이 더 높다. 이러한 분점정부(divided government)[66]가 발생하면 연합정치의 가능성은 더 높아진

---

66) 대통령의 소속 정당이 국회의 소수당이 되는 분점정부(divided government)의 보편화 현상을 들 수 있다. 즉 여당이 과반을 확보하지 못하는 경우를 의미한다. 분점정부는 1987년 민주화 이후 나타나는 현상으로서 1988년 13대 총선의 여소야대 이후 총선 때마다 반복되고 있는 현상이다. 지난 17대 총선 때 열린우리당이 152석을 획득했으나, 곧 다시 여소야

다. 의회에서 가장 많은 의석을 차지한 정당이 대통령을 배출한 집권당이라 할지라도 과반을 확보하지 못할 경우 발생하는 여소야대 정국에서는 집권세력이 국정 운영에 상당한 제약을 받을 개연성이 높아진다. 야당들의 정책연합이 정국의 불안정을 초래할 가능성이 커진다. 이를 타개하기 위해서 여당은 야당 중 연합의 대상을 선택하여 합당이나 연대를 통하여 여소야대 정국을 타개하려고 할 것이다.

이는 대통령제가 내각제와 달리 이원적 정통성(dual legitimacy)에 기반하고 있기 때문이다. 국민의 선택을 받은 대통령이 정통성을 확보하고 있으나, 역시 국민의 선택에 의해 구성된 의회도 국민으로부터 권력을 위임받았다. 두 권력이 충돌했을 때 이를 타개할 장치가 없다는 것이 대통령제의 단점으로 지적되곤 하는 이유이다.[67]

또한 대통령제는 내각제와 달리 승자독식(winner takes all)[68]의 구조를 갖는다. 대통령 선거에서 근소한 차로 패한 후보는 아무런 권력을 가질 수 없다. 이는 단순다수제를 채택하고 있는 나라에서 더 극명하게 나타난다.[69] 승자독식은 민주주의의 기본 원리인 대표성(representation)을 위협할 수 있다. 민주주의는 대표성과 책임성(accountability)[70]을 기본으로 한다. 이와 함께 반응성(responsiveness)도 민주주의의 중요한 개

대의 정국으로 바뀌었다. 그러나 18대 총선 때 한나라당이 과반을 약간 넘긴 153석을 획득했고, 19대 총선 때도 새누리당이 과반을 확보했다. 분점정부는 민주화 이전의 권위주의 정치에서는 찾아볼 수 없다. 군사정권의 전위대인 여당의 과반 확보를 위한 위헌적인 선거제도와 정당제도 때문이었다.

67) 이러한 논리를 근거로 린쯔(J. Juan Linz)는 대통령제보다 내각제가 우월하다고 주장했다.
68) 영합게임(zero-sum game)의 성격을 강하게 내포한다. 이는 소수가 대표되지 못함으로써 '다수의 횡포'(tyranny of majority)를 초래할 수 있다.
69) 내각제에서는 의회에서 다수당이 되지 않더라도 연립정부를 구성하여 정국 운영에 참여할 수 있다. 대통령제는 권력을 일정 부분 공유할 수 있는 내각제와 다르다.
70) 국민이 선출한 대표가 국민이 위임한 권한을 행사하고 의무를 이행할 때 주권자가 요구하는 물음에 답해야 하고, 선거에 패배했을 때나 권한을 남용하였을 때 국민에게 책임을 져야 한다는 것을 말한다.

념이다. 결국 대통령제에서 연합정치로 볼 수 있는 연립정권의 성립이 가능한 것은 다당제이기 때문인 것으로 보인다.[71]

위에서 살펴 본 분점정부의 교착 상태를 타개하기 위한 연합정치의 방안으로 의회에서 과반 이상을 확보하기 위한 정당 간의 합당과 사안별로 정책 지향이 유사한 정당과의 정책연합이 있다. 연합정치는 주로 선거연합으로 이루어진다. 선거 때 정당 간 제휴를 통하여 후보와 지역에 따라 연합의 대상인 정당 간에 후보를 공천하지 않는 경우를 의미할 수도 있고, 선거 승리를 위한 선거 전의 연합(pre-electoral coalition)[72]이 일반적이다. DJP연합은 선거 전에 이루어졌으나, 선거 후의 공동정부를 구성하기 위한 것이었다. 선거 후 공직 배분과 공동정부(joint government) 구성을 전제로 한 연합이라고 볼 수 있다.

정당 또는 정치세력 간의 합당 내지 통합, 정책연합, 후보 단일화 등의 연합정치는 한국에서도 빈번하게 이루어진다. 문제는 유권자의 지지나 연대에 의한 아래로부터의 연합정치가 아니고 정당 엘리트들의 정치적 이해관계에 입각한 위로부터의 연합이 일상화된다는 것이다. 이러한 연합정치는 종종 선거 승리만을 위한 정치공학적 나눠먹기 연대라는 비판에 직면하곤 한다.

그렇다면 선거연합을 비롯한 연합정치를 촉진시키는 제도적 요인은 무엇인가. 정당 득표율이 당선의 기준인 비례대표제의 비중이 적

---

71) 물론 한국이 대통령제이지만 내각제적 성격을 가지고 있는 변형된 대통령제라는 사실도 주목할 필요가 있다.

72) 한국에서 선거 전 연합은 특정 후보와 지역적 특성에 따라 제휴 정당이 후보를 내지 않거나 정당 후보 간 경선을 통하여 단일 후보를 결정하는 초보적 형태의 선거연합과 정당이 아닌 정치세력과 정당 간의 통합을 통한 연합의 경우도 포함된다. 따라서 합당이 선거 후 분점정부를 타개하기 위한 방안으로서 이루어지면 선거 후 연합이 될 수도 있고, 선거 승리를 위해 이루어지면 선거 전 연합으로 분류할 수도 있다. 내각제에서는 선거 결과가 특정 정당의 압도적 과반 획득의 경우가 아닐 때 연립정부를 구성해야 한다. 이는 선거 이후에 구성되는 선거연합(post-electoral coalition)으로 볼 수 있다.

은 경우, 즉 단순다수제를 채택하는 경우 선거연합의 가능성은 높아진다. 정당 간 경선은 아니지만 당내 경선의 경우 여러 명의 후보가 난립할 경우 이른바 컷 오프(cut off)를 통과한 후보들의 연대와, 지지율에서 압도적으로 앞서가는 후보들을 제외한 군소 후보들의 단일화도 연합의 예라 볼 수 있다. 한국에서 연합정치가 빈번하게 이루어지는 원인 중의 하나로 볼 수 있다. 결선투표제의 경우 더 빈번한 연합이 형성될 수 있으나 결선투표가 없어도 단순다수제는 한 명의 후보만 선출하기 때문에 연합이 쉽게 이루어질 수 있는 요인이 된다.

3. 민주화 이후의 연합정치

1990년 1월의 3당합당과 1997년의 DJP연합, 2002년의 노무현, 정몽준의 단일화 시도는 유권자들의 동의와 합의에 의한 연합이 아니었다는 점에서 공통점이 있다. 또한 이념적 거리가 있는 정당, 또는 후보들 간의 연대였다는 점에서 공통분모를 가지고 있다.

그러나 2003년 노무현 정권 출범 이후 온건 자유주의 계열의 정당과 이념정당들의 연합은 이념적 정체성과 수평적 유대감에 기초한 면이 강하다는 측면에 주목할 필요가 있다. 14대와 15대 대선에서 김영삼과 김대중의 당선이 이념적 지향이 다른 세력의 연합이었고, 이후의 연합이 이념적 유대에 입각하고 있다는 점에서 16대 대선을 기준으로 시기를 나눈다.

1) 16대 대선 이전 연합정치의 특징

민주화 이후 치러진 대선, 총선, 지방선거 등 전국 규모의 선거에서 선거연합, 후보 단일화, 지역연합, 합당 등 다양한 형태의 연합정치가 이루어졌다. DJP연합, 2002년의 대선, 2010년 지방선거 등에서 합당의 형태가 아닌 선거연합도 나타났다. 연합을 같은 층위와 관점에서 비교하는 것은 용이하지도 않을 뿐 아니라 큰 의미를 가지지 않는다. 각 연합의 당위적 측면과 현실적 측면을 동시에 고려해야 하기 때문이다. 규범적 측면에서 각 연합이 옳은 것이었는지, 이후 정당체제 개편과 정치 발전에 어떠한 영향을 끼쳤는지를 알아보고 향후 연합정치가 정치의 기능을 순기능적으로 제고할 수 있는 방향으로 기능할 수 있는지를 고찰하는 것이 중요하다.

1987년의 대통령 직선제를 골자로 하는 민주화 이전에는 군사권위주의 정권, 재벌과 군부, 관료의 기득권 세력과 이에 저항하는 저항적 시민사회의 대결 구도가 형성되었다. 이러한 사회정치적 배경은 구체적 현실정치 공간에서 군부를 세력의 기반으로 한 민주공화당(이하 공화당)과 민주정의당(이하 민정당)이 정치권력을 독점하는 권위주의[73]로 나타난다. 5·16쿠데타 이전 이승만의 자유당과 장면 정권의 민주당은 군부 세력은 아니나 이승만의 자유당이 권위주의 정당이고, 장면의 민주당이 단명했다는 사실이 정당 간 제휴를 통한 연합의 기제가 작동할 수 없음을 보여준다. 따라서 연합정치는 한국정치에서 민주화와 불가분의 관계를 갖는다.

한국에서 연합정치의 모습은 1987년 김영삼 김대중 양김의 대선 후보 단일화 시도부터 출발한다. 이는 직선제 개헌이 이루어지고 난 민주화[74] 이후, 과거 권위주의 정권에서는 볼 수 없었던 다양한 정치세

---

73) 권위주의에 대한 다양한 논의가 있으나 이는 본고의 주된 관심이 아니므로 논의하지 않는다.
74) 최소정의적 관점에서의 절차적 민주주의(procedural democracy)를 가리키는 것으로서, 실질적 민주주의(substantial democracy)를 의미하지 않는다.

력의 출현에 기인한 바가 크다. 후보 단일화에 대한 민주개혁 진영의 요구가 거셌으나 양김은 단일화에 실패하고 이는 대선 패배로 이어졌다. 1987년 직선제 대통령이 탄생한 이후 소선거제와 단순다수제가 결합한 제도하에서 다당제의 정당체제는 국회에서의 의석 확보와 각종 선거 승리를 위해 연합정치의 빈번한 출현을 가져오는 요인으로 작용했다.

1988년 13대 총선의 결과 한국정치사에서 처음으로 여소야대 정부가 출현하면서, 정국의 교착상태(gridrock)는 현실화됐다. 이러한 정국 교착을 타개하기 위한 시도는 1990년 1월의 3당합당으로 나타난다. 1987년 양김 단일화 시도가 대선 승리를 위한 선거 전 연합의 시도라는 성격을 띠고 있다면 3당합당은 선거 후 연합으로 각 정파가 정치적 셈법의 차이에 입각한 연합으로 볼 수 있다. 3당합당은 국민에게 이해를 구하는 절차가 생략된 인위적 정계개편이었다. 이는 1997년 15대 대선 때 김대중과 김종필이 공동정부(joint government)구성을 전제로 한 DJP연합과는 다르다. 공동정부는 개별 정당이 합당하여 통합된 정치세력으로서 정부를 구성하는 것과는 다른 것으로서 각 정당이 정당의 형태를 유지하면서 내각 구성에 참여함으로써 국정 운영에 공동으로 참여하는 것을 말한다.

DJP연합은 공동정부를 구성하고 내각제를 추진하기로 국민 앞에 약속했다는 점에서 일정 부분 절차적 정당성을 확립했다고 볼 수 있다. 그리고 내각제 추진은 대선 공약의 성격을 띠고 있었기 때문에 지역연합의 퇴행적 면을 고려하더라도 3당합당과는 성격이 다르다고 하겠으나, 이념적 지향이 다른 정치세력과의 연대라는 점에서 여전히 연합의 규범적 타당성은 떨어진다고 볼 수 있다. 김대중 대통령 당선 이후의 내각제 약속은 지켜지지 않았고, 공동정부와 DJP연합은 파기된다. 이념적·정책적 기반의 취약함에서 오는 연합의 정치공학적인 한계를 드러낸 것이다.

이후 2002년 대선을 앞두고 이루어진 노무현과 정몽준의 연합도 선거 전 연합이란 측면에선 DJP연합과 공통점을 가지고 있다. 노무현과 정몽준의 연합은 야권의 승리를 위해 이념적 성향이 다른 두 후보가 연대한 기계적 단일화 시도였다. 이념적으로 공유할 수 있는 부분이 협소한 연대의 구조적 취약성을 단적으로 보여주는 것이라 하겠다. 또한 연합의 긍정적 측면과 부정적 측면은 권력구조와 구체적 정치상황, 사회정치적 배경 등 거시적 변수와 미시적 변수가 여하히 조화를 이루느냐에 따라 달라질 것이다. 2002년 대선을 앞두고 성사되었다 무산된 노무현과 정몽준의 연합은 정책에 대해 공유하는 부분도, 이념적 공감대도 발견하기 어려운 급조된 연합 시도라는 점에서 DJP 연합보다도 명분을 찾기 어려운 연대였다.

3당합당의 경우, 통일민주당이 보수야당[75]이라 하더라도 민정당과는 정치세력으로서의 성장 과정이나 정책 지향이 다르다. 그럼에도 불구하고 3당합당은 보수세력을 결집시켜 다음 대선에서 승리할 수 있었던 반면, DJP연합은 호남과 충청 유권자들에게 강력한 유인으로 작용했다는 점에서 유권자의 지역연합이 어느 정도 충족되었다고 볼수 있다. 3당합당 시 민정당과 통일민주당의 정책적·이념적 거리보다 김대중과 김종필의 차이는 더 크다고 봐야 하기 때문이다.

이는 연합정치가 이념과 정책의 동질성의 정도에 결정적인 영향을

---

75) 한국에서 상대적으로 진보적 성향으로 분류되는 정당들도 이념정당을 제외하곤 진보정당으로 볼 수 없다. 17대 총선 때 정당명부식 비례대표의 도입에 힘입어 처음으로 원내에 진출한 민주노동당이나 2011년 민주노동당에서 진보진영의 분화로 탄생한 통합진보당, 19대 국회 때의 정의당 등을 제외하곤 민주 대 반민주 구도에서의 신민당이나 민주당 등은 진보정당으로 분류할 수 없다.

받지 않는다는 좋은 예이다. 또한 연합정치가 선거 경쟁에서 이기기 위한 현실정치적 목적에서 이루어지는 정치공학적 측면이 강하다는 것도 함께 보여준다. 우리의 연합정치는 타협과 절충이라는 정치 본령의 일환으로서 작동되지 않고, 정치인들의 이해관계에만 집착함으로써 민심과 유권자의 표심을 왜곡하는 '야합'의 수단으로만 작동되고 있다는 비판이 설득력을 갖는 이유이기도 하다.

연합정치의 형태가 다양하지만 대선과 총선, 지방선거 등 각종 선거에서 빈번하게 나타나는 것은 선거연합이다. 위에서 살펴 본 연합이 합당과 내각제를 고리로 한 연합, 후보 단일화(nomination agreement) 등이었지만 합당을 제외한 두 가지 경우는 선거연합의 형태이다. 합당과 선거연합이 연합정치의 일환이지만 정치현실에 반영되는 결과는 차이가 있다. 합당은 정계개편을 동반한다. 그러나 합당이 아닌 연합정치의 유형들이 정당체제를 변화시킨다고 보기는 어렵다.

2) 노무현 이후 연합정치의 함의

선거연합이 공동정부 구성을 위한 것일 경우 정당 엘리트들의 결단에 의해서 이루어지는 경우가 현실적으로 실현 가능성이 높다고 본다면 이는 유권자 연합이라는 아래로부터의 연합으로 보기는 어렵다. 그러나 선거연합은 기본적으로 연합의 주체가 되는 정당을 지지하는 유권자들의 동의에 전적으로 근거하지 않더라도 정치적 의사나 공론에 의한 직간접적이거나 암묵적인 지지가 전제되지 않으면 성립되기 어렵다는 점에서 그것이 지역적 연합의 성격을 띠거나 이념 및 정책 중심의 유대감의 형성이 되거나 어느 쪽이 우월하더라도 아래로부터의 연합의 성격을 가지고 있다고 볼 수 있다. 따라서 2003년 이후의 정치세력 간의 연합은 위로부터의 연합과 아래로부터의 연합의 두 측면이 혼재하고 있다고 보아야 한다.

3당합당과 DJP연합 등이 보수와 진보가 혼재된 전형적인 선거공학적 연대였다면 2002년 노무현 후보가 당선된 이후의 연합정치는 진보진영이 보수진영에 맞대응하기 위한 연합의 성격이 컸다는 점에서 2003년 노무현 정권 이후의 연대는 이전의 연대와 기본적 차이가 있다. 물론 연합과 연대의 속성상 선거 승리와 권력 획득을 위한 연합이란 면에서는 공통점이 있으나 이념적 성향의 균질화에 기반한 연대가 일상적으로 이루어졌다는 점과 진보진영을 위주로 연합이 이루어졌다는 점에도 주목해야 한다. 서구에서 발달한 보수와 진보의 이분법적 구분이 일정 부분 한국사회에서도 관철되지만 정치적 의미의 자유주의와 경제적 의미의 신자유주의의 함의가 다른 것처럼 한국의 이데올로기 지형은 분단 상황을 전제로 한 변수들로 인해 지극히 진영논리적 측면이 강하다.

이러한 대치가 진보 성향의 연합정치에도 강하게 투영된다. 따라서 진보진영의 연합은 권력의 획득을 위한 선거연합의 성격을 강하게 띠면서도 이념적 동질성과 내부에서의 이념적 분화가 기본적 동인으로 작용한다. 따라서 2010년 지방선거를 전후해 형성되기 시작한 진보진영의 통합은 보기에 따라서 전형적인 이합집산으로 볼 수 있으나, 보수와 진보의 진영논리가 일상적으로 관철되는 한국정치의 구조적 측면과 정치공학적 연대의 전형을 보여주고 있다는 점에서도 특이하다고 하겠다.

2000년 1월에 창당된 민주노동당(이하 민노당)은 2004년 17대 총선 때 정당 득표율 13%를 획득하고 의석수 10석[76]을 확보함으로써 한국 진보정당으로선 처음으로 원내 진출에 성공한다. 민노당 내부의 이념적 갈등은 민노당과 진보신당의 분열로 표면화한다. 2008년 3월에 진보신당이 창당되었으나 민노당은 정당득표율 5.68%, 의석수 5석으로 당세는 현저히 위축되고, 진보신당은 정당득표율 2.94%, 의석은 한 석도 확보하지 못했다. 두 정당의 득표율을 합쳐도 17대 총선 당시 민노당의 득표율에 미치지 못한다. 이러한 결과로 진보정당들의 통합 필요성이 대두되고, 2011년 통합진보당이 탄생한다. 2012년 19대 총선 때 통합진보당은 13석을 얻음으로써, 이는 17대 총선 때 민노당이 얻었던 의석을 능가하는 것이었으며 통합 효과의 극대화로 볼 수 있다.[77] 그러나 여전히 진보신당과 녹색당은 의석을 얻지 못한다. 이념정당의 주류가 민노당에 있음을 보여준다고 하겠다. 그러나 2012년 총선 때 통합진보당의 비례대표 경선 부정 등 내부의 문제점이 노출되면서 2012년 9월 통합진보당은 분당을 맞게 된다.

통합진보당으로 대표되는 이념정당은 아니지만 민주 대 반민주 구도에서부터 권력에 저항한 대표적 야당 계열 정당들, 즉 민주당 계열 정당들의 당명 변경과 변천사는 연합정치의 주요한 연구 대상이다. 당의 명칭을 변경한다는 것은 단순히 이름만 바꾸는 것이 아니고 정당 지지도와 합당, 분당, 통합 등의 연합정치적 측면을 내포하고 있기 때문이다. 박정희 정권 때 제도권 내에서 독재 권력에 대한 저항에 앞장섰던 신민당에 연원을 두고 있다고 할 수 있는 야당[78]들의 변천

---

76) 지역구 2석, 비례대표 8석을 확보했다. 정당명부식 비례대표 제도가 민주노동당의 10석 확보에 결정적 역할을 하였다. 그러나 정당명부식 비례대표제는 지역정당체제를 불식시키는 데는 역부족이었다(강명세, 2005).

77) 통합진보당은 민노당 창당 때부터 내연했던 내부의 이념의 분화와 지향점의 차이로 유권자들이 지향하는 진보적 가치를 체화해내지 못하는 한계를 노출했다. 특히 2012년 19대 총선 때 불거진 비례대표 경선 부정선거와 이석기 의원 내란 음모 사건, 통합진보당 정당해산심판 청구 등으로 진보정당의 맥을 잇지 못하고, 이른바 '종북논란'의 중심에 서면서 이념정당의 존재 자체가 위협받는 상태에 직면했다.

78) 물론 김대중과 노무현 정권 때 여당의 지위였으나 두 번을 제외하고는 현재와 과거, 모두

사는 통합과 연합의 주요한 과정들이었다.

　1987년 김영삼과 김대중이 고문으로 참여한 통일민주당 창당 이후 야당은 통합, 합당, 분당을 거듭했다. 1990년 1월 민주정의당, 통일민주당, 신민주공화당의 합당으로 만들어진 민주자유당으로의 합류를 거부하고 통일민주당을 탈당한 의원들이 속칭 '꼬마민주당'을 만든 이후 1988년 13대 총선 결과 제1야당이었던 평화민주당이 당명을 바꾼 신민주연합당과 합당하여, 민주당을 창당한다. 이후 김대중이 14대 대선 패배 후 1995년 정계에 복귀하면서 창당한 새정치국민회의로 동교동계 의원들이 합류하면서, 합류하지 않은 과거 '꼬마민주당' 의원들이 통합민주당을 창당한다. 그리고 15대 총선 때 불과 15석 확보의 참패로 노무현을 비롯한 일부는 새정치국민회의로, 제정구를 비롯한 나머지는 신한국당과 합당하여 한나라당을 창당한다. 이어 1995년 새정치국민회의 창당, 1997년 새정치국민회의 김대중 후보 15대 대통령 당선, 2000년 새정치국민회의를 새천년민주당으로 당명 변경, 새천년민주당의 노무현 후보 16대 대통령 당선, 2003년 노 대통령의 열린우리당 창당 등의 정당 변천을 겪는다.

　2005년 새천년민주당은 민주당으로 다시 당명을 바꾼다. 2007년 8월 5일 대통합민주신당 창당, 같은 해 8월 18일 대통합민주신당과 열린우리당 합당, 불과 몇 달 후인 2008년 2월 17일, 대통합민주신당과 민주당이 합당하여 통합민주당이 탄생한다. 그리고 2008년 7월 6일, 통합민주당은 다시 민주당으로 당명을 변경한다. 2011년 야권은 민주당과 시민통합당, 한국노총이 통합하여 민주통합당을 출범시킨다. 민주통합당은 2012년의 18대 대선 패배 후 민주당으로 당명을 변경하

야당의 위치에 있었던 것이 지배적이었기 때문에 야당으로 표기하였다.

고, 2014년 3월 26일, 안철수 의원이 주도한 새정치연합과 통합하여 새정치민주연합으로 출범한다.

민주 대 반민주 구도에서 권위주의 정권에 투쟁했던 이른바 '민주개혁' 세력 계통의 정당 변천은 유권자의 동의를 기반으로 했다고는 보기 어렵다. 정당의 이합집산이란 측면과 정당의 생명이 짧다는 것은 정당의 정체성의 부족을 방증하는 것이기 때문이다. 물론 정당의 분당 및 합당이 다양한 형태로 시도되었다는 사실 자체는 한국정치의 역동성이란 측면에서 볼 수도 있으나, 의원들의 소속 정당 변화가 이념적 차이보다는 정파적 이해관계와 계파별 친소관계에 따라 이루어진 면이 크다.

그러나 이를 선거를 전후해서 명멸하는 포말 정당의 관점에서 볼 것인지, 연합정치의 측면에서 볼지의 문제는 논쟁적이다. 일반적으로 한국정치에서 연합정치의 측면을 이합집산이라는 부정적 관점에서 접근하는 시각이 지배적이다. 그러나 정당의 제도화 수준이 낮고, 정당일체감(party identification)이 서구의 오래된 정당들에 비해 낮은 한국의 정치문화를 감안해야 한다. 정당의 변천을 단순히 당위적 측면에서만 접근하는 것은 역설적으로 정파적 입장을 대변할 수도 있을 뿐만 아니라 정치현상을 존재론적인 면에서보다 규범적·윤리적으로 접근하는 우를 범할 수 있다. 따라서 현실정치(real politik)라는 측면이 고려되어야 한다는 현실론이 아니더라도 정당의 변천 과정을 지나치게 이합집산과 구태의 전형이라는 관점에서 접근하는 것은 바람직하지 않다. 오히려 유권자에게 반정치(anti-politics)를 조장함으로써 권력을 쥐고 있는 측에 유리하게 작용하고, 전향적인 정치개혁이나 혁신에 걸림돌로 작용할 수 있는 역설적 현상을 간과할 수 없다.

3) 5회 지방선거와 이후의 연합정치

2003년 이후 각종 단위의 선거가 있었으나 전국 단위의 선거로는 2006년의 지방선거, 2010년의 5대 지방선거, 2012년 19대 총선과 18대 대선, 2014년의 6대 지방선거가 있었다. 그 중에서 특히 연합에 주목할 선거는 2010년의 지방선거다. 2010년 지방선거에서 야권의 연대는 2009년의 재보선에서 단초가 형성되기 시작되었으며 진보정당들의 연대가 동인이 되었다. 시민의 정치참여를 이끌어냄으로써 유권자들이 투표를 할 수 있는 유인을 제공하는 것이 정당이지만 정당정치에 대한 불신과 계급 및 계층을 대표하지 못하는 우리의 정당문화로 볼 때 시민들의 현안에 대한 적극적 의사 표시는 시민정치의 차원에서 현실정치의 주요한 변인과 추동력이 되고 있다.[79]

2010년 지방선거에서 야권의 승리는[80] 민주당과 민주노동당, 국민참여당 등의 연대에서 원인을 찾을 수 있다. 물론 친환경 무상급식의 이슈를 선점한 것도 승리의 요인이었으나 이에 못지않게 중요한 것은 여권의 단일대오에 대항할 수 있는 야권의 연대였다. 합당 등 연합정치의 일상적 형태는 아니었으나 지역의 특성이나 정당 간 세력 분포, 후보별 성격에 따른 개별적 연합의 성격인 후보 단일화를 통한 연합정치는 야당 승리의 주요 요인이 되었다.

시기적으로 이명박 정권이 출범하고 2년 4개월이 지날 즈음이기

---

79) 시민참여는 직접민주주의 차원에서 논의될 수 있다. 직접민주주의 형태로서의 참여민주주의(participatory democracy)는 대의제 민주주의를 보완하는 메커니즘으로 대두되고 있다. 심의민주주의와 토론민주주의 등의 개념도 포괄적으로는 참여민주주의의 범주에서 논의될 수 있다.

80) 당시 여당인 한나라당은 서울, 경기, 부산, 대구, 경북, 울산의 6곳에서 당선자를 냈고, 대전은 자유선진당, 제주는 무소속, 나머지 7곳은 민주당이 당선됨으로써 여당인 한나라당의 패배로 볼 수 있다. 특히 서울은 기초단체인 자치구 25개 중 서초, 강남, 송파의 이른바 강남3구와 중랑구에서 한나라당 후보가 당선되고 나머지 자치구에서는 민주당 후보가 당선됐다.

때문에 선거 구도는 정권심판론, 또는 정권에 대한 중간평가의 정치적 의미가 부여될 수 있는 시점이었다. 이러한 관점에서는 여당에게 불리한 구도임에는 분명하지만 정당지지율은 민주당보다 한나라당이 우위에 있는 경향을 보였다. 어느 한 가지 요인으로 선거의 승패를 분석할 수 없으나, 서울시장 선거의 경우[81])를 역으로 대비해 보면 2010년 5회 지방선거에서 야당의 승리는 야권 후보 단일화를 주요 요인으로 꼽지 않을 수 없다. 야권에서는 진보신당을 제외하고 민주노동당, 창조한국당, 국민참여당 등이 단일화에 적극적이었다.

2010년의 연합정치 프레임은 2011년 4월의 분당 을과 김해 을의 국회의원 보궐선거, 강원도지사 보궐선거, 서울시장 보궐선거에서 이어졌다. 야권 연대의 틀 안에서의 후보 단일화 논의는 야권의 선거전략의 주요한 매뉴얼로 자리 잡아 갈 정도였다. 주목할 것은 2011년의 '안철수 현상'이다. 여기서 안철수 현상과 관련하여 2011년 이후 야권의 연합을 살펴보자. 안철수로 대표되는 안철수 현상도 선거연합의 측면에서 살펴볼 수 있다. 2011년도의 서울시장 보궐선거에서 안철수는 높은 인지도에도 불구하고 야권의 서울시장 후보를 양보함으로써 정당 간 연대는 아니었으나, 결과적으로 후보 단일화를 이루고 야권은 한나라당의 나경원 후보를 누르고 승리했다.[82])

2012년 19대 총선은 한나라당에서 새누리당으로 당명을 바꾼 여당의 과반 획득으로 18대 총선에 이어 여대야소 현상이 지속되었다. 민주통합당과 통합진보당은 야권연대를 통한 여소야대를 노렸으나 결

---

81) 지방선거의 상징성을 갖고 있던 서울시장 선거에서 진보신당의 노회찬 후보가 출마하여 3.3%를 득표했다. 한나라당 오세훈 후보가 47.4%, 민주당 한명숙 후보 46.8%로 불과 0.6%, 26,400여 표차로 오세훈 후보가 신승했다. 노회찬 후보와 야권 단일화가 성사됐다면 민주당 한명숙 후보가 승리할 개연성이 높은 선거였다.

82) 2011년 박원순의 서울시장 선거 승리를 연합정치의 관점뿐만 아니라, 이명박 정부에 대한 지지율 하락과 정권 심판의 프레임이 작용한 면도 간과할 수 없다.

과는 다르게 나타났다.

2012년 대선에서 야권연대는 실패했다. 민주통합당의 문재인 후보와 안철수 후보의 단일화는 무위에 그쳤다. 안철수 후보의 전격적인 사퇴로 외형적인 단일화는 이루어졌으나 양측의 합의에 의한 후보 단일화라고 볼 수 없다. 연합정치의 실패 사례다.[83] 또한 후보 단일화 룰에 대한 정치적 유불리 계산으로 단일화가 실패한 사례다. 18대 대선에서 야권은 정권 창출에 실패했다.

4. 연합정치와 정당체제의 변화

연합정치는 필연적으로 정치지형의 변화를 초래한다. 정치지형은 합당, 분당, 탈당 등을 통한 의석수의 변화, 의회권력의 교대, 정당 내 역학구도의 변화 등 제도정치권의 변화를 의미하는 포괄적인 개념으로 볼 수 있다. 연합정치로 인한 정치지형의 변화는 정치구도의 변화를 초래할 가능성을 높게 한다. 정치구도의 변화는 정당체제(party system)의 개편으로 이어질 수 있다.[84] 정당체제의 변화와 관련하여 중대선거(critical election)를 통한 정당재편성(realignment)의 논의(Key, 1955) 이전에 정당의 연합을 통한 정당체제 변화를 생각할 수 있다.

정당체제에 관해서는 정당의 수와 정권교체 가능성, 이념 등에 따

---

83) 이는 형태는 달랐지만 2002년 노무현 후보와 정몽준 후보의 단일화가 성사된 이후 선거 전날 정몽준 후보가 전격적으로 노무현 후보 지지 의사를 철회함으로써 단일화가 실패한 것과 유사하다.

84) 정치구도란 경쟁하는 정치집단의 갈등 축을 중심으로 형성되는 전선으로 파악할 수 있다. 예를 들어 민주화 이전 한국의 기본적 정치구도는 민주 대 반민주 구도라고 할 수 있다. 절차적 민주주의 이후에는 민주 대 반민주 정치구도를 진보 대 보수의 이념적 길항 관계나 지역 패권주의에 기반한 정치구도, 환경, 노동, 삶의 질 등 현안 이슈집단들이 대체하는 정치구도로 파악할 수 있다.

른 연구가 주종을 이룬다(Duberger, 1954; LaPalombara 외 1966; Blondel 1969; Satori 1976). 반면 사회균열 반영에 따른 이론(Lipset 외 1967; Schattschneider 1975)이나 합리적 선택과 카르텔 이론(Downs, 1957; Katz 1995)들도 있으나 어느 하나로 정당체제를 설명하기는 어렵다. 여기에서는 정당체제의 구분을 보수독점적 정당체제와 사회균열을 반영해 내는 정당체제의 두 가지로 단순화시켜 연합정치와 연결시켜 보고자 한다.

연합정치가 정당체제의 변화에 미치는 영향을 살펴보기 전에 립셋과 로칸(Lipset and Rokkan)의 이론을 살펴볼 필요가 있다. 연합정치가 립셋과 로칸의 이론에 따른 정당의 재정열과 정당체제의 재편과 연결되는가를 알아보기 위해서다. 립셋과 로칸이 사회균열 구조에 따른 정당체제의 정열과 변화를 설명한 것이 균열구조론이다(Lipset and Rokkan, 1967). 이는 고전적 가설[85]로서 유럽의 사회균열과 정당체제의 형성 및 변화는 구조적이고 역사적인 연관을 갖고 있다는 것이다.

이후 정당을 둘러싸고 있는 정치환경의 변화라는 관점에서 정당이 시민사회에 적응하면서 정당 본연의 역할에 충실하기 위한 정당과 시민사회와의 연계에 초점이 맞춰졌다(Lane and Ersson, 1999). 1990년대의 유럽 정당은 이념적 극단성이나 분절적인 정당체제의 현상보다는 이념적 스펙트럼이 다양하게 포진하는 다당제의 정당체제를 띠고 있다는 것이다. 이는 유럽 사회가 발전시켜 온 이념적 지향의 변화와 무관하지 않아 보인다. 부르주아지와 노동자 계급의 대치 속에서 이루어진 보통선거 발달의 역사에서 보듯이 이념적 지향을 강하게 갖는 대중 계급정당에서 좌우의 이념이 수렴하면서 사회의 다양한 균열을

---

85) 가설이라고는 하나 유럽의 정당체제를 설명하는 데 폭넓게 인용되는 고전적 이론으로 볼 수 있다.

대표해 내는 다당체제를 가지고 있는 것이 유럽의 일반적 정당체제라고 볼 수 있다.

유럽 정당이 극단적인 이념 대립을 지양하고 중도수렴의 정당으로 발달해 온 역사는 키르크하이머의 포괄지지정당(catch all party)으로 응축해서 설명할 수 있다(O. Kirchheimer, 1966). 결국 이러한 현상은 이념적으로 본다면 좌우, 보수와 진보 쪽의 특정 이념에 치우치지 않고 수렴하는 결과를 낳게 된다.

한국에서 1990년의 3당합당과 이후의 연합정치는 정당체제의 변화를 이끌어내지 못했다. 선거 승리만을 위한 정당의 이합집산이 연합정치의 지배적 모습이었기 때문이다. 또한 보수와 진보의 이념적 성향에 의한 연대가 동인(動因)으로 작용하지 않았기 때문이기도 하다. 이는 한국의 정당체제가 민주화 이전과 이후와는 무관하게 보수 독점적 카르텔 체제로 형성되어 있다는 것을 의미하기도 한다. 소선거구와 단순다수제, 특정 지역에서 일당 우위 체제의 지속이 어우러져 진보정당과 군소정당의 원내 진출은 원천적으로 어려운 정당체제이다. 그렇다면 한국에서 연합정치와 정당체제의 변화는 어떤 연관성을 갖는가.

2011년 '안철수 현상'의 대두 이후 서울시장 선거에서 안철수의 후보 양보, 2012년의 안철수의 대선 후보 사퇴, 2014년 새정치연합의 창당, 민주당과 새정치연합의 합당으로 인한 새정치민주연합의 탄생은 '안철수'라는 매개변수의 역할을 배제하고는 설명할 수 없다.

그렇다면 안철수 의원 측이 주도했던 새정치연합과 민주당의 합당으로 탄생한 새정치민주연합이 정당체제의 변화를 가져왔는지를 살펴보기로 한다. 2014년 지방선거를 앞두고 야권의 통합은 연합정치의 성패를 좌우하는 시금석이었다. 안철수 의원이 새정치연합을 만들고,

보수 여야 정당의 거대 기득권 구조를 깨겠다고 선언했으나 새정치연합과 민주당은 3월 26일 통합을 선언한다. 한국의 선거 민주주의에서 분열된 진영의 패배는 당연한 것으로 받아들여진다.[86] 분열된 정치세력의 패배가 예고된 상황에서 안철수 세력과 민주당의 통합은 정치적으로 예견된 것처럼 보였으나, 이른바 '적대적 공존'으로 인식되고 있는 거대 보수정당 구조를 깨겠다는 이른바 '안철수 현상'에 따른 새로운 정치에 대한 기대는 상당 부분 희석되었다. 안철수 의원이 시도했던 거대 정당 구조를 허무는 제3당의 출현은 실패했다.[87]

한국의 정당체제는 기본적으로 다당제를 채택하고 있다. 일반적으로 대통령제가 양당제와 친화력을 갖고 내각제가 다당제적 성격을 가지고 있는 것에 비추어 보면, 한국의 대통령제에 내각제적 요소가 있다 하더라도 한국의 정당체제가 다당제의 정당체제라는 사실은 다소 예외적이다. 그러나 총선거 때와는 달리 대통령선거에서는 여당과 제1야당이 실질적으로 경쟁하는 구도라는 점을 감안하면 한국의 다당제는 양당제적 성격을 갖는 다당제라고 볼 수 있다.

다당제가 가지고 있는 정치사회적 의미는 사회에 존재하는 다양한 이익체계와 계층을 각 정당이 대표할 수 있다는 데에 있다. 그러나 한국의 다당제는 실질적으로 거대 의석을 가진 집권당과 제1야당의 경쟁체제이고 이것이 선거 때 제1야당을 중심으로 합당과 분당, 후보 단일화 등의 연대를 통한 연합정치의 가능성을 제고시켜온 기본 요인

---

86) 한국정치에서 선거 경쟁의 승패를 여러 관점에서 살펴볼 수 있겠으나 가장 중요한 모멘텀은 '통합과 분열'이다. 분열과 통합의 정치는 연합정치와 관련하여 중요한 시사점을 주고 있다.
87) 정당정치를 기반으로 하는 대의제 민주주의의 요소가 참여와 책임성, 대표성이라고 볼 때 한국의 정당정치는 세 요소를 결여하고 있다. 안철수의 실험이 성공했다면 적어도 대표되지 않은 계층을 대표하는 정당, 사회의 균열구조를 반영하고, 사회의 갈등을 제도권 내에 수렴하고, 수렴된 갈등을 제도화하는 정당정치의 진전된 모습을 지향해 나가는 단초는 열릴 수 있었을 것이다.

이라 할 수 있다.

안철수 의원이 민주당과 연대하지 않겠다는 원칙을 밝혔을 때 정치적 주목을 끌었던 것은 실질적인 다당제, 의미 있는 제3당의 출현 등에 정치적 의미를 부여했기 때문이다. 이는 지역이나 이념에서 비교적 자유로운 중도층 및 대표되지 않는 계급과 계층을 지지기반으로 하는 제3세력의 출현에 대한 기대 때문이다. 그러나 6·4 지방선거를 앞둔 현실정치 공간에서 제3당의 출현이 야권의 분열로 연결되고 이는 여당인 새누리당의 승리와 야권의 패배를 결과할 것이라는 현실론이 야권에서 대두됐다. 안철수 의원은 선거의 승리만을 위한 연대에는 줄곧 부정적이었다.[88] 그러나 새정치연합과 민주당은 통합을 선언하고 새정치민주연합(이하 새정치연합)으로 합당했다.

새정치연합과 민주당의 통합의 명분은 기초선거에서 정당의 무공천이었다. 그러나 새누리당은 박근혜 후보의 공약이었던 무공천을 철회한 상황이었던 만큼, 광역선거와 달리 인지도와 관심도가 떨어지는 기초선거에서 제1야당이 부여받는 기호 2번 없이 출마한다는 것은 출마자들이나 선거 승리를 목표로 하는 정당의 구성원들로선 수용하기 어려웠다. 이에 대해 공천파와 무공천파가 갈리는 등 우여곡절 끝에 새정치연합도 기초선거에서의 무공천 약속을 철회했다. 결과적으로 대선 공약을 여야가 파기한 것이 되었고, 안철수 측과 민주당 통합이 '새정치'의 중요한 바로미터로 상정했던 기초무공천의 철회는 통합의

---

88) 2014년 2월 5일 전주 방문 때, "국익과 민생을 위한 연대 협력은 마다하지 않겠지만 선거만을 위한 연대는 하지 않겠다". 2013년 4월 24일 서울 노원 병 보궐선거 시 "정치공학적인 접근은 하지 않을 생각이다"(3월 11일 귀국 기자회견). "또 다시 단일화를 앞세운다면 정치 변화를 바라는 국민의 요구를 담아내기 힘들다"(3월 28일 기자간담회). 2014년 신당 창당 과정에서 "연대론은 스스로 이길 수 있다는 자신감이나 의지가 없는 패배주의적 시각이다"(1월 24일, 새정치추진위원회 회의). "국익과 민생을 위한 연대는 하겠다"(2월 3일, 새정치추진위원회 회의 결과).

명분 자체를 훼손시키는 것으로 해석되었다. 민주당 김한길 대표와 새정치추진위원회 안철수 위원장이 과도하게 기초무공천에 새정치의 의미를 부여함으로써 스스로 이른바 '새정치 프레임'에 갇히는 모양새가 되었으며, 제3세력의 출현을 통한 사회이익체계와 균열구조의 반영이라는 유의미한 다당제적 정당체제의 출현 가능성은 무위에 그치고 말았다.

이는 연합정치가 정당체제 개편으로 연결되지 못했다는 방증이기도 했다. 결론적으로 립셋과 로칸의 가설이 한국의 연합정치에 적용되기 어렵다는 점과 키르크하이머의 포괄적 지지 정당의 출현이 가져오는 정당체제의 변화는 한국의 연합정치의 측면보다는 사회경제적 변화와 이념적 지향의 쇠퇴와 연결 짓는 것이 논리적 정합성을 갖는다. 결국 한국정치에서 각 정당의 정치적 정체성은 지역과 이념이라는 두 가지 요소를 동시에 가지고 있으나(강원택, 2004) 여전히 사회균열이 정당체제에 반영되기 어렵다는 것을 보여준다.

또한 안철수의 새정치연합 창당 시도가 사회균열을 일정 부분 반영해 낼 개연성도 있었으나, 민주당과 통합한 새정치민주연합을 창당함으로써 여전히 거대 카르텔 독점이라는 정당체제를 확대 재생산하는 데 그쳤음을 지적하지 않을 수 없다.

한국의 정당에 대해 보스에 의한 폐쇄적 정당으로 파악하고 정책적 자율성을 높이기 위한 방안으로서 원내 정당화를 지향하는 분위기가 정치권에 있다. 중앙당 중심의 공천제도가 갖는 폐쇄성과 당내 민주주의의 미성숙 등이 논거로 제시될 수 있을 것이다. 또한 정당의 낮은 이념적 정체성이 정당의 이합집산을 부추기는 요인이 될 수도 있다. 이는 보수 및 이념정당의 정체성이 유지되는 선에서 연정이라는 연합정치의 형태를 띠는 유럽의 정당과 다른 점이라고 할 수 있다. 한국정치에서 연합정치가 지나치게 선거 전후의 승리나 여소야대 개편 등의 정치공학적 차원에서 이루어진 것은 이와 무관치 않다.

우리나라에서는 현실적으로 존재하는 계급갈등적 측면이 정당체제에 적절하고 유의미하게 반영되지 못했다. 대신 특정 지역에서의 지역 연고주의에 입각한 투표 행태는 여전히 배타적이고 지배적으로 작용하고 있으며 이는 한국의 정당체제가 이슈집단(group issue)나 계급 균열을 반영하지 못하는 주요 요인으로 작용해 왔다.

안철수의 연합정치적 측면도 새로운 갈등 축을 형성하는 의미 있는 다당제로의 변화의 단초가 되지 못했다. 일상적으로 있어 왔던 연합의 모습을 띠게 된 것은 안철수 측과 민주당의 연합정치가 의미 있는 변화가 아니라, 또 다른 이합집산의 모습을 띠게 된 것을 의미한다고 하겠다.

5. 한국 연합정치의 전망

한국의 정당은 민주화 이후에도 사회균열 구조를 제대로 반영해 내지 못한 채 매우 파행적인 시민사회-정당 간의 연계구조를 형성해 왔다. 지역 간, 정당 간, 보수와 진보의 이념 간 갈등의 간극이 큰 한국의 정치문화에서 진보 성향의 정당들이 거대 보수정당과 경쟁하는 가장 효율적인 방법은 선거연합을 통한 연합정치다. 또한 사회균열을 반영해 내기 위해 이념 지향이 같은 정당 내부의 정치세력과 다른 정당 간의 연대나 분화를 통한 연합정치도 필요하다.

이는 향후에도 연합정치가 선거를 전후하여 등장할 수 있는 구조적인 근거이다. 연합정치는 정당의 합당이나 통합의 형태를 띠는 유형과 정당 후보들의 단일화를 통한 선거연합의 형태가 있을 수 있다. 연합정치가 의미 있는 성과를 거두기 위해서 정치세력을 지지하는 유권자 차원의 연합이 긴요하다. 또한 진보 성향의 정당이 집권하려면 계급연대도 불가피하다(Adam Przeworski & John Sprague, 1986).

선거를 전후한 정당의 합당과 분당, 통합 등 정당의 분화를 선거 승리만을 위한 이합집산으로 볼 것인가, 새로운 정당체제의 개편을 촉진하는 단초로 볼 것인가의 문제는 논의의 충위를 달리하지만, 양자 간에는 일정 부분의 연관성이 있다. 정당의 합당, 분화 등 연합정치적 측면이 반드시 정당체제의 변화를 가져오는 것은 아니지만, 정당체제의 개편을 주도할 개연성은 충분히 있기 때문이다. 또한 정당이 권력 획득을 위한 선거 승리를 지향하는 정치적 결사체라는 선거 민주주의적 관점에서 본다면 시민사회의 균열을 반영하는 정당의 분화와 선거 승리를 위한 선거공학적 연대가 전혀 별개일 수 없기 때문이다.

그럼에도 불구하고 연합정치가 양당제적 다당제의 외형을 가지고 있으나 실질적으로 양당제적 정치사회의 모습을 갖추고 있는 한국의 정당체제를 변화시켰다는 경험을 찾기는 어렵다. 민주화 이후 수평적 정권교체도 보수 정당들에 의한 교체였다. 17대 총선 때 이념정당의 원내 진출에도 불구하고 사회의 새로운 갈등 축을 반영할 수 있는 의미 있는 다당제로까지 연결됐다고 보기 어렵다. 이와 관련하여 꾸준히 제기되고 있는 문제가 정당이 시민사회의 균열을 대표하지 못하고 있다는 대표성의 위기이다. 대표성(representation), 책임성(accountability), 참여성(participation)은 대의제 민주주의를 유지하는 기본 원리이다. 17대 총선 때 민주노동당의 원내 진출 이외에 현재 진보세력을 대표하는 이념정당의 원내 진출은 미약하기 짝이 없다. 집권당과 제1야당은 여전히 보수정당들이다.

이와 관련하여 한국에서 연합정치가 단순히 선거 승리나 정치세력 간의 이해관계에 입각한 통합이 되지 않기 위해서는 대표되지 않는 계급이나 계층의 계급연대가 유권자연합으로 연결되지 않으면 안 된다. 대표되지 않은 시민들의 권익이 비례적으로 대표되는 체제가 발전된 정당체제임은 말할 나위도 없다. 이러한 체제가 실질적 민주주의로 나아가는 단초라는 사실은 자명하다.

빈부격차의 심화와 이념적 양극화를 완화시키기 위해서는 집권당과 제1야당의 보수 독점적 정당체제가 민주화 이후에도 기본 골격을 유지하고 있는 현재의 정당체제가 개편될 필요가 있다. '안철수 현상'이 한국정치에 대한 불신의 표출로 상징되었으나 새로운 정당의 창당이 기존의 보수 야당과의 통합으로 귀결되면서 2014년 6·4 지방선거를 위한 선거경쟁적 연합정치의 역할을 할 수 밖에 없었다는 것은 연합정치의 한계를 보여준 것이라 하겠다. 사회적 이해관계를 달리하는 계급들의 갈등과 균열이 정당체제 속에서 수용되고 사회의 극한 대립으로 증폭되지 않기 위해서 다양한 계급의 이해가 대표되는 다당체제로의 발전은 한국정치에서 긴요하다.

요컨대 한국에서 연합정치는 두 가지 측면에서 의미를 찾을 수 있다. 첫째, 선거 승리를 위한 정치공간에서 정당 간의 분당 및 통합 등의 이합집산과 둘째, 새로운 균열 축을 생산하기 위한 정당의 분화를 통한 또 다른 연합정치의 모습이다. 그러나 1990년 3당합당에 합류하지 않았던 의원들이 새로운 정당을 창당하는 과정을 거친 이후, 1997년 대선을 앞두고 거대 정당에 흡수 통합된 사례에서 보듯이 한국정치에서는 연합정치가 선거 승리를 위한 통합 이외에 사회경제적 약자나 새로운 갈등 축을 표출하고 반영하는 기제로 작용하기 어려운 것을 알 수 있다. 안철수 의원이 시도했던 정당 창당은 유의미한 다당제 정당체제로의 발전에 대한 기대를 가지게 하였으나 선거 승리를 위한 연합정치의 틀 속에 수용됨으로써 정당체제의 변화를 견인해 내지 못했다. 새로운 정당을 창당하고, 그 정당에 기존 정당의 비판세력이 합류하는 또 다른 형태의 연합정치를 이끌어내지 못했음을 의미한다고 하겠다.

연합정치가 현실정치(real politik)에서 권력의 쟁취나 선거 승리에만 매몰되는 권력정치(power politics)적 모습을 보이지 않기 위해서는 통합의 대상이 되는 정치세력 간의 가치와 이념의 일정한 공유가 전제되어야 한다. 이러한 통합이 실질적으로 힘을 가지고 현실정치에서 권력지형의 변화로 나타나기 위해서는 유권자 간의 연합 또한 긴요하다.

나아가서 연합정치가 시민사회에서 시민사회단체의 시민연대를 통해 사회경제적 어젠다(agenda)로 표출되어 이슈화되어야 한다. 이러한 시민연대가 정치적 연대와 연결되고 대표되지 않은 사회경제적 약자들의 투표를 통해 시민의 정치 참여로 구체화될 때 연합정치가 비로소 본래의 의미를 찾을 수 있을 것이다. 나아가 단순한 정당 간 통합의 차원을 넘어서 기존의 보수 정당 내에서 당내 주류에 비판적인 비주류의 비판세력과 군소 야당의 위상을 벗지 못하는 정당들의 연합을 통한 거대 보수정당 구조의 혁파도 한국정치가 지향해야 할 연합정치의 모습이 될 것이다.

KOREAN
POLI

제2부 민심과 소통

TICS

01 │ 통합과 '통합 행보'

● 2012. 9. 3

    통합이 화두다. 사회적 양극화와 갈등이 불러온 사회적 원심력의 증가는 한국의 미래를 파편화하고, 공동체를 형해화할 수 있다. 또한 성장의 신화를 원점으로 돌려놓을 것이다. 이에 대한 위기의식의 발로가 이른바 '국민통합'이다. 통합과 민생이, 다가오는 대선의 화두임은 진보와 보수가 따로 없고, 여야가 따로 없다. 그러나 통합은 그냥 말로 되는 것이 아니다. 정치적으로는 역사와의 소통을 바탕으로 한 과거와의 화해가 우선되어야 한다. 우리는 암울하고 음습한 시대의 터널을 지나왔다. 쿠데타와 인권 유린, 국가의 폭력이 일상화했고, 성장 지상주의의 목표 아래 왜곡된 정치와 경제 권력의 횡포 앞에 속수무책인 시절을 보냈다. 1987년 민주화 이후 민주주의의 절차적 정당성은 확립됐으나 아직도 모든 영역에서 실질적 민주주의는 미완으로 남아있다. 민주주의가 형식적 측면에서 뿐만이 아니라 내용적으로도 정당성을 담보하기 위해서는 평등에 대한 사회적 합의가 전제되어야 하고, 이것이 제도적으로나 법적으로 공고화되어야 한다. 기득권층의 배려와 복지의 제도화가 아우러질 때 경제적 통합의 밑그림이 마련되는 것이고, 이념적으로는 암울했던 군사권위주의 정치가 배태했던 역사의 그늘을 걷어내는 작업과 인식의 대전환이 수반되어야 한다.

새누리당 박근혜 후보의 이른바 '통합 행보'는 그래서 진정성이 없어 보인다. 정치적 배제, 억압, 경제적 소외, 박탈 등으로 점철됐던 시대의 아픔을 예고나 격식을 갖춘 절차 없이 불쑥 찾아가는 일은 유력 대선 주자인 박근혜 후보의 역사인식의 변화를 보여준다. 표는 저절로 온다고 생각했다면 국민을 시혜의 대상으로 보았던 일방통행식 권위주의의 부활 그 자체다. 상대의 아픔을 조금이라도 헤아렸다면 이러한 행동은 나오지 않는다. 역사에 대한 성찰과 대화가 없는 득표에 대한 갈증이 초래한 예고된 이벤트다.

박근혜 후보의 5·16에 대한 인식이 여전히 '불가피한 최선의 선택'에 머물러 있고, 유신은 '구국의 혁명'이었다면 굳이 노무현 전 대통령 묘역을 참배할 당위성도, 전태일 열사 재단을 찾아갈 이유도 없다. 이희호 여사를 예방하는 것은 뜬금없다. "유신은 박정희 전 대통령의 권력 연장보다 수출 100억 달러를 넘기기 위한 조치였다"는 홍사덕 전 의원의 발언은 박근혜 후보의 생각을 대신했다는 혐의를 지울 수가 없다. 민주화 이전의 헌법 전문에 명시되었던 '5·16 혁명'은 1987년의 직선제 민주화 개헌에서 삭제되었다. 최근 불거진 고 장준하 선생의 죽음에 대해서도 박근혜 후보와 측근들은 침묵으로 일관하고 있다. 인혁당 사건의 조작 과장에 대해서도 "가치 없는 것, 모함"이란 입장에서 한 뼘도 바뀐 것이 없다. 2007년의 법원의 재심에서 인혁당 사건 당사자들에 대해 무죄가 선고된 이후에도 자신의 발언을 철회하거나 변경했다는 말을 듣지 못했다. "자꾸 과거로 가려고 하면, 끝이 없다"는 박후보의 말에서 규명되지 않은 어두운 역사를 모두 과거로 치부하려는 듯한 왜곡된 역사관의 일단을 본다. 역사에 대한 인식의 변화와 반성이 전제되지 않는 '통합 행보'는 위선으로 비칠 수 있고, 득표를 위한 선거전략 그 이상도 이하도 아닌 것으로 보이기 십상이다.

한국사회가 직면하고 있는 핵심적 과제는 경제적·사회적 격차와 정치사회적 갈등의 완화이다. 대선 주자에 대한 지지율이 세대별로 극명하게 엇갈리고, 지역적으로도 일관성을 찾을 수 없는 것은 한국사회의 지향이 사회적 합의의 형태로 나타나지 않는 것을 의미한다. 이를 다원주의의 관점에서 보는 것은 명백히 초점을 잘못 맞춘 것이다. 건강한 갈등이 아닌 대립의 보편화는 다양성을 의미하지 않는다. 이런 엄중한 정치경제적 환경 속에서도 정파에 관계없이 민주주의의 절차적 정당성의 훼손이 일상화되어 있고, 선거는 진영논리에 입각한 패권주의의 쟁투로 전락하고 있다. 공동체가 합의한 사회의 지향과 비전이 없다면 분배와 복지, 복지와 성장의 선순환이라는 정치인들의 구호는 공허한 말장난에 불과하다. 자유주의적 가치와 공동체주의적 비전의 상호보완과 통합이 기획된 행보와 이벤트로 가능할 것이라고 생각하기에 역사는 엄혹(嚴酷)하다.

02 | 안철수 현상은
미래진행형인가

- 2012. 12. 3

    18대 대선도 네거티브와 흠집 내기, 지역정서에 호소하는 선거전략 등 역대 대선과 크게 달라 보이지 않는다. 그런데 몇 가지 차이가 있다. 우선 여야의 정책동조화 현상이다. 경제민주화와 복지, 일자리 창출, 정치쇄신 등이 주요 어젠다들이다. 16대 선거 때 행정수도 이전 공약이 선거 판세 전체를 흔들었고, 17대 대선이 이명박 후보에게 쏟아진 비리와 의혹에도 불구하고 견고하게 경제살리기 어젠다가 대선 정국을 관통했던 것과는 큰 차이다.

    둘째, 민주화 이후 선거 때마다 예외 없이 등장했던 대통령에 대한 여당의 탈당 요구나 스스로 탈당했던 정치적 데자뷰가 사라졌다는 것이다. 이는 일단 정당정치의 책임성이라는 측면에서는 긍정적인 면이다. 더 중요한 관점은 새누리당 박근혜 후보가 '살아있는 권력'과의 적절한 수위에서의 관계 조절에 성공하고 있다는 것을 보여주고 있는 것이다. 그러나 박후보는 지난 19대 총선 때부터 현 정부와의 차별화 전략에도 성공한 것으로 보인다. 과거 프레임 전쟁에서 민주통합당의 '이명박근혜' 전략이 통하지 않는 이유이다.

셋째, 이전 대선과의 가장 큰 차이이자, 한국정치가 고민할 지점을 제공한 이른바 '안철수 현상'이다. 안철수 전 무소속 후보가 단일화 국면에서 후보직을 일방적으로 사퇴한 이후, 오히려 안철수에 대한 여야의 쏠림 현상은 절실해 지고 있는 국면을 맞고 있다. 부동층의 향배가 다시 대선 정국의 핵심변수로 등장했기 때문이다. 안 전 후보의 사퇴 이후 그를 지지했던 무당파와 중도층이 다시 부동층으로 돌아선 결과이다. 민주통합당 문재인 후보 지지로 선뜻 마음을 정하지 못하고 있는 부동층이 늘어난 것은 각종 여론조사에서 나타나는 공통된 현상이다. 중도보수 성향의 유권자들의 지지가 박후보에게 돌아선 것도 눈에 띄는 대목이다. 그 밖에도 역대 대선과 여러 차이와 공통점이 있을 수 있으나 역시 안철수 현상에 주목할 필요가 있다.

안철수는 기존에 잘 알려진 인물이다. 그러나 정치판에는 혜성처럼 나타난 정치신인이다. 아직도 '정치'라는 단어를 그에게 붙이는 것이 낯설 게 느껴지지만, 그는 대선 출마를 선언했고, 대선 이후에 정치를 업으로 삼겠다고 선언한 엄연한 정치인이다. 이 부분이 역설적으로 현재진행형인 안철수 현상의 본질이다. 강고하게 자리 잡은 기득 거대정당의 카르텔화는 국민들의 이해관계를 적절히 표출시키지 못하고 있다. 정당이란 사회의 균열을 제대로 관리하고, 갈등이 제도권 내에서 수렴되며 일정 부분 사회적 합의로 도출되는 기능을 담당한다. 그런데 한국의 정당이 그 역할을 제대로 수행하지 못했음은 긴 설명을 필요로 하지 않는다. 민주화 이전의 정치구도가 민주세력과 반민주세력의 쟁투 과정이었고, 군사권위주의적 정치문화가 관통했던 정치에서, 서구식 정당 일체감(party identification)과 이념적 정체성을 한국정치에서 기대할 수는 없다. 이는 정부수립 후 대통령직선제 개헌이 성취된 1987년까지 불과 39년 동안 무려 9차례나 개헌이 있었다는 것이 증명하고 있다. 4년 남짓마다 개헌이 있었던 셈이다. 이러한 왜곡된 헌법정치의 구조에서 기득권 세력과 반대 세력은 보수와 진보로 미화되고 치장되어 왔다. 그것이 지금 나타나고 있는 패권주의적 보수와 진보의 모습이다. 그리고 이들은 반목과 대립 속에서 어느 새 서로에게 의존하는 적대적 의존과 갈등적 공존의 정치적 관행 속에 익숙해져 있다.

새누리당과 민주통합당이라는 기득 정당의 체제에서 기존 정치에 식상한 무당파는 이념적 스펙트럼으로 볼 때 당연히 중도층일 개연성이 높다. 다른 범주에 속하나 개념적 친화력을 보이고 있는 중도무당파는 그래서 당연히 전통적 새누리당 지지도 아니고, 확고한 민주통합당 동조 집단도 아니다. 이러한 유권자군에게 안철수라는 존재는 그의 개인적 리더십이나 정치적 스타일과는 연계되지 않는 새로운 메시아로 나타난 것이 안철수 현상의 본질이다. 즉 정당체제(party system)가 시민사회의 다양한 이해를 표출시키지 못할 때 나타난 것이 안철수다. 그가 지금 다시 건곤일척(乾坤一擲)의 혈투가 벌어지고 있는 중원의 대결에서 승패의 향배를 거머쥐고 있다. 그러나 그의 정치 행태는 기존의 정치문법에서 볼 때 흔쾌히 승복되지 않는 부분도 많다. 중반에 접어들고 있는 18대 대선 기간 동안 그는 어떤 행보를 할지, 야권의 승리를 위해 어떤 수위와 방법으로 역할을 할지 또 다시 그에게 이목이 집중되고 있다. 대선 이후 '정치인 안철수'가 그가 주창하는 새정치와 정치쇄신의 아이콘으로 부활할 가능성 여부는 더욱 궁금하다.

03 여야 대치,
대통령의 민주적 리더십으로 풀어야

• 2013. 3. 11

    정부조직법을 둘러 싼 여야의 대치가 도를 넘고 있다. 여야의 정치력의 복원을 요구하거나 여야 일방에게 양보를 주문하는 것도 덧없어 보인다. 요체는 미래창조과학부로의 SO업무 이관 여부이다. 여야가 타협의 진정성을 가지고 협상에 임하는지 조차 의문이다. 지난 해 개정된 국회법에 따라 국회의장 직권상정은 천재지변이나 전시 사변 등 국가비상사태가 아니면 여야 원내대표의 합의가 전제되어야 가능하다. 여당 원내대표는 이를 알면서도 애써 외면하면서 여론몰이의 일환으로 제안한 것인지, 아니면 말고 식으로 던져본 것인지 알 수가 없다. 게다가 이른바 '국회선진화법'의 개정을 들고 나오는 것은 더욱 이해가 안 간다. 야당도 전후맥락 없이 원내대표가 공영방송 이사 추천 요건의 강화와 언론청문회 개최 요구, MBC 사장의 퇴진 등을 조건으로 SO의 미래부 이관을 받아들이겠다고 제안함으로써 스스로 기존의 주장의 당위성을 훼손하는 자기모순에 빠졌다. 여야 공히 당내 논의 과정 없는 무책임한 모습이다. 여당에게 과연 자율성과 협상력은 있는 것인지, 야당은 대안을 진지하게 모색하는 것인지, 무력한 여당과 무능한 야당의 카르텔 조합이 정국을 꼬이게 만들고 있다.

여야 지도부의 현실인식부터 되돌아봐야 한다. 위기가 아닌 적이 언제 있었겠는가라는 논란을 차치하고, 지금의 대내외적 상황은 엄중하다. 대외적으로 북한은 3차 핵실험 이후 남북불가침 합의나 정전협정 파기, 전면전 불사 등 위협의 강도를 높이고 있고, 단순히 유엔안보리의 대북 제재결의에 대한 반발로 보기에는 상황이 심상치 않아보인다. 대내적으로도 박근혜 정부가 내세우고 있는 경제부흥과 국민행복에 대한 국민의 기대치는 잔뜩 높아져 있고, 새 정부의 리더십은 시험받고 있다. 야당을 지지했던 절반에 가까운 유권자는 하시라도 등을 돌릴 태세가 되어 있다. 환율전쟁과 물가상승, 양극화는 언제라도 폭발할 것 같은 휴화산 같은 상태다. 여야는 이러한 대내외적 상황에 대한 치열한 성찰과 정확한 현실 진단이 있는 것인지 묻지 않을 수 없다.

이명박 정권의 장관도 현직에 있는 한 대한민국의 장관일 터, 당장 일상적이고 시급한 현안은 국무회의를 열어서 풀어나가야 한다. 그러나 정권 출범 2주일이 지나도록 국무회의는 실종 상태다. 인수위원회 때부터 불거진 불통과 오만의 이미지는 더욱 강화되는 것처럼 비친다. 많은 비판이 따랐던 인사 스타일에서 비치는 강고하고 완고한 이미지, 정치와 조정보다는 통치와 지시의 리더십 스타일은 대선 기간의 온화한 미소와 유연하고 살가웠던 표정과는 상충된다. 야당의 책임도 가볍지 않으나, 국정을 맡은 세력은 집권 측이다. 집권세력이 더많은 책임을 떠안을 수밖에 없다. 국정운영의 한 축인 야당에게 퇴로를 열어주고, 명분도 주어야 한다. 정권을 맡겼다 해서 만기친람(萬機親覽)형의 리더십으로 일관한다면 과거 권위주의의 리더십과 무엇이 다르겠는가. 수직적 리더십을 지양하고 정당, 시민사회, 사회의 각 분야와 수평적 관계를 형성해나가는 거버넌스의 리더십을 확립해 나갈 때다.

정부직제를 포함하여 모든 현안과 법제적 사항은 아무리 훌륭한 안(案)이라도 의회에서 추인 받거나 동의하지 않으면 정책으로 성립될 수 없는 것이 다소의 비능률과 비효율을 감수하더라도 많은 국가가 채택하고 있는 대의제 민주주의의 원리이다. 더구나 대통령제는 행정부와 입법부, 사법부의 삼권분립이라는 견제와 균형의 원리에 의해 작동한다. 일단 국회로 안을 넘겼으면 여야에게 맡겨야 한다. 그래야 새누리당도 집권당으로 기능할 수 있다.

박근혜 대통령의 진정성과 국가를 위한 충정을 의심하는 사람은 없다. 그러나 민주주의는 절차와 과정의 투명성과 적법성이 전제되지 않으면 위임 민주주의와 유사 민주주의로 전락한다. 국민을 설득하려는 노력은 좋으나, 최근 박근혜 대통령의 메시지는 정치를 우회하여 정치적 야심을 달성하려 했던 권위주의적 리더십이 종종 차용했던 방식을 연상시킨다. 우리가 처한 엄혹함을 직시하고, 여야가 정치를 복원함으로써 대내외적 위기를 극복하기 위하여 박근혜 대통령의 수평적 리더십과 거버넌스의 리더십이 절실히 요구된다. 정부조직법 개정안 합의도 박대통령의 유연한 리더십에서 해결의 물꼬를 틀 수 있으리라고 믿는다.

04 | 대통령의 취임 100일

- 2013. 6. 3

    내일이 박근혜 대통령 취임, 100일이 되는 날이다. 정권이 교체되고 나서 처음 100일은 여러 모로 상징성을 갖는다. 인수위 시절 다듬었던 국정 청사진의 대강(大綱)을 선보이고, 정부 직제의 확정과 내각과 청와대 인사 등을 통하여 임기 동안의 이념적 지향과 국정 추진의 밑그림을 확정하는 기간이다. 야당도 정권에 대한 비판을 자제하고, 언론과 국민도 차분히 새 정부의 지향을 지켜본다. 각종 개혁 정책의 기반도 이때 다져놓지 않으면 국정운영의 동력을 상실하게 된다. 역대 대통령들이 취임 100일을 맞아 기자회견을 통해서 임기 초의 국정성과를 설명하고, 향후 정책과 국정운영에 대한 청사진을 밝혔던 이유이다. 따라서 취임 초의 국정 운영에 대한 지지율은 선거 때의 득표율을 상회하는 경우가 일반적이다. 박근혜 대통령의 취임 100일의 지지율은 대체로 50%를 약간 상회하는 것으로 나타나고 있다. 같은 기간 노태우, 김영삼, 김대중 전 대통령보다는 낮지만, 노무현, 이명박 전 대통령에 비하면 높은 편이다. 그러나 박근혜 정부의 100일은 상징성 있는 정책이나 특징적인 산출이 보이지 않는다. 박근혜 대통령의 언급에서 개혁과 사정이란 단어를 쉽게 찾기 어렵다는 점에서도 역대 대통령들과 대조를 이룬다. 정부직제 개편이 늦어졌고, 각종 인사의 난맥이 취임 초 국정운영의 발목을 잡았다. 윤창중 사건 같은 대형 악재는 인사 실패의 상징이 되었고, 지지율 하락으로 연결됐다. 그러나 한미 정상회담은 성공적이라는 평이 지배적이고, 한반도 신뢰 프로세스를 중심으로 한 안보위기의 무난한 관리는 급전직하 했던 지지율을 50% 이상으로 끌어올렸다.

관례적으로 해 오던 '취임 100일 기자회견'은 예정되어 있지 않다. 이 시대 정치의 화두는 소통이다. 인수위 시절, 언론과의 '불필요한' 접촉에 대해 유난히도 민감한 반응을 보인 것하며, 윤창중 전 청와대 대변인의 '특종도 낙종도 없다' 식의 불통 이미지 등은 국민과의 소통에 대한 인식의 부재를 여지없이 보여준다. 윤창중 사건 때의 청와대 참모들의 '부적절한' 사과 이후에 나타난 대통령의 반응은 청와대 수석비서관 회의 때의 사과 발언이었다. 대국민성명이나 담화, 기자회견을 통한 진솔한 반성이 전제되지 않는 제3자적 관점에서의 사과가 얼마나 국민의 마음에 가까이 다가갔을까.

"박근혜 스타일"은 '보여주기식 이벤트'를 싫어하는 것이기 때문에 기자회견을 하지 않는다는 것이 청와대의 설명이다. 실제로 지난 29일 미래창조과학부 주최로 창조경제 비전 선포식이 박 대통령 지시로 취소되었다고 한다. 이벤트 성격이 강하다는 박 대통령의 인식 때문이다. 일리 있는 지적이다. 아직도 창조경제 개념의 애매모호성이 지적되고 있는 마당에 비전 선포식의 의미를 크게 두기는 어렵다. 일회성 이벤트로 포장된 포퓰리즘적 행사가 진정성을 상실하고, 정치적 상징 조작에만 치우친 예는 많다. 과거 정권 때 '국민과의 대화'가 대표적이다. 김영삼 정권 때의 '신한국인', 김대중 취임 초의 '신지식인' 등도 알맹이 없는 보여주기 식 이미지 창출에 다름 아니었다.

그러나 일회성 이벤트와 국민과의 부단한 소통의 시도는 구분되어야 한다. 취임 100일에 대한 정치적 의미를 여하히 부여하느냐가 취임 100일 기자회견을 '보여주기 식 이벤트'로 보느냐, 국민과의 소통으로 보느냐를 가르는 기준이 될 것이다. 소통은 단순히 의견을 교환하는 것이 아니다. 헌법 1조 1항과 2항은 대한민국이 민주공화국임과, 모든 권력은 국민으로 나온다는 것을 명시하고 있다. 대한민국이 민주주의 국가임을 천명하고 있는 것이다. 주인이 위임한 권력의 지출과 수입의 명세를 주인에게 보고하는 것은 소통의 차원을 넘는 의무이다. 기자회견에 인색한 대통령이 될 필요는 없다. 부족하면 부족한 대로, 의미 있는 것은 또한 그것대로 진솔하게 국민과 마주할 때 소통에 성공한 대통령이 되지 않을까.

05 | 취임 6개월의 '정치'와 '민생'

● 2013. 8. 26

정부 출범 후 6개월이 임기 전체를 좌우한다고 해도 과언이 아닐 정도로 집권 초반의 국정 드라이브는 중요하다. 취임 6개월을 맞은 박근혜 대통령의 국정 수행 평가는 50% 후반에서 60%대의 안정된 지지세를 보인다. 노무현, 이명박 등 전임 대통령들이 취임 초기 높은 지지도를 보이다가 하락하는 경우와 대비된다. 방미 성과나 방중에서 나타난 외교적 결실, 대북 관계에서의 한반도 신뢰 프로세스에 기반한 안정감 있고, 일관된 정책은 남북관계에서의 새로운 패러다임을 보여줬다. 이러한 대외적 성과와는 달리 내치에서는 전두환 전 대통령 추징금 환수 의지와 원전 비리 수사 등을 제외하고 임기 초반 이렇다 할 성과를 발견하기 어렵다. 정부 출범 직후 정부조직법 통과의 지연과 인사파동은 하나의 현상이다. 그러나 이는 본질적인 부분이 아니다. 박근혜 대통령의 리더십과 인식의 전환이 긴요하다. 일방적인 지시를 기반으로 한 정책은 토론과 건의를 실종시킨다. 박근혜 대통령의 국정 운영 방식은 그래서 만기친람(萬機親覽)형 리더십이다.

권한과 책임을 분담하는 참모의 부재는 효율적인 국정 운영에는 저해 요소다. 박근혜 대통령은 김용준 국무총리 후보자와 김병관 국방부 장관 후보자, 김종훈 미래부 장관 후보자 등이 연이어 낙마한 인사파동 이후 야당 지도부를 청와대에 초청해 '야당과의 국정동반자 관계 설정의 중요성'을 강조하고, 소통을 약속했다. 그러나 대통령과 야당과의 관계는 물론이고, 당청 관계의 유기적 작동도 소원해 보인다. 대통령과 여당 대표와의 정례 회동도 제도화되어 있지 않은 것이 그 방증이다. 정국 수습을 위한 김한길 민주당 대표의 양자회담 제안과 황우여 새누리당 대표의 3자 회담 방식도 거부했다. 대선 후보 시절의 공약 사항이었던 국가지도자 연석회의는 실현되지 않고 있다. 청와대가 국회를 민생과는 무관한 소모적 정쟁의 장으로 폄하한다는 비판에 직면할 수밖에 없는 이유이다.

권위주의적 리더십은 감동을 수반하지 못한다. 국민의 자발적 동의와 설득이 요원한 곳에서 통합이 들어설 공간은 애당초 존재하지 않는다. 갈등을 외면하고 갈등의 관리와 조정을 위한 토론도 정쟁이라고 보는 인식 속에서 민주주의는 장식품에 불과하다. 권위주의는 민생을 '먹고 사는' 문제에 국한시키고, 국민들의 즉자적 경제생활에만 1차적 의미를 부여하는 사고구조의 틀에 친근했던 산업화 시대의 수직적이고, 시혜적인 리더십과 맞닿아 있다. 권위주의와 '민생'의 왜곡된 조화는 역설적으로 민주주의를 민생과 분리시키는 기현상을 잉태한다. 그리고 이는 국회의 왜소화, 정치의 부재, 여야 정당의 경시와 친화력을 갖는다.

민생과 정치는 별개가 아니다. 정치는 정쟁적이라는 사고와 정치는 소모적이고 낭비적이라는 인식 속에서 민주주의가 성숙할 토양은 존재하지 않는다. 시민들의 삶, 그 자체인 민생은 시민사회의 갈등과 균열을 조직화하여, 이를 관리, 조정, 타협시키는 정치라는 장을 거치지 않고는 제도화될 수 없다. 구체적으로는 입법의 과정을 거치지 않으면 아무리 좋은 정책 대안이라도 집행할 수가 없다. 비록 여야의 주요 정당이 카르텔 구조를 형성하고 있더라도 계층과 지역 대표성과 갈등 관리 기능을 무시할 수 없다. 이러한 정당체제에서 정치의 기능을 폄하한다면 민생은 중장기적은 물론이고, 단기적으로도 제대로 해결될 수 없다. 국민의 동의를 구하는 과정이 바로 정치 과정이고, 국회의 입법 과정이기 때문이다.

국정원 국정조사가 끝났지만 여야의 갈등은 수그러들지 않고 있다. 현재의 집권당의 정치력으로는 야당에게 퇴로를 열 능력도 의지도 없어 보인다. 박근혜 대통령이 나서야 한다. 청와대로서는 여야의 첨예한 정쟁에 개입하지 않겠다는 의도이겠으나, 대통령이란 직책은 경제나 민생만 챙기는 자리가 아니다. 대통령은 정치 그 자체다. 정치의 중심이고, 정치는 일정 부분 정쟁을 수반한다. 그리고 이를 조정해 내고, 관리하는 것이 정치다. 진정한 정치의 복원이 전제될 때 민생도 제대로 이루어질 수 있다. 정치와 민생은 별개가 아니다.

06 | 집권당의 역할

● 2013. 10. 30

집권당과 야당의 대립은 그 자체로 자연스럽다. 또한 정치의 본질은 갈등의 표출이며 갈등을 제도화한 것이 민주주의이다. 갈등을 여하히 집약시키고 제도화해서 최소화하느냐에 정치력이 달려있다. 그러나 대선 이후 여야의 대립은 건강한 갈등과 대치의 수준을 넘는 것이다. 대선 국면에서 불거진 대화록 유출 의혹, 남북 정상회담에서의 노무현 전 대통령의 NLL 포기 여부, 대화록 공개를 둘러싼 갈등으로부터 검찰총장의 사퇴 파동 등 국면과 현안을 달리하면서 끈질기게 이어지고 있다. 이 과정에서 여야가 공히 정파적 계산하에 행위하고 정쟁으로 연결된 측면을 무시할 수 없다. 그러나 대선 과정에서 제기된 국가기관들의 일탈 행위에 대한 문제 제기를 정쟁으로 치부하는 것은 문제의 본질을 희석시키는 것이다. 일련의 정치적 쟁점의 본질은 국정원의 댓글과 트윗 등 여론 조작 의혹이며 이것이 조직적으로 이루어졌느냐의 여부이다. 이 과정에서 이른바 외압설이 제기되고, 검찰총장의 사퇴 및 특수수사팀장의 경질이란 사태도 불거졌다. 각종 사안의 본질이 가려지고, 사실 관계의 규명이란 명분으로 진실이 호도되어서는 더욱 안 된다.

정홍원 국무총리의 대국민 담화의 형식을 빌려 박근혜 대통령은 지루하게 이어지는 정쟁적 측면의 해법을 제시했다. 총리의 대독(代讀)형식을 논하기에 앞서 내용상의 진전된 바가 없다. 경제를 살리고 민생을 챙기는 데 협조해 달라는 요구에 반대할 이유는 없다. 그러나 국정원 댓글 사건의 진상 규명과 책임자 처벌, 구조 개혁 등의 현안들을 정쟁으로 보는 관점에서 사태 해결의 단초를 찾는다는 것은 애당초 무리다.

청와대의 인식이 바뀌지 않고, 최고 권력의 의중과 심기를 살피는 무력한 집권당의 존재가 계속된다면 총리의 담화에서 밝힌 사법부의 판단이 나오더라도 정국 대치와 민생 챙기기는 요원해질 수 있다. 여야의 시국을 보는 인식의 간극이 너무 크기 때문이다. 야당의 문제 제기를 정치적 공세로 보고, 정쟁으로 치환하려만 할 것이 아니라, 적극적이고 전향적으로 사태의 본질에 접근해야 한다. 국회 의석 과반을 넘는 집권당이 국민의 대표의 자격으로 청와대에 대해 정국에 대한 인식의 전환을 촉구해야 한다. 그리고 이를 바탕으로 야당에게도 정쟁적 요소를 삼가고, 대선 불복으로 비칠 수 있는 발언과 행동을 자제해 달라는 요청을 해야 한다. 그리고 야당을 대선 불복 프레임으로 가두려는 시도를 접어야 하고, 야당도 헌법 불복 프레임으로 여당을 몰고 가려는 자세를 중단해야 한다. 두 프레임은 공히 설득력도 없고, 효력도 없는 지극히 정쟁적 요소에 다름 아니기 때문이다.

정권 출범 8개월이 넘도록 한 치의 진전도 없는 지루한 공방의 터널을 벗어나고, 여야 정치인들의 진부한 '민생' 주장이 진정성을 확보하기 위해서는 먼저 여당이 사태의 본질에 접근하는 비판적 성찰의 자세를 가져야 한다. 박근혜 대통령은 후보 시절 지난 대선에서 국정원에 도움도 요청하지 않았고, 받지도 않았다고 밝혔다. 국정원의 댓글 공작 의혹도 지난 정권의 일이라는 데도 공감할 수 있다. 그러나 지난 정권의 일탈 행위를 호도하려 하거나, 행여 수사의 축소나 은폐에 대해 방조하거나 암묵적으로 묵인하는 순간 이는 현 정권의 과오로 치환된다는 사실을 명심해야 한다.

아무런 귀책사유가 없는 정권이 국정원 등 국가기구들의 여론 조작 의혹에 대해 소극적으로 대처할 하등의 이유가 없다. 재판 결과가 나오기 전이라도 현재 나타난 정황 증거들을 바탕으로 책임자 처벌과 국정원 개혁 등에 대해 원론적 수준이나마 의지를 보이고, 포괄적인 차원에서 유감을 표명할 때 사태 해결의 단초가 보인다. 여권의 이러한 조치에도 불구하고 야당이 정치적 공세로만 일관한다면 역풍은 야당에게 돌아간다는 것은 상식이다. 해법을 멀리서 찾을 필요가 없다. 해결의 키는 여권이 가지고 있다. 대선 불복 논란이 정치적 쟁점화한다는 사실 자체가 납득되지 않지만, 이것이 난마처럼 얽혀 있는 정국에 대한 반증(反證)이다. 또 다시 집권 1년을 정쟁으로 허비할 것인가.

07 | 세월호,
총체적 난맥과 잔인한 4월

● 2014. 4. 22

세상의 이치가 부조리의 집적(集積)이다. 사건의 뒤에는 항상 무책임과 위법이 똬리를 틀고 있다. 그리고 항상 통한과 회한이 뒤따른다. 다른 나라의 폐기 대상인 배를 들여와서 정원까지 늘리는 것을 가능케 한 섣부른 규제완화가 없었다면, 물살이 빠른 곳임을 알았음에도 불구하고 배를 급선회하지 않았다면, 선장이 자신의 역할에 대한 최소한의 직업윤리라도 있었다면, 초동대응에 실패하지 않았다면 등 공허한 가정(假定)은 끝이 없다. 이번 경우만일까. 이 시대만 그랬을까. 우리나라만 그럴까. 그래도 1993년의 서해페리호 침몰 292명, 1994년 성수대교 붕괴 32명, 1995년 대구지하철 가스 폭발 101명과 삼풍백화점 참사 502명, 2003년의 대구지하철 화재 192명 사망 등 열거하기도 숨이 차는 대형 사건이 일상화 되다시피 한 나라가 또 있을까. 지난 해 안면도 해병대 사설 캠프 사고와 올 2월 경주 리조트 체육관 붕괴는 아직도 기억에 생생하다.

사고 때마다 지적되는 인재(人災), 어찌 그렇게 판에 박힌 데자뷰일까. 인재란 사고가 불가항력적인 것이 아님을 의미한다. 사고의 중심에 제도와 의식, 문화의 문제가 촘촘히 연결되어 있다. 진부하게 지적되는 압축성장의 그늘과 사회 구조의 문제로 환원하기에 환부는 깊고 넓다. 시민혁명을 거치지 않고 이식되어 피부의 새 살이 다 돋아나지 않은 속류 자본주의로 치부하기에 인명의 희생이 너무 크다.

국민의 안위를 책임지지 못하는 나라는 이미 국가가 아니다. 집단이요, 단체일 뿐이다. 안보라는 의미의 시큐리티(security)는 적국에게 승리하고 나라를 침탈당하지 않는 것 이상의 의미를 갖는다. 전쟁으로 전사하고 희생당하는 숫자와 맞먹는 국민이 사고로 숨겨간 나라가 안보를 입에 담을 순 없다. 1인당 국민소득 2만 6천 달러의 선진국 문턱의 경제 수준에 걸맞는 시스템의 부재가 사고를 잉태한다. 개인적이고 미시적인 원인과 사회적이고 거시적 구조의 문제가 조응하면서 사고는 예견된다.

우리는 아픈 기억을 쉽게 잊는다. 고통의 순간을 기억하고 재발 방지를 위한 시스템과 제도를 손질하는 것은 빛이 나지 않고 육안으로 보이지 않는다. 가시적인 성과 위주의 업적주의가 우리 사회를 집요하게 지배하고 있다. 지난 과오를 반면교사로 삼아 재난을 최소화하는 나라와 대형 참사에서의 교훈을 쉽게 잊는 나라의 차이다. 재난은 그냥 오지 않는다. 항상 전조(前兆)를 동반한다.

민생과 국민의 안위에 천착하는 공인 의식으로 무장된 정치인과 관료 못지않게 요구되는 것이 건강하고 상식적인 '시민'의 존재다. 국가와 시민사회의 부응은 그래서 긴요하다. 국가 정보기관이 간첩사건을 입증하기 위해 증거를 조작하고도 기관의 수장이 일말의 반성도 읽히지 않는 사과 한 마디로 넘어가고, 사회적으로 엄청난 피해자가 발생해도 꿋꿋이 자리를 유지하고 있는 이 땅의 벼슬아치들이 건재하는 한 국가와 시민사회의 건강한 상생은 언감생심(焉敢生心)이다. 선진국 문턱까지 갔다는 경제 수준에 맞는 시민의식을 기대하기는 애당초 무리다. 책임 회피와 정치적 유불리로만 재단하는 국가의 리더십이 국민들에게 상식을 요구할 수 있을까. 비통에 절규하는 가족들에게 접근하는 브로커와 국민들의 관심을 이용하여 정보를 빼내려는 문자 사기에 '시민'이 비집고 들어갈 틈새는 애초부터 없었다.

세월호 구조 과정에서 정부에 대한 믿음은 추락했다. 신뢰와 원칙의 강조, 행정안전부를 안전행정부로 바꾼 정권의 통찰력에서 시대를 꿰뚫어 보는 혜안이 번뜩인다. 그러나 거기까지였다. 호소문을 발표하고, 청와대로 가서 대통령을 만나야 그나마 믿을 수 있다는 실종자 가족들에게 정부는 이미 신뢰의 대상이 아니었다. 초기 대응 미숙과 탑승자 및 구조자 숫자의 거듭된 오류 등 기술적인 문제보다 더 치명적인 건 구조당국이 실종자 가족들과 한 마음이 되고 그들을 진정으로 감싸안는 감동의 부재다.

대북 변수, 격동하는 동북아 정세 등 외환(外患)에 대처하기 위해서 내우(內憂)를 치유해야 한다. 눈앞에 있는 적보다 무서운 건 내부에 숨어 보이지 않는 적이다. 총체적 난맥, 2014년 잔인한 4월에서 다시 '나쁜 정치'를 떠올린다면 과도한 상상력의 발현인가.

08 | '가만히 있지 않겠습니다'

● 2014. 5. 20

　　정치란 계층 및 집단의 이익표출과 집약을 통한 갈등의 조정을 본령으로 한다. 나아가 사회균열을 제도권에 수렴하고 민의를 반영해야 할 당위를 지닌다. 이러한 본령과 당위를 다하지 못할 때 정치는 냉소적인 불신과 혐오의 대상으로 전락한다. 정치가 국민들의 삶과 미래에 보탬이 되지 못한다고 생각할 때 정치적 무관심이 고개를 든다. 그러나 역설적으로 정치는 비로소 주목의 대상이 된다. 그래서 정치적 관심과 무관심은 동전의 양면이다. 대의제 민주주의에서 정치적 무관심은 우리만의 문제는 아니다. 투표율의 저하는 일반적인 현상이다. 대표성의 위기이다. 그러나 정치가 제 역할을 해내는 데 따른 안도의 무관심과 불신에서 연유하는 무관심은 본질적으로 다르다.

　　정치에 비견될 수 있는 존재가 국가다. 국가라는 존재는 비상한 시기가 아니면 보통 사람들에겐 사유의 대상이 아니다. 정치적 무관심

속에서도 정치적 관심은 일상이 되었으나 국가는 좀처럼 우리의 뇌리에 각인되지 않는다. 그러나 정부는 우리의 삶을 규정하다시피 한다. 국가와 정부가 만나는 지점이다. 그러나 국가의 양태는 천차만별이다. 국가와 사회, 국가와 시장, 국가와 개인의 관계는 자유주의와 공동체주의의 논쟁, 자유주의와 민주주의의 반목과 밀접하게 연관되어 있다.

국가의 개입을 최소화하고 시장의 복원력을 신봉하는 경제적 자유주의와 국가의 시장에 대한 적극적 개입을 통한 평등의 실현 쪽에 무게를 두는 민주주의는 대척점에 있다. 우리 사회에 내연하는 이념 갈등은 자유주의와 민주주의의 보완과 상충 사이의 어딘가에 존재하는 적절한 지점에 대한 합의의 부재에서 발생한다. 자본의 논리에 입각한 시장에 대한 신뢰는 시장주의와 연계되고 이는 황금만능의 물신주의와 불가분의 친화력을 갖는다. 국가경쟁력 강화는 거부할 수 없는 지상명제가 되었고, 기업에 대한 규제완화가 시장 제일주의와 결합하면서 규제개혁과 등치되는 결과를 가져오고 있다. 이는 성장과 분배라는 고전적인 대척점을 넘어 인간과 자본 사이에 화해할 수 없는 간극을 형성한다.

인간과 자본의 대치는 인권 존중과 이윤 추구 중 양자택일을 강요당하는 지경에까지 내몰린다. 국가는 궁극적으로 자본의 이익을 대변한다는 고전적인 마르크스적 입장이 아니더라도 현대 자본주의에서 국가는 국민보다 자본과 이윤의 편이라는 혐의에서 자유롭기 어렵다. 이는 현대 자본주의 국가의 상대적 자율성의 한계로 지적되곤 한다. 절차적 정당성을 담보한 대의제가 국민이 주인인 '민주공화국'의 헌법정신을 구현할 수 있을지도 여전히 의문이다.

압축성장이 국부의 창출을 가져왔다는 결과론과는 별개로 성장 과정에서 한국의 국가 영역은 극명하게 자본과 이윤의 편이었다. 성장 지상주의는 인간의 가치보다는 자본에 함몰되는 경제사회적 구조를 가져왔다. 산업화와 민주화의 공고화 이후에도 근대화 과정에서의 국가 우위의 구도가 고착화되면서 정치와 경제의 유착을 낳았고, 이는 관료와 민간의 상생이 아닌 공생이라는 기형적 구조를 초래했다.

세월호 참사는 바로 이러한 총체적 부조리 속의 낱개의 사실들이 씨줄과 날줄의 촘촘한 인과관계로 연결되어 일어난 사고다. 국가의 책임은 그래서 엄중하고 막중하다. 그렇다면 책임을 져야 할 국가의 구체적 실체는 무엇인가. 헌법 7조 1항은 '공무원은 국민 전체에 대한 봉사자이며, 국민에 대하여 책임을 진다'고 명시하고 있다.

세월호 참사의 민심은 국가의 존재 이유와 국가의 책임을 준엄하고 엄중하게 묻고 있다. 국가는 이제 국민의 사유의 대상으로 떠올랐다. 세월호 참사 추모의 '가만히 있지 않겠습니다'라는 민심의 메시지와 경고를 가벼이 넘겨선 안 되는 이유이다. 더 이상 국가는 '가만히 있으라'고 요구해서는 안 된다. 국가는 국민의 물음에 답해야 한다. 국민이 주인인 나라에서 국민 전체에 대하여 봉사하고 책임져야 할 공무원이 폐쇄적이고 권위주의적인 관료적 집단이기주의에 여전히 머문다면 민심이라는 집단지성의 엄중한 심판에 직면할 것이다.

09 | '국가개조'와
'위로부터의 개혁'

● 2014. 6. 10

　'위로부터의 개혁'이 지체되면 '아래로부터의 혁명'이 그 자리를 대신한다는 역사적 경험을 무수히 보아왔다. 국가개조는 아무래도 위로부터의 개혁 차원에서 논의된다고 보아야 할 것이다. 국가개조가 국정개혁과 함께 화두로 떠오르고 있다. 이와 관련하여 몇 가지를 지적하고자 한다.

　첫째 국가개조에서 '국가'의 범위이다. 시민사회에 대비되는 의미의 국가인 것인지, 주권과 영토, 국민을 지칭하는 국가를 지칭하는 것인지에 대한 명확한 설명이 없다. 아니면 상황과 문맥에 따라 양쪽을 모두 지칭하는 것인지도 불명확하다. 박근혜 대통령은 지난 달 19일 대국민담화에서 국가개조, 정부조직 개편과 관피아 척결 및 공직사회 개혁 등의 과제를 제시했다. 현충일 추념사에서는 국가 안전관리 시스템의 대개조와 공공개혁, 경제혁신 3개년 계획 등도 밝혔다. 이러한 맥락에서 볼 때 국가개조는 정부 사이드의 개혁에 초점이 맞춰져 있음은 분명해 보인다. 문제는 '국가개조'가 정치적 상황에 따라 편의적으로 이용될 수 있는 개연성이다. 일단 용어 자체가 지나치게 추상적인 거대담론의 성격을 지니고 있다. 또 하나의 정치적 어젠다가 되어서는 안 된다. '통일대박론', '규제는 암덩어리' 등의 국정 어젠다가 '국가개조'라는 상위 개념의 의제와는 어떤 상관관계를 갖는 것인지에 대한 개념 설정도 필요하다. 국정의 방향과 지향해야 할 철학적 가치가 공유되어야 개혁 과제가 성공할 수 있다. 규제는 나쁜 것이라는 인식과 신자유주의의 탐욕적 측면을 보정하기 위한 규제강화와는 어떤 조화를 이뤄야 하는지에 대한 성찰이 필요하다.

둘째, 국가개조와 국정개혁이 진행되는 방식의 문제이다. 위로부터의 개혁이라면 어차피 정권과 정부가 주도할 수밖에 없다. 그러나 무엇에 쫓기듯 개혁을 추진해 나갈 수는 없는 노릇이다. 국민의 시선을 의식하지 않을 수 없고, 지방선거 이후 미니 총선급이라고 불리는 7·30 재보선을 의식하지 않을 수 없는 정권의 입장에서는 가시적인 성과를 내야 하기 때문이다. 중요한 것은 시민사회가 능동적으로 참여할 수 있는 로드 맵의 설정을 제시해야 한다. 국가를 개조한다면서 한두 달 만에 성과를 내는 것은 가능하지도 않을뿐더러 바람직하지 않다. 위로부터의 개혁의 성격을 지닐 수밖에 없는 '국가개조'가 성공하기 위해서는 시민사회와의 소통에 입각한 자발적인 동의와 참여가 전제될 때 추동력을 발휘할 수 있다. 권위주의 시대의 관이 주도하는 새마을운동의 낡은 모델의 잔영이 묘하게 오버랩된다. 관을 개혁하는데 시민사회의 동참을 위한 방법론과 숙의가 보이지 않기 때문이다. 속도와 효율, 성장 위주의 사고방식이 국가적 재난의 기저에 깔려 있다는 진단에 동의한다면 사회 갈등 구조를 관리하는 시스템의 개혁도 놓치지 말아야 한다. 그리고 그 방식은 시민사회의 적극적이고 자발적인 참여를 유도하는 수평적 거버넌스로부터 출발해야 한다. 이번 국가개조의 추진 방식이 여전히 시민사회와의 충분한 논의나 공감대가 충분히 형성되어 가고 있는 것인가에 대한 회의는 그래서 사라지지 않는다.

셋째, 여야 정치권과의 소통이다. 청와대가 '국가개조'의 컨트롤 타워가 된다 하더라도 '개조'나 '혁신'은 국회의 동의 없이는 원천적으로 불가능하다. 정부조직법 개정과 공직자윤리법, 특별법 제정 등 외형적인 제도적 개선에 필요한 법령의 제·개정만 수십 건에 달한다. 야당의 협조는 물론 여권 내에서의 합의가 절실한 이유이다. 6·4 지방선거에서 여당이 참패의 위기를 면한 것은 '박근혜 지키기' 선거 전략이 주효했다고 보는 데 큰 이견이 없다. 이는 새누리당에 대한 청와대의 일방적 우위의 구도가 계속될 것이라는 추론을 가능케 한다. 집권당이 대통령의 지시와 방향에 순치됨으로써 거수기 노릇을 하고 또다시 7·30 재보선에서 '박근혜 마케팅'에 의존하려 하는가. 새누리당 지도부 스스로 '국가개조'라는 어젠다의 구체적 방향에 대해 청와대에 적극적으로 의견을 개진하고 비판의 날을 세움으로써 다듬고 야당과 함께 대안을 모색해 나가야 한다. 야당을 '개혁'의 파트너로 인식하고 적극적으로 야당의 의사를 반영해 나가야 한다. 청와대가 여당을 청와대의 지시를 따르는 위계적 개념으로 인식하거나 야당을 적대적 관계로 파악하는 순간 개혁의 추동력은 힘을 잃을 수밖에 없다.

6·4 지방선거의 성적표를 청와대는 물론 여야 모두 오독(誤讀)해선 안 된다. 청와대는 여당을 보조적 존재로 인식하거나 야당을 소모적인 적대적 관계로 파악하는 순간 국가개조는 물론 정부 혁신과 관피아 개혁 등에서 추동력을 얻을 수 없다. 개혁할 수 있는 권력의 최

소한의 수입(收入)은 확보했다. 수입에 맞는 권력의 지출을 해야 한다. 수입을 넘는 지출은 경제와 정치 공히 파산을 초래할 뿐이다. 집권당 내부에서도 '국가개조'에 대한 비판의 목소리가 나오고 있음도 놓치지 말아야 하는 이유이다.

10 | 대통령의 지지율

● 2014. 7. 8

　　박근혜 정권 출범 이후 처음으로 국정 수행에 대한 평가에서 부정이 긍정을 능가하는 여론조사 결과가 나왔다. 지지율은 이슈와 현안에 따라 등락이 교차한다. 그러나 국정 수행에 대해 부정 평가가 긍정을 앞섰다는 의미는 단순 지지율의 하락의 함의와는 다르다. 지난 해 정권 초 인사 실패로 지지율이 하락할 때도 나타나지 않았던 현상이다. 박근혜 대통령의 국정 수행에 대한 부정적 평가가 긍정 평가를 앞질렀다는 것은 정권이 신뢰를 상실해 가고 있다는 것을 의미하는 것일진대 그 소이에 대한 정확한 진단이 필요하다.

　　국정 수행에 대한 평가라고는 하지만 국민들은 이를 정권에 대한 지지율로 받아들인다. 최고 집행권자인 대통령에 대한 지지율은 권력의 수입이다. 정책 집행을 권력의 지출이라 한다면 권력을 추동하는 원천이 되는 수입은 지지율이다. 대통령이 임기 동안 국회 의석에 관계없이 주어진 권한을 행사할 수 있기 때문에 권력구조적 관점에서 대통령제의 가장 큰 장점은 정치 안정이다. 그럼에도 대통령의 지지율이 50%대를 지탱하지 못하면 정치적으로 권력 누수현상은 불가피한 것이 대통령제의 숙명이기도 하다. 이러한 레임덕은 대체로 임기 말 측근들과 친인척에서 유래하는 것이 역대 정권들에서 경험적으로 발견되는 현상이다.

박근혜 정권이 출범한 지 1년 4개월여를 맞는 시점에서 역대 대통령들과 비교해 본 동 시기의 지지율은 결코 좋은 성적이 아니다. 세대로는 50대 후반, 지역적으로는 영남, 이념적으로는 보수 성향의 유권자의 강고한 지지가 있다 하더라도 민심은 정확하게 바로미터의 역할을 한다. 바로 그 결과가 최근의 박근혜 대통령의 국정수행에 대한 부정적 평가의 상승이다. 가장 결정적 요인이 인사난맥이다. 이는 시민사회와 국민들과의 소통의 부재와 동전의 양면을 이루고 있다. 권력 핵심과 시민사회의 인식의 간극이 벌어지는 것은 시대정신에 대한 성찰의 부재에 기인하는 바가 크다. 세월호 참사 이후 두 명의 총리 후보자 낙마가 주요 원인으로 볼 수 있으나 보다 근본적인 국정 운영 방식의 변화를 요구하고 있는 것으로 받아들여야 한다. 민주주의의 요체는 책임성과 대표성이다. 국정의 최고 집행권자가 국민에 대하여 최종적으로 책임을 지는 제도가 대통령제다.

정홍원 총리의 유임은 청와대의 설명대로 국정 공백을 최소화해야 한다는 현실적인 이유가 있다 하더라도 국민이 납득할만한 이유라고 할 수 없다. 세월호 참사 후 정부의 무능한 대처에 책임을 지는 정치적 행위가 정 총리의 사의 표명이었다면 이에 대한 명확한 설명이 있어야 한다. 두 명의 총리 후보자의 자진 사퇴를 청문회 제도 탓으로 돌린다면 이는 본말의 전도(顚倒) 그 자체다. 대통령이 5월 19일 '눈물의 담화'에서 밝힌 '국가 대개조'는 국민에 대하여 책임을 지는 정치로부터 출발해야 한다. 책임정치의 실종에 대해 국민은 지지의 철회로 민심을 표출하고 있다.

지금 2기 내각의 인사청문회가 진행 중이다. 인사청문 보고서가 채택되지 않더라도 임명권자인 대통령의 임명권 행사는 아무런 법적 하자가 없다. 그러나 정권의 입장에서 볼 때 7·30 재보선을 앞둔 인사청문회는 딜레마다. 국민의 눈높이에 맞지 않는 후보를 낙마시키면 인사 실패를 자인하는 결과가 되고 이에 대한 국민의 평가가 지지율의 하락으로 연결될 수 있다. 그렇다고 대통령의 고유 권한인 임명권을 행사한다면 민의를 대표하는 국회의 의사를 묵살한 것이 되므로 지지율은 더 하락할 수 있다. 이도 역시 인사 문제다.

정공법이 답이다. 검증이 소홀해서 국민의 기준에 부합하지 않는 후보가 국회의 인사청문의 벽을 넘지 못하면 정치적 유불리와 무관하게 민의에 화답하는 것이 권력의 수입을 차근차근 늘려가는 길이다. 왕도가 없다. 권력은 반만 행사할 때 더 커진다. 남의 의사에 반(反)해서 자신의 의사를 관철시키는 것이 권력이라는 말은 권력에 대한 사회과학적 정의(定義)일 뿐이다. 보다 큰 권력은 국민으로부터 나온다.

대통령의 지지율은 바뀔 수 있다. 상승할 수도, 더 하락할 수도 있다. 민심은 요동치게 마련이다. 그러나 민심의 추이가 왜 바뀌고 있는가에 대한 성찰은 전략적으로도, 당위적으로도 반드시 필요하다. 권력의 논리에 함몰되지 않는 철저한 반추와 자기성찰은 지지율을 다시 상승하게 할 수 있는 원천이다.

11 | 책임정치가 '국가개조'의 시작이다

● 2014. 7. 8

　　대의제 민주주의는 최고 집행권자가 주권자인 국민에게 책임을 져야 한다는 확고한 인식을 가지고 있을 때 정상적으로 작동된다. 최소정의적 관점에서의 절차적 민주주의의 확립은 필요조건일 뿐이다. 절차적 정당성을 획득하고 대통령에 선출된 것이 국민으로부터 제약받지 않는 권력을 위임받은 것으로 생각하는 순간 '정치'가 아닌 '통치'가 시작된다. 직접 선출이 자의적인 권력 행사를 추인한 것이 아님은 재론의 여지가 없다. 책임정치의 부재는 정치의 실종을 가져오고, 정치가 사라진 공간에는 통치가 자리한다. 통치에서 국민은 시혜의 대상으로 전락한다. 왕조시대의 유물이다.

　　여기에 '위임 민주주의'의 함정이 도사리고 있다. 위임 민주주의는 주로 신생 민주주의 국가에서 발견된다. 국민의 직접 선출에 의해 탄생한 권력이 자신에게 모든 권력이 위임된 것으로 간주하고 유권자에 책임을 지지 않는 후진적 통치 현상을 일컫는다. 이는 책임정치의 실종으로 연결된다. 현대정치에서 대표성과 책임성은 대의제 민주주의를 지탱하는 양대 축이다. 대통령제는 유권자의 직접선거에 의해 선출된 최고 집행 권력이 국민에 대하여 책임지는 권력구조다. 그래서 대통령책임제라고 한다. 집권세력은 선출해 준 유권자들에게 수직적 책임을 져야 한다. 대통령제에서 책임은 여론과 공론에 의해 형성된 사회적 합의를 따르는 것이다.

4월 27일 정홍원 총리의 사의 표명은 세월호 참사에 적절하게 대응하지 못한 정부가 국민에게 책임지는 정치 과정의 일환이었다. 그리고 안대희씨와 문창극씨 두 총리 후보의 자진 사퇴 이후 정총리가 유임됐다. 정홍원 총리의 유임이 "국정 공백의 장기화를 방치할 수 없고, 새 후보자가 청문회의 벽을 통과하기가 쉽지 않다"는 현실적 이유에 의해서 그 불가피성이 수용될 수 있다고 치자. 그렇다고 해도 총리의 사의 표명이 국민에 대한 책임의 의미였을진대 유임 이후의 국민에 대한 책임의 부분은 여전히 남는다. 정 총리의 사의 표명이 단순히 정국의 반전을 꾀하려는 과거의 총리 경질과는 다르기 때문이다. 그만큼 국민에 대한 책임을 무겁게 받아들였다는 의미이다.

정홍원 총리의 유임이 현실론에 입각한 고육지책이었다면 이를 정당화할 수 있는 명분이 있어야 한다. 고육지계(苦肉之計)의 사전적 의미는 적을 속이려고 자신의 희생을 무릅쓰는 것이다. 후한 말 오나라 군대와 유비군의 연합군의 황개가 자신을 희생하여 조조를 속이고 연합군의 승리를 이끌었다는 적벽대전의 고사에서 유래한 고육지책은 자신의 뼈를 깎는 아픔이 전제될 때 성립한다.

따라서 정 총리의 유임을 '국정 공백의 최소화나 청문회의 벽이 높다'는 명분으로만 합리화하려 한다면 이는 국민은 안중에도 없는 전형적인 위임 민주주의의 행태 이상도 이하도 아니다. 어떠한 정치적 행동이 '제 살을 깎는' 고육(苦肉)인지를 보여주지 않고는 정 총리의 유임은 정치적 정당성을 확보할 수 없다. 단순히 정 총리의 유임을 반대하는 논리와는 차원을 달리한다. 총리의 사의 표명과 유임의 인과관계에 대해서 최소한의 논리적 또는 형식적 인과관계에 대한 설명이 있어야 하는 이유이다. 유임 이후 박근혜 대통령이 수석비서관회의에서 "신상털기"와 "여론재판"을 언급하는 것은 그래서 뜬금없다.

국민에 대한 책임은 공약의 시행에서부터 출발해야 한다. 공약이 사후의 상황 논리에 따라 수정 또는 불가피하게 폐기될 수 있다 하더라도, 국민에게 명시적으로 설명하고 설득하고 사과하는 절차와 함께 이에 대한 국민의 동의와 양해가 전제될 때 정당화될 수 있다. 이러한 과정과 여론 및 공론에 의한 사회적 합의가 생략된 공약의 파기나 수정은 민주주의의 퇴행과 지체를 결과한다.

정홍원 총리가 사의를 표명하고 대통령은 이를 받아들인다고 했다. 그리고 사태 수습 후 사표를 수리한다고 했다. 이것도 공약이다. 선거 때의 약속만이 공약이 아니다. 더구나 이는 국민이 엄중한 책임을 물은 것에 대한 화답이었다. 그러나 공약도 책임도 지켜지지 않았다. 그리고 여권은 같은 목소리로 청문회 제도 개선을 들고 나왔다. 이렇게 논의의 층위가 다를 수 있는가. 이렇게 정치언어와 문법이 불통일 수 있을까. 5월 19일 대통령의 '눈물의 담화'에서 약속한 '국가 대개조'는 책임정치의 엄중함에 대한 인식으로부터 출발한다.

12 | 인사의 원칙,
정치의 금도(襟度)

● 2014. 7. 22

　　박근혜 정부의 2기 내각은 경제부총리와 사회부총리의 투톱 체제의 시동과 친정 체제 강화로 요약될 수 있다. 정치와 행정의 두 상이한 측면이 있을 수 있다. 정치적 차원에서 보면 새누리당의 김무성 대표 체제의 출범과 연관시켜 보는 관점이다. 황우여 의원의 사회부총리 내정이 그것이다. 시기적으로 김무성 의원이 당권을 거머쥔 직후이다. 일방적이던 당·청 관계의 협력과 견제의 교호적 상황으로의 전환 가능성과 중첩되는 장면이다. 당·청 관계에서 수직적 관계의 변화를 행정부와 청와대 관계에서의 위계적 구도로 상쇄하려는 '정치'가 보이는 대목이다. 또한 여권을 형성하는 당·정·청의 삼각 축 중 당·청 관계에서 정·청 관계로 권력의 축을 이동시키려는 전략이라는 유추 또한 가능하다.

　　한편 '정책'으로 '정치'를 상쇄해 나가려는 여권 권력지도의 패러다임 변화도 읽혀진다. 황우여 교육부장관 겸 사회부총리 후보자 내정을 김무성 대표가 인지했느냐의 여부가 그래서 정가의 관심을 끌 수밖에 없다. 인사에 대한 정보를 전달받았느냐의 여부는 권력관계를 가늠할 수 있는 시금석이기 때문이다. 당·청과 정·청의 중층적 관계의 역학관계는 향후 정국의 향배를 가를 분수령이 될 수 있다.

행정의 관점에서 보면 책임총리는 공식적으로 폐기된 것으로 해석해야 한다. 책임총리나 책임장관으로 권력 운용의 효율성과 책임성을 제고시키려는 패러다임에 대한 의지도 동력도 상실됐다고 보는 것이 정상적 관점이다. 내각에 현직 국회의원이 임명되는 것은 우리 헌법체계상 아무런 하자가 없다. 순수 대통령제가 아닌 혼합형 대통령제가 우리나라 권력구조의 특징이기 때문이다. 국무위원과 국회의원의 겸직을 허용하는 것은 내각제적 요소라 할 수 있다. 이의 근거조항은 역설적이게도 헌법 43조의 "국회의원은 법률이 정하는 직을 겸임할 수 없다"라는 국회의원 겸직 금지 조항이다. 이 조항의 취지는 국회의원의 다른 직 겸직을 금지하는 데에 있다는 것은 불문가지(不問可知)다. 단 국회법에서는 '법률이 정하는 직'에 국무총리와 국무위원을 제외함으로써 합법성을 훼손하지 않으면서 교묘하게 국무위원과 국회의원의 겸직을 가능토록 해 놓았다. 대통령제의 전형적인 모델인 미국은 의원이 장관에 임명되면 의원직을 사퇴한다.

더구나 장관도 아닌 부총리에 현역의원이자 직전까지 당의 지도부를 형성했던 인사를 포진시킨다면 정책 수립 및 집행이 당의 논리와 선거를 의식한 정치논리에 좌우될 개연성이 높다. 경제, 사회, 교육, 문화는 국방, 외교, 통일 등의 외치적 요소를 제외하면 내치의 전부다. 이러한 국정 전반이 선거 승리를 위한 정책 수립과 집행이라는 외생적 요인에 영향 받지 않는다고 단언할 수 없다. 정치가 경제에

미칠 영향력이 제고됨은 물론이다. 대통령과 이념적 지향 및 정치철학을 공유하는 인물이 내각에 임명되는 것과 집권당에 소속된 현역의원이 내각에 포진하는 것은 전혀 별개의 차원이다. 행정의 정치적 중립이라는 대원칙에도 부합하지 않는다.

권력구조 문제는 각국의 정치사회적 배경과 역사적 특수성, 문화적 차이에 따라 상이한 정치 과정과 결과를 도출하기 때문에 단순히 제도공학적 측면에서 접근하는 것은 심층적이지 못하다. 바로 그렇기 때문에 중장기적으로 국회의원과 국무위원의 겸임은 폐지되어야 한다. 백번 양보하여 내각제적 장점을 살릴 제도적 여지를 남겨놓은 것이라고 해석하더라도 실제 운용은 권력의 논리와 입맛에 따른 정치적 포석에서 운용되어 왔던 헌정사적 경험이 의원의 장관 겸직의 부적절성을 웅변으로 보여주고 있다. 참여정부 때 김근태, 정동영 두 의원의 보건복지부와 통일부 장관 발탁, 열린우리당 의장인 정세균 의원의 산업자원부 장관 임명도 그 좋은 예이다. 부처의 장관이 친정체제의 강화나 특정 정치인의 보은의 차원에서 임명되어서는 안 된다.

미국이 낳은 세계적인 정치학자 라스웰 교수는 정치는 "누가, 무엇을, 언제 어떻게 얻는가"에 대한 쟁투라고 했다. 정치에 대한 고전적 정의다. 그러나 라스웰의 이 정의는 어떠한 사회를 지향할 것인가에 대한 정치철학적 가치판단이 전제될 때 현실적 논리로 작동되는 것이다. 정치가 세력을 가진 자들의 사회적 지위와 권력을 탐하는 기제로 전락해서는 안 된다는 것을 라스웰은 역설적으로 강조하고 있다. 정치의 금도(襟度)는 역시 보편과 상식이다.

13 | 청와대 문건과 권력 운용

• 2014. 12. 2

　박근혜 대통령이 청와대 문건 유출 및 '비선실세' 논란과 관련하여 "문건을 외부로 유출한 것도 어떤 의도인지 모르지만 결코 있을 수 없는 국기문란 행위"라며 "공직기강 문란도 반드시 바로잡아야 할 적폐 중 하나"라는 입장을 밝혔다. 또한 "관련자들에게 확인조차 하지 않은 채 비선이니 숨은 실세가 있는 것 같이 보도를 하면서 의혹이 있는 것 같이 몰아가고 있는 것 자체가 문제"라며 "이런 근거 없는 일로 나라를 흔드는 일은 없어져야 한다고 생각한다"고 강조했다. 이번 사태의 핵심은 공직기강 해이에서 온 내부 문건의 불법 유출이며 야당이 말하는 '정윤회 게이트'는 국정 흔들기라는 인식을 나타낸 것으로 보인다.

　'청와대 비선실세'로 알려져 있는 정윤회씨에 대한 청와대 문건은 그동안 의혹으로 언론과 인구에 회자(膾炙)되었던 인사에 대한 동향을 담고 있다. 검찰의 수사를 통하여 문건의 내용의 사실 여부가 밝혀져야 하겠지만 사안의 성격상 명명백백하게 진실이 밝혀질 수 있을지 의문이다. 정치권 주변에서는 이번 문건 작성 과정과 유출이 정윤회씨와 박지만 EG그룹 회장 간의 '파워게임'과 관련시켜 보는 시각이 있다. 양측의 권력다툼에서 일방이 타방을 겨냥해 언론에 흘린 것이라는 상황 설정이다. 우선 문건 유출의 경위를 밝혀야 한다. 박근혜 대통령이 어제 수석비서관회의에서 밝혔듯이 "기초적인 사실 확인조차 하지 않은 채 내부에서 그대로 외부로 유출시킨다면 나라가 큰 혼란에 빠지고 사회에 갈등이 일어나게 될 것"이기 때문이다.

그러나 보다 중요한 것은 이 사안을 보는 관점의 문제다. 이 사태의 본질을 어떻게 파악하느냐는 향후 정권의 권력 운용과 관련하여 중요한 의미를 갖는다. 실제 '비선실세'가 청와대 인사와 국정에 개입하고자 했느냐의 문제와 최고 권력을 둘러 싼 측근 그룹 간의 '파워게임'으로 인한 '국기문란'은 박근혜 대통령이 언급한 "문건 유출로 인한 국기문란 행위"와는 차원을 달리하는 것이기 때문이다.

문건의 작성자로 알려진 박 경정이 청와대 해명처럼 문건 작성 시 별도의 확인을 거치지 않은 것으로 판명된다면 문건 유출과 명예훼손으로 귀결되면서 공직기강 확립의 문제로 환원될 수 있다. 그러나 감찰 수사의 전문가인 박 경정이 사실 확인 없이 최고 권력을 둘러 싼 민감한 권력갈등을 단순히 풍문을 모아 정리했다고 보는 것은 논리적 정합성이 떨어진다. 청와대 주장과 달리 문건 작성 근거와 자료가 존재하고 문건 내용이 사실로 밝혀진다면 이번 사안의 본질은 최측근의 권력의 사유화를 통한 국정 농단에 다름 아니다.

한국 대통령제에서 대통령 측근 그룹의 일탈 행위의 구조화는 최고 권력의 우산을 배경으로 정치경제적 과실을 탐하는 과정에서 발생한다. 권위주의의 유산인 충성 경쟁까지 가세하면서 왕조시대의 저급한 주종관계로 전락하기도 한다. 공적 영역과 사적 영역의 경계의 혼돈에 피아(彼我)의 극단적 적대가 미묘하게 교차한다. 정치권력의 향유와 함께 경제적 비리 사슬의 포식자로 군림하다 종국에는 몰락하는 병리적 현상은 한국정치의 공식이 되었다. 개인의 추락은 자신뿐만이 아니라 권력의 퇴행과 정치사회의 후퇴를 동반한다. 측근 그룹의 권력투쟁은 대통령 임기 말의 경제적 과실에 집착하는 먹이사슬보다 폐부가 깊은 법이다. 지난 정권 때 권력 핵심의 왜곡된 권력 암투와 악취가 진동하는 비리의 결과가 이를 상징적으로 보여주고 있다. 더구나 공식 라인이 아닌 비선이라면 더 말할 나위도 없다.

정치는 기본적으로 권력현상이다. 따라서 정치에서 권력이란 요인을 빼면 정치현상을 논할 수 없다. 타인의 의사에 반(反)하여 자신의 의사를 관철시킬 수 있는 능력이라는 권력에 대한 고전적 정의에서 보듯이 권력은 남을 지배할 수 있는 공인된 힘을 의미한다. 그러나 권력은 정당한 수단을 통한 획득이 아니면 궁극적으로 권력을 가진 자의 파멸은 물론 사회의 퇴행을 가져온다. 새삼스럽게 동서고금의 역사를 들먹일 필요도 없다.

민주화 이후 선출된 대통령들이 임기 말에 친인척과 측근들의 권력 농단과 비리로 인하여 지지율의 급전직하는 물론 지지율 20%대의 식물 대통령의 신세로 전락하고, 급기야 집권당을 탈당하는 현상은 한국 대통령제에서 낯설지 않은 광경이다. 권력 행사의 일탈에서 오는 필연적 귀결이다. 최고 권력에 기생하여 호가호위(狐假虎威)하려는 한줌도 안 되는 이너서클(inner circle)의 존재는 그래서 항상 경계의 대상이며 이를 여하히 관리하느냐가 정권의 승패 여부를 내재적으로 결정한다.

14 | 한국정치는
한국경제 재도약의 걸림돌?

● 2014. 10. 6

    한국정치가 시민사회 내의 이익집단과 이해관계의 집약과 표출을 통한 갈등의 관리에 실패하고 있다는 얘기는 어제 오늘의 일이 아니다. 사회 내의 갈등은 필연적으로 존재하기 마련이며 이를 제도권 내에 수렴하여 갈등이 관리되고 조정되게 하는 것이 정치다. 이러한 기능을 충족하기 위한 정당체제가 양당제가 적당할지, 다당제가 더 효율적인지의 논쟁은 별개로 하더라도 상충하는 이해관계 조절에 실패한다면 공동체 복원은 요원해진다. 사회의 각기 다른 영역과 계급 관계의 조화로운 공존이 우리 사회의 화두다. 그 중에서 가장 절박하게 와 닿는 것이 사회적 양극화다. 흔히 빈부격차라는 말로 표현되는 양극화의 문제는 비단 경제적 영역에서만 발생하지 않는다. 특정 지역에서 사실상의 일당 우위 체제는 분명 비정상적이다. 이러한 정치적 양극화는 세대 간에도 심각한 양상으로 증폭되고 있다. 경제적 양극화는 더 심각한 수준이다. 가진 계층과 저소득층의 양분법적 대립은 OECD 국가 중에서도 우리나라가 더욱 빠른 속도로 진행되고 있다.

정치와 경제의 융합 현상은 점점 심해진다. 어차피 두 영역이 분리되는 것이 아닐진대 정치권력과 경제권력의 긍정적 의미의 융합보다는 부정적 의미의 정경유착이 심화되는 상황이라면 그리고 이에 대해 정치가 어떠한 해답을 내놓지 못한다면 한국사회의 통합은 연목구어(緣木求魚)다. 경제계는 정치가 경제의 발목을 잡는다고 한다. 한국의 정치는 3류라고 말했던 대기업 총수의 발언은 여전히 유효한 것으로 보인다. 성장과 분배의 두 마리 토끼를 잡는 것은 결코 쉬운 일이 아니다. 성장과 분배를 상호 대립적으로 볼 것인가, 상호 보완적인 선순환의 관점에서 보아야 할 것인가의 문제는 여전히 논쟁적인 화두다. 그러나 두 가지 측면 중 애써 어느 한 쪽을 선호하는 것은 편향성의 동원(the mobilization of bias)으로 보인다. 양 측면이 모두 불가피성을 내포하고 있다. 대기업과 중소기업의 격차, 정규직과 비정규직의 갈등은 사회경제적 대립으로서 기본적으로 해소하기가 녹록치 않은 것이 현실이다.

바로 이 지점이 정치와 경제가 만나는 지점이다. 여당과 야당 사이에 이른바 부자 감세냐 서민 증세냐를 둘러싸고 벌어지고 있는 논쟁은 어느 한 쪽이 다른 한 편을 포용하거나 이해하려 하지 않는 정서를 저변에 깔고 있다. 양 측의 논리 전개는 접점을 찾을 길이 보이지 않는다. 정치적 논리가 경제논리를 압도하고 있는 이유이다. 선거에서의 득표만을 의식하는 현재의 정치권의 모습은 정당의 이념적 정체성이 서구 정당에서 계급의식이 정당을 통해서 표출되고 관리되는 것과는 큰 괴리가 존재한다.

규제개혁이 정권 차원에서 진행되고 있다. 규제개혁은 말 그대로 일방적인 규제완화를 의미하지 않는다. 분야에 따라 규제가 강화되어야 할 부문과 영역별로 규제가 완화되어야 하는 상황을 동시에 개혁하자는 것이다. 그러나 지금의 규제개혁은 규제완화 쪽에 방점을 찍고 있다. 이에 대해 야당이나 비판적 세력은 지지를 보내지 않고 있다. 성장이 필요하고 경기부양을 통한 지속적 성장은 반드시 필요하다. 그러나 소득의 재분배는 점차 악화되고 있다면 일방적인 경기부양은 후대에게 또 다시 부담을 안기는 정책이 될 수도 있다. 아베노믹스가 일본의 이른바 '잃어버린 20년'을 치유하는 데 성공적인 것으로 평가됐으나 최근에 와서 부작용이 서서히 나타나고 있는 현상을 강 건너 불로만 봐서는 안 된다.

정치권은 정파나 당파성을 초월하여 이 문제에 정면으로 마주해야 함에도 불구하고 집권당과 거대 야당은 '적대적 공존'의 우산 속에서 기득패권주의에 안주하고 있다. 이러한 구도는 필연적으로, 대표되지 않는 사회적 약자들의 소외로 귀결된다. 중간층의 이익을 대표하는 제3정당의 출현은 그래서 긴요하다.

또한 87년 체제를 극복하자는 개헌 논의가 정치사회적 공감대를 얻고 있으나 이도 정치적 이해관계에 따른 복잡한 셈법 때문에 성사된다고 보기 어렵다. 개헌은 지나치게 집중되어 있는 권력의 분점이 요구되는 시대적 상황 속에서 그 의미를 찾을 수 있다. 권력 집중의 완화나 제3지대 중간층의 이해가 대표될 때 사회경제적 양극화는 해소의 단초를 찾을 수 있을 것이다. 그것은 사회공동체의 복원으로 연결될 것이며 대기업과 중소기업의 상생에서 공동체 구성원의 삶의 질 향상으로 이어질 것이다. 그러나 우리 정치가 그런 역할을 할 것을 기대하기에는 우리의 정당체제가 너무 허약하다. 대기업과 중소기업의 상생, 비정규직의 완화, 노동자 계층의 고소득층에 대한 부정적 시각의 완화를 통한 공존은 결국 정치가 그 물꼬를 트게 해야 한다. 비례대표의 확대도 좋은 방안 중 하나다.

정치와 경제의 영역에는 분명 고유한 영역이 있다. 그러나 두 권력이 그물망처럼 얽혀있는 현실에서 현재를 변화시키고자 하는 인식이 전제될 때 지속가능한 발전이 담보될 수 있다. 이는 사회경제적 먹이 피라미드에서 상위에 포진하고 있는 계층에게도 이익이라는 긍정적 의미의 계급의식의 발현으로 이어져야 한다. 이 또한 정치의 몫이다.

그렇다면 우리 정치는 이를 준비할 철학과 지성, 양식을 가지고 있는가. 불행히도 이에 대한 해답은 부정적이다. 선거를 통하여 정권을 획득하고 지지층을 확보하는 것은 정치의 본령이다. 그러나 경제적 이해를 대변하는 정당들이 각자의 지지층을 위하여 분명한 이념적 정체성을 나타내고 각 세력을 대표하는 정당의 공정한 경쟁이 담보될 때 정치는 제 본령을 찾아간다. 정치가 온전하지 않으면 궁극적으로 경제나 사회, 문화, 환경, 안보, 복지 등 모든 분야가 건강해 질 수 없다. 대의제 국가에서 기본적인 정책은 입법을 통해서 구현되기 때문이다.

정당의 모습도 바뀌어야 한다. 산업화 시대의 모델에서 벗어나지 못하고 여전히 정파적 정당과 이념에만 집착하는 정당체제로서는 세계적 추세의 변화에 민감하게 대응하는 경제구조의 변화에 선제적으로 대응할 수 없다. 후기산업화, 세계화, 정보화, 탈냉전의 시대정신에 걸맞는 정당구조로의 변화가 절실하다. 그것이 침체의 늪에서 헤어나지 못하고 있는 한국경제의 성장 동력을 살리는 길이다. 정치권이 경제적 재도약을 위한 구조의 변화를 꾀해야 하는 이유이다.

이제 대기업과 중소기업 모두 상대의 영역을 인정할 때 우리 사회의 갈등 구조를 상징적으로 노정하고 있는 이른바 '갑질'과 '을질'의 불편한 진실에서 자유로워질 수 있다. 경제권력과 정치권력은 노동 부문을 포함한 사회적 대타협을 모색해야 한다. 몇 번의 시도는 실패로 돌아갔다. 역시 대타협을 지향하고 견인해야 할 곳은 정치권이다. 사회경제적 대타협의 리더십을 발휘할 역량과 의지를 정당체제가 보여줄 수 있는가. 정치권은 이 질문에 답해야 한다.

15 | 소통의 골든타임

● 2015. 1. 27

당 태종의 통치이념인 정관정요(貞觀政要)에 나오는 '민심과 바다'의 비유는 낯설지 않다. 위징(魏徵)이라는 신하가 태종에게 "임금은 배요, 백성은 물이다. 물은 배를 띄울 수도 있고 배를 전복시킬 수도 있다(君舟也 人水也 水能載舟 亦能覆舟)"는 상소를 올렸다. 말할 나위도 없이 민심의 엄중함을 간언한 기록이다.

'창조경제'와 경제 살리기의 골든타임보다 더 중요한 것이 있다. 박근혜 정부의 국정 동력을 회복하기 위한 골든타임이다. 국정 동력을 회복하지 못하면 경제 살리기도, 공무원 연금개혁과 공공부문 개혁을 추진할 근간도 훼손된다. 정권이 개혁을 추진하기 위해서는 국민의 지지가 뒷받침되지 않으면 안 된다. 집권 3년차를 맞는 박근혜 대통령의 지지율이 이완구 총리 내정자 발표와 청와대 인사개편에도 불구하고 이렇다 할 반등의 기미를 보이지 못하고 있다.

    청와대 비선실세의 국정 개입 의혹과 민정수석의 항명성 사퇴, 집권당 대표의 수첩파동 등의 핵심은 청와대 기강의 문란이다. 김기춘 비서실장과 '문고리 3인방'의 퇴진이 인적쇄신의 핵심 내용이 된 이유이다. 예상보다 총리 교체가 앞당겨진 이유도 30%대로 추락한 지지율 탓이다. 이러한 상황이라면 지난 23일 청와대 인적쇄신에서 청와대 문건 유출 파동의 당사자들에 대해 문책성 인사를 단행했어야 한다.

    신년 기자회견과 1월 20일의 국무회의 이후 지지율의 하락이 이어진 이유는 청와대 문건 유출 사건으로 빚어진 인적쇄신 요구가 받아들여지지 않음으로써 박근혜 대통령의 '불통' 이미지를 불식하지 못해서이다. 이후 새 총리 내정이 예상보다 빨라지고 측근들의 업무를 일부 축소하면서 이들의 교체를 요구하는 여론을 일부 수용했으나 결과적으로 3인방에 전폭적 신뢰를 보낸 결과가 지지율 반등으로 이어지지 않았다. 이완구 총리 후보에 대해 야당도 긍정적 평가를 하고 국정 쇄신에 기대를 숨기지 않음에도 불구하고 지지율 반등으로 이어지지 않은 것은 측근 3인방에 대한 소극적 업무 조정이 민심의 향배에 맞지 않기 때문이다. 말할 것도 없이 '실세' 3인방의 역할과 무관하게 이들을 권력의 실세로 인식하는 여론을 달래지 못한 결과다.

    한 달 후면 집권 3년차를 맞는다. 30%대의 지지율을 가지고는 집권 3년차의 각종 국정 개혁을 이끌 수 없다. 정책의 수립과 집행은 권력의 수입과 지출이 균형을 이룰 때 가능하다. 권력의 수입은 지지율이다. 민심을 거스르는 정권은 성공할 수 없다. 리더로서 어려울 때 동고동락한 동지들에 대해 무한 신뢰를 보내는 것은 나무랄 일이 아니다. 그들의 비리가 드러난 것도 없다. "의혹 받았다고 내치면 누가 제 옆에서 일 하겠나"는 대통령의 말도 맞다. 그러나 청와대 문건 파동에서 측근들의 의혹이 사실이 아니라 하더라도, 국민의 인식 속에 비서관 세 사람의 유임이 불통으로 인식되는 프레임이 형성되어 있다면 과감하게 도려낼 수 있는 결단이 있어야 한다. 비서관 몇 명의 거취가 국정의 발목을 잡는 일은 상상할 수도 없다.

연말정산도 소급입법 한다고 했지만 막상 연말정산 일정이 시작되면 민심은 더욱 악화될 수 있다는 현실을 직시해야 한다. 지지율 30%대가 무너진다면 당청 관계와 내년도 선거를 의식한 새누리당 내부의 원심력도 작동될 수 있다. 더 이상 국민을 향해 눈과 귀를 닫으면 안 된다. 문건 유출 사건의 대응과 수습이 김기춘 실장과 우병우 민정비서관의 주도로 이루어졌을 텐데 사태의 책임에서 자유로울 수 없는 민정비서관을 민정수석으로 승진시킨 것도 국민들을 납득시키기 어렵다. 쇄신의 대상을 유임시키고 피상적인 조정에만 그친 것은 소통으로의 전환이 아니다. 국민과 여론은 국정 운영 방식의 변화를 요구하고 있다. 보수와 진보를 막론하고 불통과 아집을 경계하는 목소리를 더 이상 가볍게 보아 넘겨선 안 된다.

시간이 많지 않다. 쇄신은 항상 할 수 있는 게 아니다. 정치는 타이밍이다. 지금이 골든타임이다. 새로운 총리의 내정이 노린 정치적 효과가 3인방의 유임으로 반감됐다. 지지율은 단순히 숫자에 불과한 게 아니다. 민주주의를 무엇으로 정의하든 '인민에 의한 다수의 지배'라는 기본 골격에서 벗어나지 않는다. 그 민심이 잘못된 인식에 기초했다 하더라도 그 민심을 거스르면 '배도 전복될 수 있다'는 엄혹한 진실은 근현대의 서구정치나 동양의 고대정치에서나 공통적으로 관철된다. 그리 늦지 않았으면 좋겠다.

16 | 복지는 '무상'(無償)이 아니다

● 2015. 3. 25

　내년 총선과 19대 대선의 승부를 가를 여러 정치사회적, 경제적 쟁점 중에 무상복지 논쟁은 가장 핵심 이슈가 될 전망이다. 2010년 지방선거에서의 무상급식 이슈는 현재 야당의 승리 요인이었음은 두말할 나위가 없다. 또한 지난 대선에서도 경제민주화와 복지는 대선 승부를 결정지었던 사회경제적 어젠다였다. 박근혜 정부 출범 이후 경제민주화 공약은 경제활성화 정책에 밀려 추동력을 상실했다. 그러나 복지국가가 시대정신이란 점을 부인할 수 없고 이에 대한 사회적 합의가 존재한다면 복지 논쟁은 여전히 여야 간, 보수와 진보 세력 간 민감한 사안이다.

　무상복지를 둘러 싼 논쟁의 핵심은 보편적 복지와 선별적 복지의 선택의 문제로 모아진다. 즉 복지에 대한 철학과 인식의 차이에 기인하는 정책의 차이로 귀결된다. 복지 지출을 늘리고 무상복지를 확대해 나가기 위해서는 복지 재원의 조달이 필수다. 선별적 복지는 소득 수준에 관계없이 모든 계층에게 복지 서비스를 제공할 것이 아니라 소득에 연동한 복지를 제공하자는 것이다. 논리적 타당성을 부인할 수 없다. 재원을 감당하지 못하면서 막연하게 보편적 복지에 집착하는 행태는 도그마라는 비판을 피하기 어렵다. 그러나 선별적 복지가 갖는 원천적인 한계도 무시할 수 없다. 기초적인 분야에서조차 예산 부족을 이유로 선별적 복지의 프레임을 가지고 접근한다면 누진적 세금에 의한 복지정책의 확대는 요원해진다.

유럽이 국민소득 1만 5천 달러 수준일 때 케인즈 주의에 입각한 복지이론을 발전시키고 보편적 복지를 확충해 나간 역사적 경험을 간과해선 안 된다. 세계적인 경기침체 속에서 복지 규모를 축소해 나가려는 일부 유럽 국가의 경우를 선별적 복지의 모델로 삼는 것은 신자유주의에 대한 맹신에 기인한다. 어느 영역도 복지재원이 남아돌아가서 복지를 시행하는 것은 아니다. 특수성에 입각한 선별적 복지의 채택이 논리적 정합성을 갖는다 해도 사안이 터져 나올 때마다 선별적 복지의 프레임으로 접근한다면 궁극적으로 포괄적 복지의 길은 요원해진다.

유럽 국민들이라고 조세저항이 없을 수 없다. 그러나 국가의 복지 프로그램에 대해 정부나 국민 모두가 의지와 애착을 가짐으로써 복지 국가는 부단히 발전되어 왔다. 또한 복지의 과부하로 인한 부작용을 최소화하기 위한 국가 역할의 축소 경향에도 불구하고 국내총생산 대비 사회복지 지출은 지난 10년간 느린 속도이지만 꾸준히 증가했다. 복지국가란 사회 구성원 개인이 시장논리의 굴레에서 벗어나는 '탈시장화'와 가족에게 의존하는 노후에서 해방되는 '탈가족화'의 두 측면에서 살펴봐야 한다. 시장과 가족에 내재하는 원천적 불평등을 해소하기 위한 고용보험, 연금 등의 사회보험과 교육과 보육 등의 사회서비스의 제공이 복지국가의 핵심이다.

어떠한 수준의 복지를 지향할 것인가의 문제는 조세부담률을 여하히 조정해 나갈 것인가의 문제와 맞물려 있다. 아직 한국사회의 궁극적인 복지 수준에 대한 일반적이고 포괄적인 합의는 존재하지 않는 것으로 보인다. 한국의 빈부격차는 일반적인 신자유주의 국가들보다 빠른 속도로 진행되고 있다. 사회적 양극화는 단순히 경제적 층위에서의 격차의 차원을 넘고 있다. 상대적 박탈감으로 대표되는 계층 간의 골은 점점 깊어지고 있다. 이를 해결하는 길은 사회적 안전망의 확충과 포괄적 복지로의 정책을 점진적으로 심화시켜 나가는 방법 외엔 대안이 없다. 선별적 복지가 단기적으로는 분야별 정책적 정당성을 지닐 수 있으나 사회에 구조적으로 내재하는 격차의 문제를 해소하기엔 원천적 한계를 가지고 있다. 여기서 주목해야 할 부분은 복지에 대한 사회학적 인식과 철학이다.

복지를 국가가 무언가를 나눠주는 것이라는 시혜적 차원에서 접근해선 안 된다. 조세정책의 소득재분배 기능이 충분한 실효성을 발휘하고 같은 수준의 복지 혜택을 받을 수 있을 때 복지국가는 완성된다. 어설픈 선별적 복지 논리는 부자와 빈자 모두의 지지를 잃을 수 있다. 복지는 국민이 응당 받아야 할 권리이자 국가의 의무라는 인식이 보편화될 때, 복지가 무상으로 제공되는 것이라는 공짜 인식에서 벗어날 수 있다. 더 이상 무상논쟁이 표를 얻기 위한 선거공학에 머물러서는 안 된다. '무상'이라는 용어의 수정을 고민해야 하는 이유다.

17 │ 블랙홀의 정치, 망각의 정치

● 2015. 4. 29

　현실의 정치공간에서 국면 전환은 정치를 업으로 하는 사람들에게는 반드시 필요하다. 정치적 쟁점도 태풍처럼 특정 지점에서 발생하고 소멸하는 경우도 있고, 서서히 에너지를 규합하면서 확대 재생산되어 다른 이슈들을 집어삼키는 블랙홀이 되기도 한다. 한 이슈가 정치사회적 쟁점을 형성하고 모든 사회적 현안들을 빨아들이는 블랙홀은 다른 이슈로 빠른 속도로 대체된다. 그리고 블랙홀은 이내 소멸하고 만다. 그래서 한국정치는 블랙홀의 정치요, 망각의 정치다. 아무리 메가톤급 이슈라 하더라도 일정 기간이 지나면 소멸한다. 자연스러운 일이다. 그 과정에서 국면 전환을 위한 정치공학이 동원되기도 하고, 권모술수와 책략이 난무하기도 한다. 그래서 정치는 생물이다.

　그레고리 헨더슨은 그의 저서 『소용돌이의 한국정치』에서 일제 시대와 해방 공간, 이승만, 박정희 정권을 분석하고 한국정치의 본질을 정치권력을 향해 몰려드는 소용돌이로 파악했다. 블랙홀의 정치와 망각의 정치가 다이내믹스라는 하나의 현상으로 나타나면서 한국정치는 소용돌이 정치로 귀착된다. 이는 한국정치를 불가측의 정치로 귀결시킨다. 헨더슨은 해방공간의 혼란을 분석했지만 지금의 정치공간 역시 당시의 정치와 크게 다르지 않다.

'성완종 리스트 파문'은 점차 성완종 전 회장의 노무현 정부 말 특별사면 국면으로 옮겨가는 양상이다. 여권의 '국면 전환'이 어느 정도 약발을 받고 있다는 방증이다. 성완종 전 회장의 특별사면이 이루어진 기간 동안 일어난 일에 대해 새누리당이나 새정치연합에는 기억하는 인물도 없고 아무 자료도 남아있지 않다. 이 사안이 지루한 소모적 정치적 쟁투로 이어질 수밖에 없는 사안이 되고 있는 이유이다.

'성완종 리스트' 수사는 검찰의 특별수사팀이 꾸려진 지 2주가 넘었지만 성완종 전 회장의 측근들을 구속한 것 이외에 리스트에 거론된 인사들의 근처에도 가지 못하고 있다. 정황이 비교적 구체적으로 드러나고 있는 인사에 대해서도 수사의 시작조차 못하고 있는 형국이다. 이쯤 되면 모든 것을 집어삼킬 듯하던 '성완종 파동'은 '진압' 국면에 접어들은 것이나 다름없다. 블랙홀의 정치가 망각의 정치로 치환되는 순간이다. 그래서 한국정치는 반전에 반전을 거듭하는 다이내믹스 그 자체이다.

성완종 리스트 수사를 다른 사안으로 물타기하려는 의도는 곳곳에서 감지된다. 새누리당이 성완종 특별사면에 대한 검찰 수사 촉구와 국정조사 검토 주장까지 나오는 마당이라면 이러한 추론은 더 구체화된다. 여야가 재보선을 의식해 자신들의 정치적 이익의 관점에서 의제 설정을 주도하고, 국면 전환을 꾀하는 것을 탓할 수는 없다. 권력정치적 관점에서 볼 때 본래 정치는 그런 것이라고 치부하면 된다.

그러나 성완종 리스트 국면을 여야, 정치권 전반에 대한 정치개혁과 수사의 단초로 삼겠다고 한다면 그 저의를 의심할 수밖에 없다. 정치개혁과 수사 확대의 당위성을 부인할 순 없다. 그러나 문제를 제기한 측과 아무런 단서가 나오지 않은 측을 같은 비중과 무게로 다루고 있는 오류 때문에 당위성은 현저히 권위와 신뢰를 잃는다.

새삼 한국 대통령제의 숙명인 집권 3년차의 징크스를 거론하지 않아도 임기의 반환점을 앞 둔 시점은 국정 동력 회복이냐 리더십 상실이냐의 갈림길에 놓여있는 시기다. 중남미 순방을 마치고 귀국한 박근혜 대통령이 내놓을 구체적 해법과 입장의 수위가 재보선 결과와 함께 향후 정국의 향배를 가름하는 분수령이 될 것이다.

성완종 정국이 '블랙홀'에서 '망각'으로 매번 진화하는 한국정치의 패턴을 또 한 번 일반화하는 전철을 밟을지, 사회적 에너지를 결집시키는 진정한 국면 전환의 단초가 될지는 이제 청와대에 달려 있다. 국민의 눈높이에 맞는 정면 돌파가 해법이다. 한국정치도 망각의 정치의 늪에서 빠져나올 때가 됐기 때문이다.

18 | 정당체제의 재편은 가능한가

● 2015. 7. 14

한국 양당체제는 역설적이게도 '적대적 공존'에 기반하고 있다. 새누리당이나 새정치연합 모두 보수정당이다. 물론 새정치연합이 현안이나 쟁점집단에서 보다 진보적 경향을 띤다. 이념적 구분은 시대의 산물이고 역사적인 맥락 속에서 새롭게 정립된다. 그래서 한국에서의 보수와 진보가 서구 부르주아의 발달의 역사 속에서 형성된 보수와 진보를 닮을 이유는 없다. 그러나 수구적 기득권의 인식에 동조하고 이를 조직적으로 뒷받침하는 집단을 '보수' 또는 '보수세력'과 등치하는 왜곡은 시정되어야 한다.

현재 새누리당과 새정치연합 내부의 계파 갈등은 이념과 노선에 따른 균열의 측면보다는 내년 총선의 공천을 둘러 싼 권력투쟁적 성격이 짙다. 그러나 양당체제의 적대적 공존과 거대 정당의 카르텔 구도의 우산 속에 안주하는 세력에 맞서는 새로운 집단 출현의 기폭제가 될 가능성을 배제할 수 없다. 지난 주 '진압'된 유승민 사태는 정책과 이념의 분화 가능성을 내포하고 있다. 임기의 반환점도 돌지 않은 '살아 있는 권력'에 반기(反旗)를 든 정치인의 배제를 통해 집권 3년차의 레임덕을 막아보려는 박근혜 대통령의 승부수가 통한 정치공학적 사건이었다. 그러나 모든 역사가 그랬듯이 다른 측면에서는 지금까지 왜곡되어 있던 '보수'의 개념 부여를 새롭게 할 수 있는 단초가 될 수 있다.

지난 4월 원내교섭단체 대표 연설에서의 유승민 의원의 발언은 보수에 대한 새로운 정립의 단초를 제공했다. 복지와 세금에 대한 새누리당의 전통적 입장에 정면으로 배치되는 내용들이 당내 민주주의에 입각한 건강한 논쟁으로 발전하지 못했다. '증세 없는 복지는 허구', 법인세 인상의 공론화 필요성 제기, 새로운 보수의 지평에 대한 언급 등은 가치 지향을 둘러 싼 논쟁의 주제를 제시했다. 유승민 사태를 보는 관점이 여권 내 권력지형의 변화나 청와대 일방 우위의 당청 관계의 확인 등의 정치공학적 해석에 머물지 말아야 하는 이유이다.

본래 이념적으로 보수와 개혁을 대척점에 놓는 방식은 그릇된 배치다. 체제를 보수하고 기존의 가치를 지키자면 끊임없이 개혁하지 않으면 안 된다. 시대정신을 외면하고 수구적 패러다임에 안주한다면 지켜야 할 가치를 '보수'할 수 없다. 지금 한국의 보수는 건강하지 않다. 현재의 보수세력을 보수라고 지칭하는 것은 네이밍이 잘못된 것이다. 지금의 보수는 사실상의 수구다. 점점 벌어지는 빈부격차와 사회적 계급의 블록화의 빠른 진행을 목도하지 않고 애서 고개를 돌리려는 세력을 보수로 칭할 순 없다. 자신만의 기득권을 지키려는 수구 이상도 이하도 아니다.

중도 개혁 세력의 출현은 그래서 긴요하다. 특정인을 중심으로 하는 친박과 친노 세력은 그래서 이념적 구분과는 무관한 패권주의 세력 그 자체다. 지나친 이념적 좌파로의 편향도 진보와는 거리가 있다. 왜곡된 보수와 진보를 본래의 자리에 가져다 놓으려면 현재의 정당체제의 개편 외에는 방법이 없다. 정당 내의 원심력 작용이 설령 내년 공천 지분권 확보의 정치적 이익을 채우려는 '불순'한 동기래도 좋다.

현재의 거대정당의 적대적 공존으로 기득권을 유지해 나가는 정당체제는 이미 약효를 다했다. 적대적으로 공존하면서 적대적으로 대립하는 현재의 정당 구도는 시대착오적이다. 정치가 혐오의 대상이 되고 불신의 대명사가 되는 근본적 이유가 바로 현재의 정당체제다. 새누리당과 새정치연합의 패권세력을 뒤로 한 채 두 정당의 중도세력이 이념적 지향을 맞춰간다면 정당체제가 재편될 수 있다.

대통령 말 한마디에 바로 의총을 열어 자신들이 찬성표를 던진 법안에 대해 아무 토론도 없이 '폐기'를 결정하는 정당은 더 이상 보수정당이 아니다. 보스가 정치의 중심에 있는 패권정당에 다름 아니다. 보수와 진보가 생각의 잣대가 될 필요도 없다. 미국과 영국에 버금가는 양극화의 심화, 시대착오적 사회적 계급의 블록화, 내쳐진 사다리, 비정규직의 절망 등 사회경제적 현실에 대한 정확한 상황 인식이 전제될 때 보수와 진보의 존재 가치가 있다. 따뜻한 보수와 합리적 진보가 지향해야 할 가치는 사회적 형평의 추구와 경제적 갈등의 해결이다. 야당을 지지하지만 새정치연합의 구태와 맹목적 좌편향이 내키지 않는 유권자, 여권 지지 성향이지만 박근혜 대통령의 비민주적 리더십과 친박 '돌격대'들의 비겁함에 절망하는 시민들을 규합할 수 있는 야당의 출현을 기다린다.

19 | 북한 변수,
절제된 관리가 필요하다

• 2015. 8. 26

　　민주 대 반민주의 정치구도 시절, 한국정치를 규정짓는 3대 변수는 군부, 대학생, 북한이었다. 세 변수는 당시 한국정치의 상황을 극명하게 대변한다. 군부가 집권세력의 근간이었고 정통성의 부재를 안보 이데올로기로 은폐하던 시절이었다. 권위주의 정권에게는 일상적 비판과 견제도 정권에 대한 위협으로 인식되고 비판세력의 중심인 대학은 반국가세력과 등치되곤 했다. 정권안보는 남북 분단이라는 외생적 상수에 의해 가능했다. 그리고 분단이라는 상수는 북한을 한국정치의 치명적인 독립변수로 만들었다.

　　정치적 배제가 일상화되었던 권위주의 시대의 안보논리는 진실을 왜곡하고 사회적 갈등의 표출을 강제로 억누르는 기제로 작용했다. 결과적으로 정치경제적 기득권을 강화하고 사회의 거의 전 영역에서 격차가 제도화되는 역사적 단초가 되었다. 이는 사회경제적 쟁점 축을 왜곡시킴으로써 가능했다.

　민주화 이후 안보논리로 포장한 정치적 배제와 억압은 사라졌다. 그러나 북한 변수는 여전히 한국정치의 지배적이고 강력한 변수다. 더구나 간과해선 안 될 지점은 북한 변수가 사회정치적 상황에 대한 정확한 관점을 호도할 개연성이다. 물론 안보 프레임을 이용한 정국 주도권 확보와 선거 정치에 유리하게 활용하려는 유혹에서도 여전히 자유롭지 못하다. 동일한 논리의 연장에서 현재의 야당 계열의 정당과 정치세력들에게 '안보'는 넘어야 할 산이다.

　북한 변수가 사회의 모든 쟁점 축을 빨아들이는 블랙홀이 되는 현상은 거의 불가항력적이다. 권위주의 시대와는 양상을 달리하지만 남북 변수는 사회적 갈등의 본질을 호도하고 왜곡할 수 있다. '정치적인 것'이 국면을 전환하기 위해 차용하는 안보논리는 그래서 위태롭다. 선거 승리를 위해 동원되었던 '북풍'도 민주화 이후 벌어진 일이다. 정치사회적 거대 이슈가 블랙홀을 형성하는 현상은 자연스럽다. 더구나 국민의 안위와 직결된 안보 문제임에야 더 말할 나위가 없다.

　박근혜 정부가 내세우고 있는 한반도 신뢰 프로세스와 드레스덴 선언 등은 '통일대박론'을 위한 기저가 되는 원칙과 방향이다. 남북 간의 긴장이 해소되고 남북을 잇는 철도가 시베리아 횡단철도와 연결된다면 그 엄청난 변화와 충격은 상상을 초월한다. 통일의 단초가 열리고 그로 인한 '대박'은 현실로 다가올 것이다. 한반도의 '코페르니쿠스적' 변혁은 여타의 사회적 이슈와 갈등이 운위될 공간의 존재를 허락하지 않을 것이다.

　한국사회가 직면한 난제는 우리 내부의 빈부 갈등과 심화되는 사회경제적 양극화뿐만이 아니다. 사안마다 대립하는 진영논리는 지역적인 균열 축과 더불어 사회적 원심력을 증가시키는 근본적인 요인으로 작동한다.

　사회적 균열과 갈등의 표출이 제도권으로 수렴하고 이의 해결을 위한 정치가 제대로 기능할 때 사회는 건강해진다. 소득의 상위와 중하위권에 위치하는 계층이 서로를 질시하지 않고 관용하며 배려하는 문화가 정착될 때 비로소 실질적 민주주의(substantial democracy)는 확립된다. 경제적 총량의 성장 둔화에 대한 두려움 못지않게 분배 문제를 고민해야 하는 이유는 분배의 악화가 정서적·심리적 양극화와 맞물려 있기 때문이다. 민주화를 성취하였으나 형평과 평등의 가치가 제대로 구현되지 않는다면 민주주의가 지향하는 가치에 대한 사회적 합의는 요원해진다. 추구할 지향에 대한 합의가 존재하지 않는 사회는 '만인의 만인의 대한 투쟁'이 기본 프레임으로 작동한다.

　부정적 측면의 안보 변수가 아니더라도 한국사회, 한반도의 남북 변수는 중대하고 거대하다. 이에 대한 관리와 통제가 어떠한 층위에서 이루어질지와 사회적 합의의 민주적 도출 여부는 안보논리가 '대박'이 되느냐 '쪽박'이 되느냐를 결정지을 것이다. 유형에 대한 상상을 불허할 정도로 다양하게 진화하는 안보 요인은 태풍처럼 한국사회를 할퀴기도 하고 토양을 기름지게도 할 것이다. 안보 변수에 대한 건강한 관리가 절실하다. 북한은 여전히 한국정치에 '위험'한 변수다.

20 진부한 선거제도 혁신안들

● 2015. 8. 26

정치가 사회적 약자와 소득 하위 계층에게 현재의 사회경제적 지형을 바꿀 수 있다는 믿음과 확신을 줄 때 진정 무언가를 바꿀 수 있다. 바꿀 수 없다는 절망은 투표율의 저하로 연결되고 종국적으로 철옹성처럼 구조화되어 있는 기득권 구조를 깰 수 없다. 계층 이동의 사다리가 끊겨가고 신분 상승의 기회는 제한적인 상황에서 사회적 연대에 기반한 공동체 의식은 의미를 상실한다. 정치가 미래에 대한 비전과 지향을 보여주지 못할 때 그 존재가치를 인정받지 못한다.

민주화 이후 정치허무주의는 상당 부분 야당의 무기력에 기인한다. 민주당 계열의 정당들은 김대중과 노무현 두 대통령 임기를 제외하고 줄곧 야당이다. 1990년 1월의 민주정의당, 통일민주당, 신민주공화당의 3당 합당으로 등장한 거대 여당인 민주자유당의 등극은 보수대연합을 알리는 팡파르였다. 사실상의 프레임 정치의 서막이다. 3당 합당을 보수대연합으로 보든 유권자의 선택을 왜곡한 인위적 정계개편으로 보든, 3당 합당은 1990년대 이후 한국정치의 흐름을 바꿔 놓은 분수령이다. 이후 야당은 각 계파로 공천과 지분권을 둘러싸고 분열했다. 이념과 노선에 따른 진화가 아니었다.

19대 총선과 18대 대선의 패배 이후 이어지고 있는 야당의 무기력은 구조적이다. 야당의 선거지형에 대한 전략적 대응이 정치구조의 변화와 수권정당의 가능성으로 귀결될 때 정치는 다이내믹스를 찾는다. 여권도 지금의 위계적 질서의 당·청 관계에서 벗어나 변화를 추동하게 될 것이다. 대통령의 임기 반환점이 지난 후, 미래권력과 지는 권력 사이의 역학관계 변화에서 차기의 승리를 모색하는 판에 박힌 정치공학에서 벗어날 모멘텀을 찾을 수 있다.

변화와 혁신은 개인의 삶이 나아질 수 있다는 전망과 연결될 때 의미를 갖는다. 정치의 변혁이 정치권에 머무른다면 아무런 의미를 찾을 수 없다. 한국정치에서 권력구조의 변경이 주된 논쟁적 이슈가 될 수밖에 없는 개헌 논의가 공감을 얻지 못하는 이유이다. 정치권에서 벌어지고 있는 제도 혁신이 국민과 유리될 수밖에 없음도 같은 논리의 연장이다.

새정치연합의 혁신위가 현역의원 20% 공천 배제안을 내놓았다. 어떻게 결론이 날지는 모르지만 전략공천 20%까지 감안하면 물갈이 비율은 40%까지 달할 것으로 보인다. 선거정치에서 물갈이는 여야 정당의 전가의 보도였다. 민주화 이후 역대 선거에서 현역의원 교체율은 40%를 넘나든다. 물론 야당의 교체율이 여당에 비해 10% 이상 뒤지지만 결코 낮은 수치가 아니다. 17대 국회 때는 초선 의원의 비율이 60%를 넘었다. 그러나 '젊은 피'의 수혈은 한국정치를 '물갈이'하지 못했다.

오픈프라이머리 도입 여부, 권역별 비례대표 도입을 둘러싼 여야의 갈등은 정치개혁이라는 거창한 명분을 내걸지만 실상은 각 정파의 이해득실에 관한 치열한 수 싸움에 다름 아니다. 선거를 앞두고 빠지지 않는 공천 '물갈이' 논란도 예외가 아니다.

미국이나 일본 등의 상하원 선거나 중의원 선거 때 정치 신인의 비율은 우리와는 비교가 되지 않을 정도로 낮다. 정치가 다양한 이해를 표출하고 관리함으로써 최소한의 사회적 합의를 지향해 나가지 못하는 귀책(歸責)을 '고인 물'에서 찾아선 안 된다. 현실을 제대로 진단하고 처방해야 함에도 진단부터 틀렸으니 처방이 제대로 될 리가 만무하다.

한국정치의 딜레마와 프레임 정치의 악순환은 오픈프라이머리, 비례대표 비율 증가, 물갈이, 당내 조직도 변경 등의 하드웨어를 바꾼다고 해결되지 않는다. '고인 물'이 고여 있는 어항을 청소하지 않는다면 '젊은 피'는 기존의 피와 화학적으로 결합한다. 보다 근본적 혁신을 고민해야 한다. 권역별 비례대표의 도입과 비례대표 의석 증가가 영호남에서의 교차투표로 특정 지역에서의 일당 우위체제를 무너뜨린들 그들이 여전히 청와대와 당 지도부의 심기에 기속(羈束)된다면 이는 개악(改惡)의 전형이다. 유권자의 바른 선택과 더불어 정치구조의 변경에 대한 고민이 없다면 백약이 무효다. 정치권의 혁신 논의는 너무 도식적이고 진부하다.

21 | 벼랑 끝에 선 야당

● 2015. 9. 23

　　새정치연합의 문재인 대표에 대한 '정치적 재신임'이 이루어지고 최고위원회 폐지와 국민공천단 구성을 골자로 한 혁신안이 통과됐으나 제1야당의 원심력은 오히려 심화되고 있다. 박준영 전 전남지사의 신민당 창당 선언, 무소속 천정배 의원의 '개혁적 국민정당'의 가시화, 박주선 의원의 탈당에 이은 신당 창당 등 가히 '1인 정당'의 전성시대다. 야당의 난맥을 웅변으로 증명함과 동시에 한국정당체제의 취약성을 그대로 드러내는 일대 사건이 아닐 수 없다.

　　야권의 난맥은 새정치연합이 자초한 바가 크다. 지난 4 · 29 재보선의 패배에 대한 책임을 지는 어떠한 정치적 행위를 찾아볼 수 없었다. 정치적 책임 대신 혁신위란 기구를 띠워 오히려 주류의 패권주의를 강화하는 행태를 노출시켰다. 혁신안이 발표될 때마다 비주류의 반발은 강도를 더해 갔다.

새정치연합 뿐만 아니라 정당에서 총선을 앞두고 공천을 둘러싼 지분 다툼이나 정치적 손익계산에 따른 계파 갈등은 불가피하다. 정치는 기본적으로 권력투쟁이며, 세력 간의 쟁투가 정치의 본령인 갈등의 조정과 가치의 권위적 배분을 위해 필수불가결한 요소이기 때문이다. 그러나 권력 쟁취와 획득을 위한 최소한의 명분과 이상이 확보될 때 정치는 작동할 수 있는 최소한의 동력을 확보해 나간다.

　정당체제는 시대의 변화와 정치상황의 가변성이라는 변수가 발생하면 이합집산도 할 수 있고, 탈당에 이은 분당과 신당의 창당도 언제든지 가능하다. 선거를 앞두고 합당이 아닌 정책연대나 후보단일화 등의 연합정치도 훌륭한 정치의 기술이기도 하고 묘미이기도 하다. 민주주의의 기본 메커니즘인 선거라는 국민의 평가 시스템의 심판을 받으면 되기 때문이다.

　그러나 지금 벌어지고 있는 제1야당 내의 갈등이나 야권의 원심력은 어떠한 정치이론이나 명분으로도 설명하기 어렵다. 주류와 비주류가 공천을 둘러싸고 벌이는 초보적 수준의 갈등이라고 치부하기엔 이미 상대에 대한 적대의 수위 및 비난이 도를 넘고 있다. 거슬러 올라가면 2003년 열린우리당 창당 때 호남을 기반으로 하는 전통적 구 민주당과의 이합집산을 상기하지 않을 수 없다. 구조적으로도 민주화 투쟁 과정에서의 야권의 분열의 역사는 깊다.

　이러한 본질적 요인 이외에도 지난 총선과 대선 패배에 대해 책임을 지는 정치적 씻김굿도 찾아볼 수 없었다. 대선에서 후보를 차지한 세력의 패권주의 강화라는 프레임이 야당에 덧씌워졌다. 주류와 비주류, 친노 대 비노의 갈등, 호남에서의 민심의 이반이라는 실체와 허상의 경계를 넘나드는 화석화된 현상을 타파하지 않으면 야권의 미래는 없다. 야권 전체의 흐름을 좌우하고 정치변화를 추동할 거대한 트랜

드가 도래하고 있는 상황도 아니다. 현재의 독과점 양당체제에 근거하고 있는 불편한 정당체제를 소수와 약자의 목소리가 대표될 수 있는 다당제로 바꿔야 한다는 일관된 주장이 존재하지도 않는다.

도미노처럼 이어지고 있는 신당 창당 선언이 호남이라는 특정 지역 출신 전·현직 정치인들이 개인 차원에서 세력 간의 갈등에서 배제될 때 나타날 수 있는 불이익을 보정하려는 정치적 돌출 행위는 아닌가. 인구 구성비나 투표율 등에서 절대적으로 불리한 정치구도에서 야권의 분열로 궤멸을 자초하는 자살행위이어서는 안 된다. 호남 신당의 창당으로 내년 총선에서 '1인 정당'의 수장인 '1인'만이 살아남으려는 정치적 구태와 퇴행이 될지, 야권의 재편으로 의미 있는 여야 관계의 재설정에 기여할지, 아직은 '판단정지'다.

후자의 결과가 도출된다면 지금의 야권의 진통은 한국정당사를 새롭게 쓰는 단초가 될 것이다. 그러나 새정치연합 지도부의 리더십에서 자신을 내려놓고 진정한 승부를 거는 승부사의 모습도, 자신이 밀알이 되어 정권 창출을 통한 한국사회의 전환을 갈망하는 합리적 진보의 열정도 찾아보기 어렵다. 신당을 창당하려는 인사들은 그들의 연대가 한국야당사를 다시 쓸 수 있는 가능성을 담보하고 있다고 확신하는가. 한국 야당의 위기다. 한국정당정치는 벼랑 끝에 섰다.

22 | 김무성 대표의 경우

● 2015. 10. 14

　　정치의 본령은 갈등의 조정이고, 가치의 권위적 배분이라는 고전적 정의도 있다. 그러나 정치는 현실정치의 관점에서 종국적으로는 권력을 둘러 싼 게임이다. 여권의 권력지형은 묘하다. 청와대와 새누리당이 집권세력의 핵심이다. 청와대와 새누리당은 이중적 관계다. 새누리당에는 친박 대 비박이라는 대립적 계파가 존재한다. 청와대 및 친박 대 김무성 및 비박이라는 또 하나의 대립구도가 있다. 그래서 당청 갈등이란 표현은 문제의 본질을 비껴간다. 청와대를 구심점으로 하는 친박계와 김무성 대표를 중심으로 하는 비박계의 공천룰 싸움은 양측에게 사활적이다. 총선 이후의 차기 대권구도와도 맞물려 있다.

　　경험칙으로 볼 때 차기 대권은 항상 현재의 권력과 치열하게 싸워 이긴 쪽이 대선 후보 자리를 거머쥐었다. 14대 대선 때 노태우 대통령이 이끄는 민정계는 당시 민자당 대표로서 당무 거부까지 불사한 당내 소수파였던 민주계의 김영삼 후보에게 투항한다. 15대 대선 때 신한국당의 이회창 후보와 당시 김영삼 대통령과의 관계는 여야 후보의 대립보다 훨씬 치열하고 극한적이었다. 결국 이회창 후보는 김영삼 대통령의 민주계가 밀었던 후보들을 제치고 여당 대선 경선에서 승리한다. 16대 대선 국면에서는 민주당에서 가장 소수 세력이었던 노무현 후보가 당내 흔들기를 제압하고 최종 후보 티켓을 거머쥔다. 민주당 내의 주류와의 치열한 투쟁의 산물이었다. 박근혜 대통령은 이명박 전 대통령에게는 동반자이면서도 야당보다 강한 야당이었다. 결국 세종시 수정안은 권력정치적 관점에서 이명박 대통령이라는 '살아 있는 권력'을 제압함과 동시에 대권으로 다가간 결정적 계기가 되었다.

　권력은 마상(馬上)에서 잡는 것이다. 건곤일척(乾坤一擲)의 대회전으로 상대를 제압하지 않으면 권력투쟁에서 패한다. 청와대를 구심으로 하는 친박계와 김무성 대표의 전쟁은 이미 시작됐다. 김 대표가 비박계를 막강 화력으로 여하히 조직화 시키느냐의 문제는 별개의 문제다. 지난해 상하이에서의 개헌 발언과 관련한 사과, 유승민 정국에서 보여주었던 애매모호함에 이어 "정치생명을 걸겠다"고 한 공천룰 전투에서의 후퇴는 과거 대권주자들의 결기와 강단과 대비된다. 현재로선 김 대표에게서 권력을 마상에서 잡을 정도의 권력의지와 단기필마로 고지를 향해 내달릴 수 있는 리더십은 보이지 않는다. 비박계 의원들이 내년 총선에서 목숨을 기탁할 수 있는 보스로서의 면모도 찾아볼 수 없다. 칼날을 벼리다가 다시 칼집에 넣는 행태가 반복되면 존재감과 리더십은 그만큼 타격을 입을 수밖에 없다. 아직 시기가 아니라는 판단과 보수층의 박근혜 대통령에 대한 지지가 견고한 상황에서 청와대와의 대립 구도에 대한 부담도 작용했을 법도 하다.

　15대 대선 때 당시 신한국당(새누리당의 전신)이 김대중 후보의 비자금 관련 사안에 대해 검찰에 수사를 요청하자 당시 김영삼 대통령은 김태정 검찰총장에게 수사유보 지시를 내렸다. 이는 당시의 '살아 있는 권력'과 각을 세웠던 이회창 후보에게 유리할 수 있는 상황을 '조작적'으로 방해한 것이라 봐도 무방하다. '현재권력'이 대통령으로 당선시키는 데는 한계가 있으나 대권의 길목을 차단하는 데는 여전히 칼자루를 쥐고 있다는 사실을 보여주는 사례라 할 수 있다.

　그러나 권력정치의 본질을 놓치면 모든 것을 잃는다. 선거경쟁이 정치에서는 알파요, 오메가지만 정치적 쟁점과 사회경제적 이슈에서 명분을 확보하지 못하면 선거공학은 한낱 구태로 전락하기 일쑤다. 미래를 꿈꾸는 정치인은 자신만의 정체성으로 차별화해야 한다. 역사교과서 문제에서도 보다 진중하게 집권당 대표로서의 무게를 보이는 편이 신선한 보수와 중도의 개혁적 이미지를 강화시킬 수 있다. 5·18 광주민주화항쟁 기념식에서 '임을 위한 행진곡' 제창을 해도 된다고 했던 김 대표의 인식은 그래서 통일민주당 출신의 굵은 선의 개혁적 보수로 비쳤다. 보수층 결집을 너무 의식할 일이 아니다. 청와대에 대한 과도한 의지(依支)는 김 대표에게 부메랑이 될 수도 있다. 정치는 싸워 이겨야 살아남는 권력현상이다.

23 | 새누리당,
지금이라도 늦지 않다

● 2015. 11. 4

일제에게 주권을 상실했던 시기의 친일 논란과 독재정권 및 군사권위주의 정권의 태생적 한계에 대한 해석과 사유의 차이는 급기야 때 아닌 '역사전쟁'을 야기했다. 해방 70년. 대한민국의 현대사는 질곡과 굴절, 환희와 영광의 역사가 교차한다. 산업화와 성장지상주의가 오늘의 중견국가 대한민국을 가능케 했지만 그 뒤안길과 그늘의 역사는 구조적인 부조리와 부패의 부메랑으로 돌아왔다. 산업화는 민주화의 희생 위에서 가능했지만 역설적이게도 민주화는 산업화로 인한 중산층의 증가로 가능했다는 점도 인정해야 한다. 이 둘은 상호갈등적이어선 안 된다. 그러나 산업화와 민주화는 제로섬 게임처럼 진영논리의 한 가운데 똬리를 틀고 있다.

역사에 우파적 관점과 좌파적 관점이 있다는 시각은 적절하지 않다. 긍정과 부정의 해석의 차이가 존재할 뿐이다. 그래서 '현재의 교과서가 좌편향이라는 언술 자체가 성립하지 않는다. 역사인식과 가치관에 따라 해석은 다르게 나타난다. 모든 정치사회적 이슈를 좌우로 재단하려 하고, 진영논리적 흑백논리로 인식하는 프레임에 우리 모두는 익숙해 있다. 새누리당 대표는 아예 노골적으로 "역사전쟁에서 보수우파가 승리해야 한다"고 한다. 그렇다면 현재의 역사교과서 국정화에 대한 찬반은 온 국민이 좌와 우로 나눠져 벌이는 일대 '문화혁명적 투쟁'으로 규정해야 논리적 인과관계상 맞다.

여당은 청와대가 강력히 추동한 교과서 국정화 이슈에 장단을 맞추고, 공천 룰로 어색해진 대통령과 여당 대표는 '우리가 남이가'라며 균열을 봉합하는 정치적 부수효과마저 챙기게 됐다. 그리고 새누리당은 항상 여당보다 한 발 늦는 야당의 '투쟁'을 국정 발목잡기로 규정하면서 '민생'이라는 '전가의 보도'로 출구전략을 모색하는 선거의 고수다운 행보로 옮겨갈 것이다. 그리고 야당은 여당이 제기하는 민생 발목 잡는 야당이라는 프레임에 걸려 허망하게 지지율을 까먹는 패턴을 반복하게 될 개연성이 높다. 그렇다면 현재의 역사교과서 국정화 이슈는 학문과 역사인식의 관점에서 봐야 하나, 정치영역의 선거공학적 관점에서 봐야 하나.

현행 역사교과서에 잘못된 서술이 왜 없겠는가. 그러나 이 부분에 대해 사회적 논의와 학문적 토론을 거쳐 새롭게 역사적 관점에 대한 해석의 문제를 제기하는 것과 국정화로 학생들에게 올바른 역사관을 심어준다는 발상은 논의의 비교 자체가 성립하지 않는다. 박근혜 대통령의 말 한 마디에 새누리당은 단일대오를 형성하면서 지성과 비판을 아예 저버리고, 대통령을 위한 전위 정당으로 전락하고 있다. 여당 내의 극히 소수의 양식 있는 비판과 목소리는 아예 묻히고 말았다. 애당초 수평적 당·청관계 운운 자체가 난센스였다. 대선 입지를 확보하려는 유력 대권주자의 정치적 계산과 공천 탈락을 의식하면서 침묵하는 다수 의원, 친박의 돌격대를 자처하는 일부 의원들의 동상이몽이 공존하는 당당하지 못한 정당, 그것이 새누리당의 오늘이요 현주소다. 진정 새누리당의 대다수 국회의원들은 친박 주류가 부르짖듯이 '현재의 좌편향 교과서'가 '국론'을 분열시키고 있다는 신념과 확신을 가지고 있는가. 그렇다면 새누리당은 지성의 털끝만큼도 가지고 있지 않은 정치결사체이며, 확신이 없으면서도 침묵한다면 '비겁'한 봉급쟁이 직업정치인 이상도 이하도 아니다. 이러한 정당이 인구 5,000만의 대한민국의 집권당이었다는 역사적 사실을 기술하는 것이 '역사교육의 정상화'라는 사실을 알기는 하는가.

지금이라도 새누리당은 자랑스런 대한민국의 집권당이라는 자부심을 가지고 역사 앞에 대면해야 한다. 그리고 카(E. H. Carr)가 얘기하듯이 "현재와 과거와의 대화"에 솔직해져야 한다. 이탈리아의 역사가인 크로체(B. Croce)는 "모든 역사는 현대사"라고 선언했다. 이는 역사란 본질적으로 현재의 눈과 문제들에 비추어 과거를 바라보는 것이란 의미이다. 정치에도 최소한의 지성이 존재할 때 민생도 챙길 수 있다. 역사와 민생은 별개가 아니다.

24 | 숙종의 정치공학

● 2015. 11. 25

조선의 19대 왕이었던 숙종은 탁월한 정치감각의 소유자였으며 정치판의 독해에 능했던 인물이었다. 왕권 강화를 위해 환국(換局)을 주도하면서 신권의 도전을 원천적으로 차단했던 탁월한 정치공학의 전형을 보여주었다. 남인과 서인의 교차 집권을 가능케 했던 환국정치는 숙종이 정국을 주도하고 신하들을 견제함으로써 제왕으로서의 정국 장악력과 주도권을 잃지 않으려했던 용의주도한 권력정치 그 자체였다. 환국은 문자 그대로 국면을 전환한다는 뜻이다. 정치판의 어젠다(의제)를 주체적으로 설정해 나감으로써 국정의 최고책임자가 집권세력을 결정한다. 허수아비 임금이 아닌 독립변수로서의 위상을 잃지 않으려는 왕조시대 나름의 정치기술이었다.

시간과 공간을 넘는 정치의 기본 영역이 있다. 의제와 이슈의 선점을 통한 정국 주도와 외연 확장의 모색이 그것이다. 그러나 가치판단이 배제되면 패권정치로 흐르기 십상이다. 현대정치에서 왕도정치를 모색하기는 어렵겠으나 지나친 정치공학적 현실정치에만 치우치면 안 되는 이유이다. 정치의 권력추구적 속성이 정치를 추동하는 원동력이겠으나 궁극적으로 정치가 계급 간의 사회적 간극을 메꾸고 갈등을 관리하지 못하면 정치는 존재이유를 상실한다. 숙종의 환국정치가 역사적 평가를 받지 못하는 소이(所以)일 것이다.

정부의 교과서 국정화 확정고시 이후 교과서 문제는 다시 잠복했다. 역사 교과서 국정화의 당위 여부와는 무관하게 국정화 논란은 의정활동 자체를 마비시켰다. 정기국회 기간의 상당 기간을 뜬금없는 역사 교과서 논란으로 소진했다. 부실 예산심사의 원인을 제공한 측은 여권이다. 이후 새누리당 내의 TK 물갈이 관련 발언이 있었고 다음날 박근혜 대통령이 '진실한 사람을 선택하게 해 달라'는 국민심판론이 정치권의 중심 이슈로 제기되었다. 야당은 대통령의 선거중립 위반을 제기했으나 공허한 메아리였다.

2주일쯤 전에 새누리당 홍문종 의원이 차기 권력구조에서 반기문 대통령과 친박 실세 총리의 조합을 언급하면서 이원집정부제 개헌을 언급했다. 청와대는 교감 가능성에 대해 부인했으나 친박인사들의 잦은 개헌 관련 발언이 여러 정치적 상상력을 가능케 했다. 청와대와의 암묵적 묵인하에 내년 총선 이후의 개헌론 촉발을 염두에 둔 공론화의 일환인지는 두고봐야 한다. 2007년 고 노무현 전 대통령의 원 포인트 개헌론은 '나쁜 대통령'이라는 혹독한 비판을 감수했어야 했다.

새누리당 등 여권은 의제 설정 능력에서 야당을 압도한다. 기본적으로 여러 정책수단과 정치적 자원이 여권에 집중되어 있는 상황에서 이상한 일도 아니다. 야당은 내분으로 정교한 정치적 프로그램에 입각한 이슈 선점에서 항상 여당에 뒤진다. 지난 대선 때도 야당의 핵심 의제였던 경제민주화와 복지를 선점한 새누리당이 승리했다. 민주주의란 "결과의 불확실성을 제도화한 체제"라는 민주주의의 저명한 이론가인 아담 쉐보르스키의 말과는 반대로 우리 정치는 단기적으로는 다이내믹스의 정치로 합리화되는 불가측의 정치가 통용된다. 그러나 중대선거(critical election)에서의 승부는 '결과의 확실성'을 담보하는 정치로 가고 있다.

여권은 총선 이후에 언제든지 정국을 주도하고 지지층을 결집시킬 카드로 개헌 카드를 꺼내 들 수 있다. 여당의 발빠른 국면 전환과 야당의 고착화된 무기력의 합작품이 선거가, 정치가 무언가를 바꾸지 못한다는 무력감과 패배주의로 귀결된다. 결과는 젊은 세대의 정치혐오와 낮은 투표율, 장년 세대의 보수화 경향과 높은 투표율로 이어진다. 그리고 한국사회는 변화의 기제를 정치에서 찾지 못하고 다른 공간에서 모색한다. 이는 정치의 존재를 의심케 함과 동시에 정치적 기득권과 사회경제적 상층부의 친화적 동거로 이어진다.

역설적으로 야당도 적절한 국면 전환의 정치기술에 적응해야 한다. 권력정치가 정치의 현실이라면 규범적 정치학의 당위는 어쩐지 공허하다. 연령효과에 따른 보수화 경향과 장년층 인구의 상대적 증가에 따른 인구구성비의 변화, 표의 결집도 등, 운동장은 점점 기울고 있다. 야당은 어떤 선택을 할 것인가. 여권의 다음 국면 전환용 카드가 궁금해진다.

25 | 안철수에 대한 어떤 기대

• 2015. 12. 16

안철수 전 대표가 새정치연합을 탈당함으로써 총선 정국의 불가측성은 한층 높아지고 있다. 선거 직전 야권 통합의 모멘텀을 마련한다면 또 한 번 한국정치의 다이내믹스를 증명해 내겠지만 현재로서는 그럴만한 추동력도 리더십도 정치기술도 실종된 상태다. 새정치연합의 탈당 규모가 얼마나 되느냐가 야권 재편의 분수령이 될 것이다. 안철수 전 대표가 올해 초에 탈당한 정동영 전 의원과 천정배 의원, 박주선 의원 등과 향후 어떠한 관계를 설정해 나가느냐도 중대한 변수다. 새정치연합의 문재인 대표가 공천과 당 운영에서 혁신드라이브를 강하게 추동할지는 지켜볼 일이다.

2007년, 집권당인 열린우리당 탈당파 80명, 민주당과 한나라당의 일부 탈당 세력과 시민사회를 주축으로 한 대통합민주신당이 출범한다. 이후 당세가 크게 위축된 열린우리당과 합당하여 제1당이 되었으나 정권 재창출에 실패한다. 다음 해인 2008년 18대 총선을 앞두고 대통합신당은 민주당과 합당하여 통합민주당을 창당하였으나 선거 결과는 81석 획득의 참패였다. 선거에 진 통합민주당은 불과 5개월 후에 민주당으로 간판을 바꿔 달았다. 그리고 4년 전 바로 이즈음에 민주당, 친노 세력, 진보성향의 시민단체와 한국노총 등이 중심이 되어 민주통합당이 출범했다. 당시 야권은 통합진보당과의 연대도 성공했다. 이명박 정권 심판론과 야권의 통합에도 불구하고 18대 총선과 마찬가지로 19대 총선은 여당의 과반 의석 확보로 귀결되었다. 여당과 야당의 일 대 일 구도로 치러진 선거였다. 8개월 후 대선 때 문재인 후보는 박근혜 후보에게 졌다. 8년 동안 비상대책위와 혁신위원회의 숫자는 이루 헤아릴 수도 없다. 제1야당의 평균 수명은 불과 1년 남짓이다. 정당체제의 붕괴다.

그래도 4년 전 야당은 각 정파의 원심력과 통합의 길항 속에서도 통합을 추동하는 손학규 전 대표의 리더십이라도 있었다. 한국정당사에 야권의 진로가 이렇게 불투명한 적은 없었다. 유권자들의 거대 여당에 대한 견제심리에만 기대하기에 야당은 너무 무능하다. 새정치민주연합은 당명을 바꾸기로 했다. 안철수 전 대표의 탈당과 함께 당명에서 '새정치'는 사라질 전망이다. 유권자들은 새로운 당명에서 참신함과 혁신의 단초를 발견할 수 있을까.

현실정치는 정당 간의 경쟁을 기본으로 하는 선거정치에서 출발한다. 민주주의 이론에 많은 영향을 끼친 정치학자 샤츠슈나이더는 "민주주의를 만든 것은 정당이며 정당 없는 민주주의는 생각할 수도 없다"고 했다. 한국정치에서 선거를 전후한 정당의 이합집산은 한국정당체제의 불안정성을 잘 보여준다. 기존 정당의 해체나 창당은 정당체제의 제도화가 이루어지지 않는 데에서 비롯한다. 정당들이 시민사회의 분출하는 요구(demand)와 갈등을 표출하고 대표하며 이를 조정해 나갈 때 정당체제의 제도화가 가능해진다. 갈등의 표출이 민주적인 절차에 따라 정당체제 내에 수렴되어 해소되지 못할 때 갈등은 사회적 충돌로 비화한다. 사회적 갈등이 정치과정을 통하여 분출되지 못하고 이익이 제대로 대표되지 않는다면 사회적 원심력은 증가할 수밖에 없다. 갈등이 폭넓게 대표되지 못할 때 갈등은 첨예화한다.

안 전 대표의 새정치는 시민사회의 이해를 반영하지 못하고 갈등을 관리하지 못하는 현재의 독점적 카르텔 정당체제에 불신과 불만을 가진 유권자 집단의 지지에 기반했었다. 지난 13일 안 전 대표의 탈당 기자회견문의 제목은 '다시, 두려움을 안고 광야에 서서'였다. 권력을 탐하는 많은 정치인들 중의 한 명이 된다면 안철수는 결코 자신이 말하는 정권교체의 주인공이 될 수 없다. 현재의 정치구도로서는 대선후보가 되기 어렵다는 현실적 판단에 따라 혁신전대를 명분으로 탈당을 감행했다면 더욱 그렇다. 탈당 여부와 규모를 예단할 수 없으나 창당 이후 다른 정치세력과의 연대와 합당 등 기존의 정치문법으로는 안 전 대표가 원하는 목표를 쟁취하기 어려울 것이다. 그는 철저히 현재의 정치적 구도와 프레임을 깨는 새로운 정치로의 복귀를 결단해야 하는 이유이다. 그 때 그의 '두려움'은 담대한 용기로 바뀔 수 있을 것이다. 너무 많은 기대일 수도 있다.

KOREAN
POLI

제3부 위협받는 대의민주주의

TICS

01 | 공천(公薦)과 공천(空薦)

● 2012. 3. 20

　　선거 정국이다. 배지를 유지하고, 정계에 진출하려는 인사들의 공천 경쟁과 공천을 둘러싼 각 당의 공천 잡음이 점입가경이다. 이명박 정부를 심판해야 한다는 정권심판론은 민주통합당 등 야권이 19대 총선에서 압도적 의석을 차지할 것이라는 전망을 가능하게 했다. 정권심판론은 승자독식의 사회, 빈부격차의 심화, 청년의 좌절, 부와 명예의 세습화와 맞닿아 있다. 집권당인 한나라당은 민심의 이반 앞에서 속수무책일 수밖에 없었고, 급기야 새누리당으로 당명을 바꾸는 고육지책도 마다하지 않았다. 총선의 승리와 대선에서의 정권 쟁취를 예약해 놓은 듯한 야권은 통합의 기세를 살려 통합진보당과의 선거연대도 성사시켰다.

　　그러나 선거프레임(구도)은 정권심판론과 사회경제적 모순에 대한 집권세력의 책임론을 벗어나는 분위기로 흘러갔다. 변화와 혁신을 위해 선택된 아이템은 공천 경쟁이었다. 공천은 정당의 주요 기능 중 하나인 공직자 충원 기능을 위한 토대가 되는 작업이다. 공천을 통해 정당이 향후 나아가야 할 방향을 가늠할 수 있고, 인적 쇄신을 모색할 수 있기 때문이다. 더구나 이번 총선에서는 공천 혁신과 인적 쇄신이 선거의 승패를 좌우할 정도로 핵심 이슈로 떠올랐다. 이러한 당위성은 선거 정국의 초반을 공천 경쟁에 머물게 함으로써 각종 정치 쟁점과 민생 정책 경쟁을 뒷전으로 밀리게 했다. 이러한 상황은 새누리당과 민주통합당의 경쟁에서 지지율 격차가 좁혀짐은 물론 선거 국면을 단순히 공천 인사에 초점을 맞추는 상황을 초래하게 되었다.

공천에 대한 평가는 유권자들이 할 일이지만, 말도 많고 탈도 많은 공천(公薦)에 대한 갈등·잡음은 그 자체로 빌 공의 공천(空薦)이 될 수 있다. 공천을 통한 인적 쇄신의 기본 철학은 사회를 혁신적으로 변화시켜야 한다는 당위성이다. 사람을 바꿔야 국회를 가동시키는 문화와 정책 방향을 변화시킬 수 있다. 그래서 물갈이가 강조된다. 그러나 현재 여야 각 당의 물갈이에서 지난 선거 때들과의 차이는 발견할 수 없다.

갈등의 조정과 가치의 권위적 배분이라는 정치의 본령을 다할 수 있다면 정치에 대한 논란은 불필요하다. 자발적 동의에 입각한 권위가 전제될 때 사회 해체에 대한 생각은 한낱 기우(杞憂)에 불과할 것이다. 그러나 우리 사회에 진정한 권위(authority)는 존재하지 않는다. 권력(power)과 권위주의(authoritarianism)만이 존재할 뿐이다. 정치공학의 차원에서 권력정치는 불가피하다. 권력을 다투는 일체의 행태가 정치일 터이고, 권력을 추동력으로 정치행위가 이루어지기 때문이다. 그러나 권력현상은 정치의 현실적 측면을 반영하는 것이며, 정치의 현상이지, 정치의 모든 것은 아니다. 선거 정국에서 선수를 선발하는 공천이 잘못되면 그 게임은 하나마다다. 모든 경기의 승패는 선수 선발이 좌우한다. 모든 조직에서 인사를 망치면 인사가 망사(亡事)가 된다.

공천을 통해 당선되어 권력 엘리트가 돼서 권력욕구를 충족시켜주는 한편, 유권자의 눈높이에 맞는 인사가 당선됨으로써 쇄신과 개혁을 추진할 수 있다. 공천은 이렇듯 현실주의(realism) 정치와 이상주의(idealism) 정치를 충족시키는 가장 기본적인 정치현상이다. 그러나 여야의 공천 행태는 인적 쇄신을 빌미로 한 자기 세력 챙기기와 보통머리로는 도저히 그 복잡한 셈법을 헤아릴 수 없는 고차 방정식을 연상케 한다. 그래서 공천(公薦)이 점점 공천(空薦)이 되어가고 있다.

이러한 공천으로 배지를 달고, 당의 지도부를 구성하고 국회를 구성한다. 연말에는 향후 5년의 한국의 국정을 책임질 최고 지도자를 뽑아야 한다. 총선이 끝나면 바로 대선 정국이다. 총선의 공천이 제대로 된 공천이 되지 않으면 대선은 권력의 향배를 좇는 추악한 정치인들의 투전판으로 전락할 것이다. 유권자는 그저 선거라는 대의제의 메커니즘에 동원되는 구경꾼으로 치부될 것이다. 언제까지 정치를 '그들만의 리그'에 맡겨야 하는가.

02 | 총리론

● 2013. 2

　　김용준 전 총리 후보자의 자진 사퇴 이후 다시 총리 인선이 정치
권과 국민의 관심으로 떠올랐다. 특히 출범을 앞두고 있는 새정부의
총리에 대해서는 유독 책임총리 수행 여부가 관심이다. 책임총리는 학
문적 용어도 법률용어도 아니다. 총리가 헌법에 명시된 기능과 역할을
제대로 수행하는 것을 책임총리라는 용어로 표현하는데 사회 통념적
인 합의가 있을 뿐이다. 그리고 책임총리가 헌법 정신에 부합한다고
하는 것이 대체적으로 정치권과 학계, 시민사회의 보편적 합의다.

　　우리나라의 국무총리 제도는 대통령제와 내각제적 요소가 혼재되어
있는 헌법 정신의 연장선상에 있다. 국무총리가 대통령의 명을 받아 행
정 각부를 통할하고, 국무위원의 인사제청권을 행사한다는 것이 헌법에
명기되어 있는 책임총리의 근거 조항이다. 또한 책임총리의 정치적 함의
의 핵심은 집중되어 있는 대통령의 권한을 분산하여 내각제적 요소를 포

함하고 있는 헌법 취지를 살리겠다는 것이다. 즉 대통령의 권력 집중을 발전적으로 해소해보자는 취지에서 개헌을 통한 수정을 지양하고, 내각제적 요소를 내포하고 있는 현재의 헌법 정신을 살리자는 것이 책임총리의 핵심 개념이다. 총리가 내각을 통할하여 민생과 내치를 책임지고, 대통령은 외교나 국방 등의 외치를 맡는다는 권력분산의 정신이다.

그러나 경제부총리가 경제부처를 장악하고, 유관한 업무 조정 능력을 갖게 되며 미래창조과학부가 과학과 기술 부문을 총괄한다는 새정부의 조직개편은 원천적으로 책임총리라는 개념과는 상치되는 개념이다. 단순히 내각의 인사제청권을 제대로 행사할 수 있다는 의미에서 '책임'이라는 한정적 의미를 붙인다면 이해가 가지 않는 바는 아니다. 총리의 인사제청권 행사는 대통령제하에서 원천적으로 제한적일 수밖에 없다. 국민의 직접 선출에 의해 정당성을 부여받은 대통령 권력과 비록 국회의 임명 동의를 거친다고 하지만 대통령에 의해 임명되고 대통령을 보좌하는 국무총리가 대통령의 의중과 부합하지 않는 인사를 추천한다는 것은 상정하기 어렵다. 그러나 총리가 각 부처의 상충되는 정책을 조율하고 부처 이기주의를 조정하는 것도 총리실의 주요 기능이라고 할 수 있다. 그런 의미에서 총리실에 국무조정실을 부활한 것은 의미가 있다고 하겠다.

이러한 '책임총리론'의 함의를 전제할 때, 박근혜 정부 초대 총리의 기본 인선 방향을 가늠하는 최근의 총리담론은 어딘지 책임총리론과는 썩 잘 부합하는 것으로 보이지 않는다. 법조인 출신의 총리 발탁과 법치와의 논리적 연관성은 피상적으로, 또는 형식논리적으로는 부합할 수 있을지 몰라도, 실질적 연계성은 발견하기 어렵다. 그보다는 법의 공정한 집행과 정확한 적용이 '유전무죄', '유권무죄'를 추방하는 기제가 되는 것이며, 총리가 법조인 출신이라는 사실은 상징적 의미

이상의 의의를 부여하기 어렵다.

더구나 이를 통합과 연관시키는 것은 정치적 상징의 뉘앙스를 풍긴다. 법치와 민주주의는 동전의 양면이다. 그러나 법조인 출신이 총리가 되어야 법치가 선다는 것은 논리의 비약이다. 총리의 정치적 의미가 통합형으로 한정될 때 이는 정치적 수사로서의 명분은 있으되, 실질적 측면에서 모호한 한계를 가지고 있다. 관리형도 마찬가지다. 무엇을 관리한다는 것인가. 헌법에 명문화되어 있는 내각의 실질적 통할이라는 의미에서의 관리인지, 형식적으로 총리의 역할을 '선량한 관리자'로 국한하고, 상징적인 위치로만 자리매김한다는 것인지 개념적인 선명성이 부각되지 않는다.

대통령제 권력구조하에서 총리의 위상과 역할은 제한적일 수밖에 없다. 원천적으로 대통령과 총리의 권력분산은 이원집정부제의 권력구조나 분권형 대통령제로의 법적·제도적 보완 없이는 명백한 한계가 있다는 권력 운용의 현실을 직시할 필요가 있다. 대통령의 인식이나 정치적 관행의 변경만으로는 책임총리를 통한 권력분산은 현실적으로 실행되기 어렵다는 것은 짧은 헌정사에서 교훈을 얻을 수 있다.

이러한 명백한 한계 속에서 총리가 통합과 공동체가 지향하는 가치에 대한 사회적 합의 도출에 상징적 효과라도 거두기 위해서는 국민적 정당성의 확보가 우선이다. 이를 위해서 총리는 존경과 신망을 받을 수 있는 인사라야 한다. 그것이 통합의 기초다. 국민적 존경을 받을 수 있는 삶의 궤적을 살아온 인사가 등용될 때 통합의 효과를 상징적으로나마 거둘 수 있다. 왜 통합이 중요한지, 한국사회의 구성원들이 원하는 것이 무엇인지 알아야 한다. 김용준 전 총리 후보자가 자진사퇴할 때 언론에 대해 불편한 심기를 드러내고, 이후 해명에서 제기된 의혹에 대해 절차적 하자가 없음을 주장한 것은 그래서 뒷맛이 개운치 않다.

03 | 헌법 제1조 제2항

- 2013. 4. 8

　　새 정부가 출범한지 불과 40일 남짓, 너무 어수선하다. 한국 대통령제의 구조적 병폐라고 할 수 있는 임기 말 측근 비리가 없는데도 임기 초인지, 임기 말인지 구분이 안 갈 정도다. 단순히 새 정부에 대한 지지도가 낮다고 하는 얘기가 아니다. 지지도는 오를 수 있다. 임기 초의 과도한 지지율 상승이, 지지율의 급전직하로 이어지면서 레임덕을 경험한 적이 있기에, 정권 출범 초기의 낮은 지지율이 오히려 국정의 안정을 가져올 수 있다는 역설을 설파할 수도 있겠다. 그러나 역설적 형식 논리는 안일해 보인다. 아직도 박근혜 정부의 일부 부처 장관은 인사청문회 이후 임명 여부가 불투명하다. 한국과 미국, 그리고 북한과의 긴장 국면은 적절히 관리되고 있는 건지, 심각한 위기 국면인 것인지, 종잡을 수 없다.

　　집권세력 내부의 권력 게임이나 야당의 계파 갈등의 정도가 설령

높더라도, 한국정치의 역량 부족으로 치부할 수 있다. 유례없이 강도 높은 부동산 활성화 대책과 추경을 둘러싼 여야 논점의 차이는 조율하면 된다. 문제는 한국 정치사회를 형성하고 있는 주요 정치 행위자 중 여전히 가장 강력한 힘을 행사하고 있는 청와대 권력의 인식이다. 청와대 대변인의 '17초 대독 사과'는 아직도 청와대가 문제의 본질을 정확히 꿰뚫지 못하고 있다는 방증이다. 박근혜 대통령의 사과가 가장 바람직한 것이었으나, 만에 하나 임기 초의 정치적 부담 때문이라고 백번 양보한다 해도 청와대의 인사 실패와 소통 부재에 대해 보인 청와대의 '17초의 대독 사과'는 민심의 소재에 대한 몰이해와 인식 부재를 단적으로 드러내 보이는 것이다. 굳이 진정성을 거론할 필요도 없어 보인다. 국민에 대한 예의 부족 등의 평가는 또 얼마나 부질없는가. 대독을 시킨 허태열 비서실장이나 이를 대독한 김행 대변인 모두 국정 최고 지도자를 보좌할 참모로서의 자격을 상실한 인사들이다. 지시를 받아도 잘못을 지적하고 바로잡을 수 있어야 대변인이다.

국내외적으로 위기가 중첩되어 다가올 때가 있다. 정치가 문제 해결 능력이 현저히 떨어진다 해도, 시민사회의 능력이 버팀목이 될 수도 있다. 민주주의를 압축적으로 규정하고 있는 '국민이 주인'이라는, '주권이 국민에게 있다'는 헌법 제1조 2항은 실질적인 권력 현상 구현의 추동세력인 집권세력의 인식 여하에 따라 형해화, 사문화될 수 있고, 상당 부분 생활정치에서 구현될 수도 있다.

집권세력을 형성하고 있는 여당과 청와대 수석들을 비롯한 참모들의 역할이 비판의 대상이 되고 있다. 정권을 창출한 구체적 정치 주체는 정당이다. 박근혜 대통령의 대선 승리는, 국민들의 선택을 받은 후보자 요인도 중요했겠지만, 정당의 공천도 유권자 선택에 결정적 요인이 된 것이다. 그래서 정당정치의 설 땅이 좁아져도 대의제 민주주의에서 정당의 역할은 결코 과소평가될 수 없다. 그러나 정권을 재창출한 새누리당의 왜소한 모습과 상대적으로 강해 보이는 청와대 권력은 지극히 비대칭적이다. 당·정·청 워크숍에서 인사 실패에 대한 여러 비판이 나왔으나, 당청 관계가 건강한 긴장 관계를 형성하고 있다고 보기 어렵다. 여당과 청와대, 정부는 각각이 집권세력의 한 축이다. 상호 긴장과 협력 관계가 적절히 조화되어야 한다. 물론 견제와 비판은 기본이다. 대통령제의 원리인 삼권 간의 견제와 균형 이전에 관철되어야 할 부분이다.

그러나 현재의 집권세력 내부는 청와대 우위가 압도적이다. 지나친 권력의 편중은 생산적 긴장관계를 형성할 수 없으며, 위기 해결에 취약할 수밖에 없다. 현재는 분명 위기 국면이다. 안보 위기는 물론이고, 경제 불안, 사회적 원심력의 증가, 기대와 좌절의 교차, 이를 해결할 정치의 왜소 등 중첩된 층위가 교차하고 있는 상황이다. 표를 얻기 위한 정치적 수사와 정치공학적 언술이었는지 통합과 대탕평을 입에 올리는 것은 어딘지 쑥스럽다.

아직 임기 초다. 어수선하지만 문제 해결 능력이 있는 한국사회다. 그러나 한국사회의 문제 해결 능력이 작동하기 위해 전제되어야 할 것이 있다. 수평적 리더십에 대한 이해, 거버넌스에 대한 천착, 이를 바탕으로 한 사회와의 소통이다. 그랬다면 '17초 대독 사과'와 같은 어처구니없는 행태는 벌어지지 않았을 것이다. 다시 한 번 헌법 제1조 제2항을 곰씹어봐야 한다. "대한민국의 주권은 국민에게 있고, 모든 권력은 국민으로부터 나온다."

04 | 국정원 사건과 '정통성'

● 2013. 6. 7

    정권의 정통성 부재는 권력의 추동력을 원천적으로 차단시킨다. 왕조시대나 현대 국가나 태생적 한계에 시달리기는 마찬가지다. 민생과 생활정치가 아무리 중요해도, 정치는 명분을 토양으로 정책도 펼치고, 권력도 추구한다. 정통성의 근간은 절차적 정당성이다. 최소 강령적 민주화는 민주주의의 충분조건은 아니지만 필요조건이다. 1987년 직선제 개헌안을 통과시키고 쟁취한 절차적 민주주의(procedural democracy)는 그래서 소중하다. 관점과 입장에 따라 한국의 민주주의를 위기로 보든, 실질적 차원의 평등이 미흡한 의사(擬似)민주주의로 간주하든 한국정치에서 절차적 정당성을 문제 삼는 건 사실에 부합하지도, 실익도 없다.

    그럼에도 원세훈 전 국정원장의 대선 개입 여부는 정권의 도덕성과 정당성 논쟁을 촉발시킬 수 있는 민감한 사안이다. 원 전 국정원장의 국정원 직무 범위를 넘는 정치 개입이나 대선 개입 여부에 대한 사법적 판단의 차원을 넘어, 정황적, 심증적으로 원 전 원장이 대선에 영향을 끼쳐 자신의 향후 정치적 이익을 모색했다고 보는 것이 상식이다.

이러한 관점에서 원 전 국장에 대한 공직선거법 위반 혐의 적용 여부를 둘러싼 황교안 법무장관과 검찰과의 입장 차이에는 두 가지 개연성이 존재한다.

첫째 원 전 국장에게 공직선거법 위반 혐의가 적용되면 정량적 검증은 불가능하지만, 직간접, 유무형으로 대선의 승패에 영향을 끼쳤다고 볼 수 있는 형식논리적 인과관계가 존재한다. 따라서 정권의 정당성 논쟁이라는 예민한 부분을 피해가기 위해서 국정원 직원법 위반 혐의로 불구속하자는 것이 황교안 장관의 입장일 수 있다는 것이다. 박근혜 정부 초대 법무장관으로서 박 대통령에게 돌아갈 수 있는 정치적 부담을 차단하려는 나름의 정치적 고려가 개입된 '충정'의 발로라는 관점이다. 둘째, 청와대가 대선 과정의 정치적 정당성 논쟁을 피해가기 위해서 황교안 장관에게 어떠한 형태로든 원 전 국정원장 불구속의 가이드라인을 전달했을 개연성이다. 만약 그렇다면 황교안 장관으로서는 더 이상 선택지가 없다.

무엇이 됐건, 아니면 제3의 이유가 존재하든 잘못된 발상과 접근이다. 어차피 대선 당시, 박근혜 후보가 개입되지 않은 사안이라면 검찰의 판단을 존중하고, 차제에 국정원 등 권력기관들의 정치적 중립을 정착시키는 계기로 삼는 것이 정석이다. 박근혜 대통령이나 청와대가 국정원의 부당한 행태를 지적하고, 대선 때마다 불거지는 정치권의 눈치 보기나 줄 대기 등의 고질적인 관행을 끊겠다는 단호한 의지를 천명해야 한다. 그렇지 않고 법무장관이 수사지휘권을 발동하여 원

전 국정원장에 대해 공직선거법 위반 혐의를 적용하지 못하게 한다면 채동욱 검찰총장의 사퇴는 말 할 것도 없고, 박근혜 정부는 예기치 못할 후폭풍에 직면할 가능성이 크다. 이는 집권 측이 우려하고 있는 정치적 정당성 논쟁을 명시적이고, 분명하게 촉발시키는 것이며, 검찰의 개혁 노력에 청와대와 정부가 찬물을 끼얹은 것이다.

이러한 상황에서 민생 국회가 끼어들 공간은 협소해 보인다. '정통성'을 둘러싼 논쟁은 정치권의 모든 현안을 빨아들이는 블랙홀이 될 만큼 휘발성이 강하다. 청와대나 황교안 장관은 두 마리 토끼를 다 잃는 우를 범해선 안 된다. 보편적 상식에 입각하고, 사회적 통념에 충실하면 문제는 의외로 쉽게 풀린다. 검찰의 판단에 맡기고, 이 상황을 오히려 권력기관의 정치적 줄서기의 악순환을 끊는 절호의 찬스로 반전(反轉)시킬 수 있는 현실 인식과 정무적 판단이 절실하다.

'정통성' 시비도 피해가고, 개혁 의지를 보여줌으로써 정권의 지지도를 더 올릴 수 있는 호기를 살리느냐의 여부는 전적으로 청와대의 의지에 달려 있다. 그것이 지지도는 평균 이상이지만, 개혁과 사정을 정치적 수사(修辭) 차원에서도 좀처럼 언급하지 않는 박근혜 대통령에 주어진 기회이다. 취임 100일이 꽤나 지루하게 느껴지는 이유에 대한 성찰도 그래서 필요하다.

05 | 국정조사와 단상(斷想)들

● 2013. 7. 1

　　여야가 국정원 대선 개입 의혹 사건에 대한 국정조사에 합의했다. 그러나 국정원의 댓글 의혹과 수사개입 의혹에 방점을 찍는 민주당과 국정원 여직원 감금 사건과 민주당의 이른바 '매관매직' 의혹에 무게를 두는 새누리당이 증인 채택부터 이견을 보이고 있다. 그리고 조사 범위와 의제(議題)도 최종 합의를 본 상태가 아니라서 순조롭게 진행될지 지켜볼 일이다. 지난 3월 여야가 국정조사에 합의할 때의 대상은 대선 때 국정원의 대선 개입 의혹 사건과 경찰 수사에 개입했느냐의 여부, 경찰의 작년 12월 16일 댓글 사건에 대한 중간 수사 결과 발표가 축소·은폐에 의한 것이었느냐의 여부였다. 현재 이는 검찰의 불구속 기소에 따라 사법적 판단을 기다려봐야 한다. 그리고 6월 24일 국정원이 2007년 남북정상회담 대화록 전문을 공개한 이후 국정원 사건과 NLL 대화록을 둘러싼 여야의 공방은 진퇴를 거듭하면서 한 편의 반전(反轉) 드라마를 보는 듯하다.

그러나 국정원 사건과 NLL 관련 공방에서 국민과 정치권이 끝까지 놓치지 말아야 할 것이 있다. 사태의 핵심과 본질을 간과해서는 안 된다는 것이다. 본질은 첫째, 국정원이 대선에 개입했느냐의 여부다. 이는 절차적 정당성의 훼손으로 연결될 수 있는 문제다. 야당이 박근혜 정부의 정통성에 문제를 제기하는 상황은 아니지만, 야당 일각과 일부 진보 시민단체에 의해 이미 정통성에 대한 시비는 제기된 바 있다. 둘째, 국정원의 대화록 전문 공개의 적법성 여부다. 남재준 국정원장이 청와대와 교감 없이 자신의 판단에 의해 공개했는지 여부는 알 길이 없다. 어떤 형태로든 교감이 있었을 개연성이 높다고 보는 것은 단지 상식의 차원이며, 국정원이 보관하고 있는 대화록을 대통령 지정기록물로 보느냐, 공공기록물로 보느냐에 따른 해석의 차이다. 이러한 본질적 쟁점을 덮고, 지난 대선 때 새누리당의 정문헌 의원이 제기한 이후 대선 기간을 관통하면서 블랙홀처럼 여타의 정책 의제를 압도했던 노무현 전 대통령의 'NLL 포기발언'의 존재 유무가 쟁투의 핵심으로 부상했다. 여전히 새누리당은 노무현 전 대통령의 NLL 관련 발언 내용이 국정조사의 본질이 되어야 한다는 입장이다.

이쯤에서 집단지성과 이성적 공론(公論)이 작동되어야 하지 않을까? 일련의 상황 전개에서 본말의 전도, 본질과 지엽말단의 혼돈, 거시와 미시의 공존, 규범과 존재의 동거, 정치세력의 공학적 계산 등이 엉키면서 카오스는 국정조사 기간 내내 지속될 것이다. 국정원의 대선 개입 의혹은 해소될 것인지, 국정원의 정치적 중립과 개혁은 이번 사건을 계기로 얼마나 이루어질 것인지 지켜볼 일이다. 이념적 굴레를 씌워 전직 대통령의 발언을 '반역'의 대통령으로 몰고 가려는 정략적 발상의 적정성에 대한 사회적 심판의 합의는 단초라도 열릴 수 있는 것인가도 국정조사를 보는 관전 포인트다. 물론 이것도 국조가 순조롭게 진행된다는 전제에서다.

이 대목에서 어쩔 수 없이 떠오르는 단상(斷想)들이 있다. NLL의 연원은 무엇이며 성격은 어떤 것인가에 대한 지적 탐구는 진지하게 되고 있는 것인가. 103쪽에 달하는 대화록 전문을 얼마나 많은 사람이 꼼꼼히 읽고 예단(豫斷)이라도 하고 있는 것인가. 발췌본은 전문과 어떤 면에서 다른가에 대한 성찰은 또 누가 얼마나 해 봤을까. 집단의식의 발로에서, 노무현 전 대통령이 NLL을 포기했을 거라고 이미 단정짓고 전문을 읽거나, 보수적 관점의 언론이나 정당의 말에 일체감을 느끼는 사람들에게 애당초 비판적 성찰을 기대하는 것은 사치다. 그러나 한국의 시민사회가 그 정도의 지적 정화(淨化) 능력은 갖추지 않았을까. 그 정화 능력과 집단지성을 가볍게 보는 곳은 정치권밖에 없다. 뜨거운 여름 못지않게, 정치권과 한국사회를 뜨겁게 달구고 있는 몇 가지 의제(議題)는 한국사회의 성숙함과 지적 능력, 건강성을 시험하는 시금석들이다. 정치인들이 국민을 이념적 편향으로 몰고 감으로써 지지 세력을 결집하고, 색깔론으로 정치적 이득을 취하려는 구태의 추방은 오로지 건강한 시민의 몫이다.

06 | '민주주의'와 '민생'

● 2013. 8. 5

민주주의는 갈등을 제도권에 수렴하여 현재(顯在)화 함으로써 합의점을 모색해 나가는 체제다. 같은 논리선상에서 균열과 반대를 제도화한 것이 민주주의다. 민주주의를 어찌 보는가는 시대에 따라, 관점과 입장에 따라 다를 수 있다. 그러나 다양한 함의를 품고 있는 민주주의의 어떤 논리를 동원해도, 민주주의와 민생이 배치되거나 상충되는 근거를 발견할 수 없다. 부패의 만연이 민주주의 발전을 지연시키는지, 정치적 퇴행이 부패의 토양을 제공하는지의 논란이 논쟁적이지만, 양자가 서로 연계되어 있는 것과 같은 이치다.

민생은 국민의 삶이다. 정치는 국민의 삶을 위해 존재한다. 삶의 결은, 국민 각자가 다르고, 따라서 갈등과 균열이 상존한다. 단순하게 먹고 사는 문제만 해결하면 다 되는 것이 아니기에 정치가 존재한다. 권위주의 정권 때 민주주의는 질식됐고, 정치는 실종됐다. 권위주의 정권의 권력 엘리트들도 민생을 입에 달고 다녔다. 태생적으로 정당성의 위기에 노출될 수밖에 없던 정치권력을 유지·강화하기 위해 정치를 배제하고 빈곤 퇴치의 명분으로 민주주의를 억압했던 시절이 있었다. 그러나 삶이 고단하고 팍팍해도 왜 그토록 우리 국민은 '절차적' 의미의 민주주의의 쟁취를 위해 아스팔트로 나섰던가. '민생'이 모두 해결됐기 때문인가?

한미 FTA 비준에 반대하여 장외로 나갔던 2011년 이후, 20개월 만에 제1야당이 천막을 쳤다. 여당은 야당이 민생을 외면하고 거리로 나갔다고 질타한다. 민주당 내 강경 그룹에 떠밀려 장외를 선택했다고 비난한다. 대선 불복의 수순을 밟는 것이라고 몰아붙이고 있다. 국정조사를 의도적으로 파행시키려 했다고 공격한다. 여야는 표면적으로만 정상화된 국정조사의 파행을 상대방에게 떠밀기에 급급했다. 당연히 양비론(兩非論)적 접근이 형식논리상 정합성이 있어 보인다. 그러나 양비(兩非)는 결국 사태의 본질을 흐리게 만든다. 지난 해 집권여당의 정문헌 의원이 뜬금없이 NLL 문제를 꺼내고, 이는 대선 기간을 관통한 어젠다였다. 그리고 다시 그 문제가 촉발됐다. 여야 갈등은 기본적으로 정쟁적이다. 그러나 본질은 국정원의 대선 개입 의혹과 국정원 개혁이다.

국정원 국정조사가 합의되는 시점에 국정원이 정상회담 대화록의 발췌본을 공개했고, 그것도 모자라 남재준 국정원장은 '국정원의 명예회복을 위해서'라며 대화록 전문을 공개했다. 국정원이 법을 자의적으로 해석하여 실질적으로 국회의 권능인 국정조사를 무력화하려는 것이었다는 의혹을 사기에 충분하다. 이후 전개된 국정원 국정조사 정국에서 보여준 새누리당의 태도에서 국정원 대선 개입의 진상 규명과 개혁에 대한 의지를 찾는 것은 부질없어 보인다. 박근혜 대통령의 '국정원 자체 개혁 주문'이 거의 유일하다. 진보 성향 정권 때의 국정원도 예외가 아니었다. 그것이 핵심이고 진실이다. 국정원 개혁이 민주주의의 문제와 직결되는 접점은 여기서 출발한다. 야당의 책임도 가볍지 않다. 당내 친노 그룹의 정치적 이익을 앞세운 대화록 공개 주장은 그 방증이다. 민주당은 국정원 국정조사에 천착하지 못했다. NLL 논란의 당리당략적 유불리를 저울질하는 것은 그래서 정치공학적이기 전에 몰정치적이다.

장외로 나간 야당이 내세운 명분은 '민주주의의 회복과 국정원 개혁'이다. 국정원이라는 국가의 최고 정보기관이 정치에 개입하지 말아야 한다는 것은 당위의 차원을 넘는 것이다. 그것이 바로 민생이다. 지금은 절대 빈곤의 추방이라는 명분과 반공주의적 냉전 이데올로기라는 메커니즘으로 국민을 교묘히 속여서 자신들의 절대 권력을 공고히 했던 시대가 아니다. 이른바 '민생' 담론으로 정치를 형해(形骸)화시켰던 '한국적 민주주의'의 시대가 아니다. 비록 소수지만 교수들의 시국선언과, 일부라고 몰아붙이지만 '광장의 촛불'을 폄하해서는 안된다. '갈등'에 정치이념적 갈등만 존재하는 것이 아니고, '안보'에 군사적 안보만 있는 것이 아니듯이, '민생'에도 단순히 경제적 차원의 민생만 있는 것이 아니다. 그래서 '민주주의'와 '민생'은 일란성 쌍생아다.

07 | 국정원의 '의제 설정' 능력

● 2013. 9. 11

언젠가부터 국가정보원이 뉴스의 중심이다. 지난 해 대선 이후 정국을 쥐락펴락하는 파워 집단으로 화려하게 정치권에 데뷔했다. 과거 국정원의 모토였던, "음지에서 일하고, 양지를 지향한다"는 말이 무색할 정도다. 국정원을 대상으로 한 국정조사도 헌정 사상 처음이었다. 남재준 국정원장의 말을 믿는다면 대통령의 재가도 없이 단독으로 "국정원의 명예를 지키기 위해" 대화록을 공개해서 일거에 정국을 반전(反轉)시킨 예도 흔치 않다. 지난 달 공개된 이석기 의원 등의 내란음모 사건으로 국정원의 존재감은 절정에 이르고 있다. 국정원과 통합진보당의 대결 구도로 짜여진 대진표 앞에서 정치권은 망연자실(茫然自失) 그 자체다. 민주당과 진보정의당은 물론이고, 새누리당이라 해서 사정이 나을 것이 없다.

대의제에서 정치의 중심은 정당이라야 한다. 다양한 사회의 균열

구조와 갈등을 대표하고, 정권의 획득을 위해 합법적 공간에서 선거 경쟁을 통해 승부하는 기제가 정당정치이며, 정당의 구성과 행동양식이 어느 정도 예측 가능하게 짜여진 것이 정당체제이다. 그러나 대선 이후 집권당인 새누리당과 제1야당인 민주당의 존재감은 국정원이 주도하는 정치환경 속에서 여지없이 형해(形骸)화 되고 있다. 이석기 내란음모 사건은 정치 부재의 종결자다. 정기국회 회기 중이지만 이석기 의원 제명 여부와 통진당 해산까지 여야 공방의 소재로 등장하면서 정치 실종은 좀처럼 치유될 것 같지 않아 보인다. 지난 달 말까지 결산 국회가 끝났어야 하나 공안 정국 속에서 결산 얘기를 꺼내는 것 자체가 분위기 파악이 안 되는 '푼수' 같아 보인다고나 할까.

이석기 의원이 구속되고, 통진당의 관련 인사들로 수사망도 확대되고 있다. 국정원과 검찰이 사건 수사의 공조 형태를 띠고 있으나 수사의 중심이 국정원에서 검찰로 전환되어야 한다. 사안의 성격상 내사와 초기 공개수사 단계에서 국정원의 수사는 불가피하며, 효율적인 측면도 있다. 그러나 이석기 의원이 구속된 상황에서 국정원이 수사를 통해서 정치권의 전면에 노출되어 있는 모양새는 정국을 경직시킬 수 있는 요인이다. 대선 개입 의혹에서 자유롭지 못한 국정원이 남북 정상회담 회의록을 공개하고, 3년 가까이 내사해 왔다던 내란음모 사건을 국정원 개혁이 논의되는 시점에 공개수사로 전환한 것에 대한 의구심도 일리 있는 추론이라고 볼 수 있다. 이석기 의원 등과 통진당이 한 목소리로 국정원의 수사 결과를 날조라고 주장하고 있는 상황에서 새누리당은 이석기 의원 제명안을 국회 윤리특별위원회에 제출했다. 민주당은 신중한 자세를 취하고 있으나 종북 논란에 휩싸일까 곤혹스러워 하는 눈치가 역력하다. 통진당의 주장과 해명은 앞뒤가 맞지 않고, 믿을 수 없다. 그러나 이 역시 검증은 되어야 할 대목이다.

　내란음모 사건이 아무리 위중하다 해도 적어도 최소한의 사법적 절차에 따라 정치적 판단이 내려져야 한다. 그러나 국정원이 계속 수사의 주도권을 쥐게 되면 공안 분위기는 불가피하게 강화될 수밖에 없으며, 국회에서도 이석기 의원 제명을 둘러 싼 정치 공방이 치열해지는 등 공안정국이 장기화될 수 있다. 이러한 일련의 상황은 정치가 공안에 가위눌리는 형국을 의미하는 것이며 10월 재보선에서 색깔 공세가 선거전략으로 등장할 개연성도 배제할 수 없다.

　새누리당과 민주당이 대화 단절로부터 출구전략을 모색하던 상황에서 밝혀진 이석기 사건이 이미 블랙홀이 되어 있는 형국에, 이석기 의원 제명과 통진당 해산 등의 의제는 정치권의 메가톤급 정쟁의 대상이 될 수도 있다. 국정원이 정치에 계속 노출된다면 국정원 개혁을 회피하려는 의도로 비칠 수 있다. 전격적인 내란음모 사건 발표 등 국정원의 전광석화 같은 일련의 행동이 정략적이라는 음모론적 시각을 여하히 해소할 것인지는 국정원의 행보에 달려 있다. 이석기 사건은 더욱 치밀하고 강도 높게 수사가 진행되어야 하나 정치적으로 이용되어서는 안 된다. 그래서 강도 높은 수사와는 별개로 국정원의 행보는 조심스러워야 한다.

08 | 대선 1년,
관용과 절제의 정치가 필요하다

● 2013. 12. 18

　지난 해 12월 19일, 박근혜 후보와 문재인 후보의 대결은 51:48, 108만 표 차로 승부가 갈렸다. 단 한 표라도 더 득표하면 당선되는 단순다수제가 아니었어도 결선투표가 필요 없는 승리다. 민주화 이후 과반 획득의 대통령이 탄생한 순간이었다. 현대 민주주의의 위기는 대표성의 위기와 책임성의 위기, 그리고 참여의 위기로 요약된다. 그 중 가장 심각한 대표성의 위기를 극복한 선거였다. 그래서 과반 득표는 그 자체로 의미가 크다. 그리고 1년이 지났다. 그러나 과반 득표의 의미는 퇴색하고 있다. 역대 대통령들과 같은 기간의 국정 운영 지지율과 비교해 볼 때 하위권은 아니나, 대선 득표율을 5% 미만에서 상회하는 수준이다. 지지층 확장에 실패하고 있다는 것을 보여준다.

　지난 1년을 관통했던 용어는 NLL과 남북 정상회담 대화록, 국정원 댓글 의혹을 둘러 싼 여야의 쟁투, 국가기관의 대선 개입 의혹, 대선 불복 프레임 등이다. 정권 출범 초기의 인사 난맥, 집권당의 무력감이 중첩되면서 당청 관계에서의 수직적 관계는 정치의 경직을 초래했고, 이는 정치 실종으로 연결됐다. 기초연금과 관련한 대선 공약 이행 여부와 증세 없는 복지의 정책적 적절성 여부, 지하경제 양성화를 위한 자영업자에 대한 세무조사 강화 등도 지난 1년의 키워드들이다. 대기업의 높은 매출액, 호전되는 수출 실적, 경제지표의 긍정적 신호 등은 왜 국민들에게 낯설게 느껴지는가.

정치 실종을 질타하고, 여야 지도부의 리더십 부재를 비판하며, 국회의 타협과 실종을 나무라지만 이의 근본 원인은 좀처럼 나아지지 않는 소통의 부재다. 정치와 민주주의를 민생과 별개로 보는 권위주의적 정치문화의 잔재가 소통의 실종을 부추긴다. 그리고 프레임의 정치가 한국정치의 새로운 장르로 화려하게 등극했다. 프레임은 진화를 거듭했다. 안보 프레임과 이에서 분화한 종북 프레임, 국정원 등 국가기관의 대선 개입 의혹을 자양분으로 한 대선 불복 프레임 등은 동전의 양면처럼 얽혀있다. 그리고 종북과 안보 프레임은 경제민주화와 복지, 통합과 대탕평 등 여권 후보 진영이 내걸었던 장밋빛 지향들을 보랏빛 환상으로 치환하는 효율적 기제로 작동했다. 야권 내부의 기득권에 집착하는 민주당의 전략 부재 정치 행태는 이러한 프레임을 결과적으로 강화시켰다. 생소한 프레임 정치가 선보였고 이는 안보 이데올로기가 정권을 정당화했던 권위주의 시대의 데자뷰로 묘하게 겹친다. 프레임과 프레임이 격돌하는 공간에서 애당초 소통을 찾는 것은 부질없다.

사회정치적 갈등은 경제활성화 대 경제민주화, 성장 대 복지, 민생 대 민주주의를 대척점에 위치시키는 사고 구조 속에서는 관리될 수 없다. 성장과 복지는 더 이상 대립 개념이 아니라는 사회적 합의가 의미를 가지려면, 관련 입법 몇 개로 경제민주화를 완성했다고 보는 시대착오적이고 몰정치적 관점이 여권 주류의 인식이어서는 안 된다. 경제활성화를 명분으로 다시 시장만능적 사고가 부활하는 조짐을 본다. 대통합과 대탕평은 현재의 정치적 갈등 구조에서 이미 빛을 잃었다. 통합과 탕평의 추동력을 복원하고자 하는 집권 측의 노력은 어디에서도 찾아볼 수 없다. 게다가 대선의 절차적 정당성에 대한 합리적 비판은 어느 새 대선 불복의 덫으로 치부되고 있다.

집권 측은 뼈아픈 성찰과 모색의 시간을 가져야 한다. 왜 한 대학생의 "안녕들 하십니까"란 글이 사회적 파장과 공감을 불러일으키고 있는지 고민해 봐야 한다. 집권세력이 개혁의 추동력을 살리지 않으면 내년 지방선거의 성적과는 관계없이 사회경제적, 정치사회적 어려움은 가중될 개연성이 높다.

민주주의는 상대를 인정하는 '관용'으로부터 출발한다. '관용'과 '권력의 절제'는 진정한 권력의 추동력으로 작용한다. 민주화 이후 대선에서 최초의 과반 득표의 의미가 적지 않으나, 명시적으로 반대한 과반에 가까운 국민이 있다는 사실을 잊지 않아야 한다. 대선 1년이 주는 이러한 교훈을 새기는 것은 그래서 엄중하다.

09 | 민생 팽개친 임시국회

● 2014. 2. 18

2월 임시국회가 16일 반환점을 돌았으나 별다른 성과를 내지 못하고 있다. 지방선거를 앞 둔 주도권 다툼에 각종 사안과 현안마다 여야의 입장이 첨예하게 부딪치기 때문에 더욱 대치가 가파르게 전개될 것으로 보인다. 이러한 상황에서 경제활성화 등 주요 입법 사항과 민생 입법 처리 논의도 속도를 내지 못하고 있다.

국회 정치개혁특위가 기초선거에서의 정당공천 폐지 여부를 둘러싸고 시한을 2월말로 연장했으나 여야의 합의점 도출은 사실상 어려울 것으로 보인다. 정부가 7월 시행을 목표로 추진 중인 기초연금 도입안을 위해 여·야·정 협의체가 가동 중이지만 20일까지의 시한을 목전에 두고 이렇다 할 성과를 내지 못하고 있다. 새누리당이 국가재정 등을 이유로 국민연금과의 연계안을 고수하고 있지만 민주당은 국민연금과 기초연금 연계 반대는 물론이고, 소득 하위 70% 노인을 대상으로 한 일괄 지급 방안을 고수하고 있는 상황이다.

국정원 관련 사안도 국정원 개혁 특위에서 20일까지 여야 합의를 도출하기로 했으나, 대언론 브리핑 제한과 기밀누설 처벌 강화 등에 대한 여야 간사 간의 잠정 합의를 제외하고는 합의한 사항이 없다. 새누리당은 국정원 대공 수사 기능 강화를 목표로 휴대전화 감청을 위해 통신비밀보호법을 개정하자는 입장이고, 민주당은 국정원 정보 관에 대한 감독 강화 등을 내세우고 있다.

이렇듯 사안마다 대치하고 있는 상황에서 민생 관련 입법은 엄두 도 내지 못하고 있다. 여야가 지방선거를 의식하여 사안마다 대치하 면서 정국 주도권을 잡으려는 데만 몰두할 뿐, 실제 입법에는 관심이 없다고 해도 과언이 아닌 상황이 계속되고 있다. 새누리당은 수도권 광역단체장 선거에 출마할 인물의 경쟁력 제고를 위한 경선과 원내대 표 선거에 출마하는 의원들에 대한 교통정리에 관심이 집중되어 있 다. 전당대회 시기를 둘러싸고도 친박과 비박 의원들 사이의 힘겨루 기로 입법 등에 전력을 집중하지 못하고 있다. 민주당도 특검을 둘러 싼 지도부와 당내 강경파와의 갈등으로 국회 활동에 당력을 집중하지 못하는 상황이다.

여야가 국회를 개회해 놓고 직무유기를 하고 있는 형국이다. 여야 는 정치력을 발휘해서 쟁점 사항은 시일을 두고 논의해 가더라도 정 치적 쟁점에서 비껴있는 입법을 위한 합의 도출에 진력해야 한다. 여 야의 당내 사정과 지방선거가 모든 현안을 빨아들이는 블랙홀이 되어 서는 안 된다. 국회가 최소한의 임무라도 수행하면서 자신들의 정치 적 이익을 도모할 일이다.

10 | 통합신당의 미래

● 2014. 3. 11

통합신당의 창당 과정을 보는 관점은 부정적 관점과 긍정적 관점으로 확연히 갈린다. 안철수 의원이 현실정치의 벽에 막혀 새정치를 포기하고 구태 정치에 투항했다고 보는 시각과, 6·4 지방선거를 앞두고 야권 분열이라는 현실정치의 한계를 극복하고자 한 불가피한 선택이었다는 두 가지 관점이다. 물론 양 극단의 관점에도 진영논리는 어김없이 작동한다. 두 정치세력의 통합이 실패로 끝나고 야권의 원심력으로 작용하면서 '민주'세력이 기나긴 동면기를 맞이할지, 야권이 단일대오를 형성하여 거대 여당에 대한 견제세력으로 기능할 수 있는 단초를 마련할지 예단할 수 없다. 그러기에는 수많은 상황 변수들이 있으며 판단할 논거들이 충분히 제시되지 않았기 때문이다.

새정치가 거대 여당과 야당의 '적대적 공존'을 깨는 것이고 이를 위해서는 대표되지 않은 계층의 이익을 표출해 내는 새로운 갈등 축을 만들어 내는 제3당의 출현이 필요하다고 본다면 분명 신당의 통합은 새정치가 아니다. 그러나 대통령제하에서 유의미한 다당제가 제도적으로 구현될 수 있을지는 여전히 미지수다. 다당제는 내각제에서 제1당이 과반을 획득하지 못할 경우 제2, 제3당과 연정을 통하여 정국의 안정을 꾀하고 제3당도 집권세력에 참여함으로써 자연스럽게 사회의 균열을 반영해 낼 수 있을 때 가능하다. 정당과 의원들의 기득권 내려놓기와 각종 정치개혁적 요소는 정치구조를 바꿀 수 있는 기제가 애당초 아니다. 가정컨대 새정치연합이 지방선거와 총선에서 승리해서 제1야당이 된다면 이건 새정치인가. 집권당과 또 다른 야당과의 독점구조의 재생산일 뿐이다.

결국 현재 정당의 독점 구조를 원천적으로 개혁하는 것은 권력구조의 변경이다. 그것도 대통령제의 임기만을 변경시키는 것으로서는 의미가 없다. 현행 권력구조를 존속시키는 바탕에서 몇 가지 정책적 대안을 내놓고 '합리적 보수'와 '성찰적 진보'를 아우른다는 것은 구조적으로 새정치일 수 없다. 우리 정당정치에 만연하는 보수 독점 구조의 '적대적 공생'을 깨는 것이 새정치라면 현행 대통령제는 새정치와 친화적이지 않다.

독선적 권력을 견제하고 또 다른 과반을 대표할 수 있는 대표성과 책임성을 담보하는 힘 있는 야당의 출현이 새정치다. 이는 보수적 정당 체계의 독점적 구조의 확대 재생산과는 본질적으로 결을 달리하는 정치구조다. 따라서 두 정치세력의 통합을 새정치를 추구했던 이상주의적 시도의 소멸로 간주하는 것은 작위적이며 섣부르다. 새정치는 한국정당체제에서 야당이 제 기능을 발휘하지 못했고, 정치에 대한 불신이 불러 온 국민 대중의 열망의 또 다른 표현이다. 그러나 새정치가 구체적으로 어떤 모습을 담아내야 하는지는 안철수 자신도, 국민들도 답하지 못하고 있다.

부패정치의 해소, 거대 중앙당의 혁신, 의사결정 구조의 민주화 등은 '정치의 정상화'를 위한 규범적 인프라의 구축이자 정지 작업의 출발인 것이지 구조적으로 정치를 바꾸는 것과는 본질적으로 다르다. 국민이 원하는 것은 제대로 대표되는 정치체계, 책임지는 정당문화로의 혁파일 것이다. 국회의 책임 방기(放棄), 대표되지 않는 이익체계를 근본적으로 바꾸는 혁신일 것이다. 의미 있는 제3당의 출현이 건전한 다당제로의 길을 열고 이것이 바로 안철수 신당에게 기대했던 바였다. 그러나 현행 대통령제의 승자독식 구조, 단순다수제와 소선구제가 결합한 선거제도하에서 새정치가 가능하다고 본다면, 이는 정치적 상상력의 부재, 그 이상 이하도 아니다.

안철수 의원의 개인적 역량 부족, 측근을 설득해 낼 수 있는 감동과 리더십의 부재 등 부정적 측면에도 불구하고, 두 정치세력의 현재까지의 통합 방식에 대한 비판적 관점은 의도적이라는 혐의도 다분하다. 통합신당이 담아 낼 새정치의 내용, 얼마나 집권세력을 견제하면서 민생 쟁점을 갈등 축으로 재생산해내서 다음 총선과 대선에 임할수 있느냐를 보는 것이 진정한 관전 포인트다. 그러나 야권 내 계파 갈등이 수면 위로 부상한다면 행정부 권력, 의회 권력, 지방 권력의 특정 세력으로의 쏠림은 불가피하다.

11 | 정도전과 '안팎의 정치'

● 2014. 4. 1

　　정도전은 시대의 이단아였다. 그는 개혁을 꿈꾸다가 혁명의 길을 택했다. 처음부터 역성(易姓)을 생각하지는 않았다. 시대 상황이 왕조의 변경이라는 혁명의 길을 택하게 만들었다. 고려 말 원명 교체기의 대외적인 안보적 국익과 대내적인 기득권을 둘러 싼 갈등은 별개가 아니었다. 개혁세력과 수구세력의 명운을 건 한판 승부였다. 그 당시에도 '밖의 정치'와 '안의 정치'는 분리되는 것이 아니었다. 정도전은 원나라에 빌붙어 기득권을 유지해 온 권문세가와 귀족들의 상층 엘리트 교체만으로는 고려의 고질화되고 구조화된 총체적 비정상을 바로잡지 못할 것이라고 봤다. 약물로 치료하기에 고려의 병은 너무 깊었다. 이는 전제개혁을 통한 부패한 정치 엘리트들에 대한 혁파와 정통성의 기반인 혈통의 교체로 나타났다. 그래서 역사는 정도전과 이성계의 국가개조 사업을 개혁이라고 부르지 않고 혁명이라고 기술

한다. 그렇다면 당시 이색, 정몽주, 최영 등 비록 기득권 세력이지만 개혁에 혼신을 다했던 인물들과 함께 고려의 틀 안에서 새로운 세상을 열어갈 수는 없었던 것인가. 명문대가 집안 출신이 아닌 비판적 반골 기질의 정도전이 품었던 사회와 체제에 대한 불만이 체제 전복의 동인을 제공한 것인가. 본질적인 문제는 권문세족들의 정치권력 및 경제권력의 독점과 자영농의 몰락이다. 사회경제적 양극화의 심화를 치유할 만한 개혁의 부재는 결국 혁명으로 이어진 것이다.

정도전이 이 시대에 주는 함의를 곱씹어 보면 우리가 처한 역설적 상황, 희망과 좌절이 공존하는 시대적 고민에 대한 해법의 단초라도 얻을지 모른다. 대륙과 해양의 길목에 위치하고 강대국 중국과 러시아, 일본과 인접하고 있는 한반도의 지정학적 위치가 사대와 교린을 생존의 철학으로 삼게 만들었다. 한·미·일과 북·중·러의 신냉전 기류가 형성되고 있는 동북아 정세는 구한말의 한반도를 둘러 싼 열강들의 각축과 너무도 흡사하다. 역사 인식에 기반한 통찰과 국가전략적 사고가 절실한 이유이다.

'안과 밖'의 정치를 보면 내치와 외치의 엇박자의 정도는 심해지고 있다. 1인당 국민소득이 2만 6천 달러라고는 하나 가계가 실질적으로 벌어들이는 소득을 보면 턱없는 얘기다. 비정규직의 문제, 사회적 양극화의 정도는 날로 심해지고 있다. 경제민주화와 복지가 지난 대선 때 정치인들의 일상적 구호였으나 이제는 그저 낯익은 정치적 수사(修辭)로 감동 없이 다가온다. 권력기관들의 후안무치하고 국민을 가볍게 보는 교만함은 이제 일상이 됐다. 젊은이들은 부와 권력의 세습화와 계층 블록의 공고화라는 사회경제적 환경 속에서 신분의 수직적 상승이라는 희망이 점점 엷어져감을 인식한다. '사다리'의 퇴장인가. 구조적인 문제들이다. 정권이, 관료가 사각지대에 있는 국민의 삶에

다가가고 여야가 민생에 보다 천착하면 상황은 좋아질 것이다. 그러
나 민생 현장에 파고들고 여야가 '적대적 공생'을 넘어 '새정치'를 실
천해 나가며 '87년 체제'를 넘는 새로운 권력구조의 변경이 성사되면
구조적 문제들은 해결되는 것인가.

경제사회적 양극화가 자본주의의 속성이기도 하고, 좀처럼 수그러
들 줄 모르는 신자유주의의 산물이기 때문에 비단 우리만의 고민은
아니라고 강변하는 것은 통찰의 부재, 이상도 이하도 아니다. 경제사
회적 격차가 벌어져 있으나 기회가 균질적으로 보장되어 패자부활이
가능한 사회와 계층 및 거주 지역의 블록화, 신분의 수직적 상승 기
회의 협애함이 깊어가는 사회를 동일선상에 두고 볼 수는 없다. 젊은
이들은 젊은이대로, 중장년과 노년은 또 그들대로 느끼는 미래의 불
안은 그렇지 않은 동 연령대의 '살기 좋은 대한민국'이라는 인식과는
너무 동떨어져 있다. 차라리 정권의 문제라면 해결은 어렵지 않다.
정권교체가 가능한 민주주의적 제도가 작동하고 있기 때문이다.

그러나 절차적 민주주의가 실질적 민주주의를 보장하는 것은 아니
다. 실질적 민주주의는 사회경제적 삶의 균질화가 전제되어야 한다.
'밖의 정치'가 '안의 정치'와 조화롭게 조우할 때 외치와 내치는 시너
지를 낼 수 있다. 더 이상 사회경제적 모순의 구조화가 심화되어선
안 된다. 정도전이 좌절하고 고민했던 시대 상황이 재연되게 해서는
안 되지 않겠는가.

12 | 책임총리, 가능할까

● 2014. 5. 27

헌법은 국무총리에 대해 "대통령을 보좌하며 행정에 관하여 대통령의 명을 받아 행정각부를 통할한다"고 명시하고 있다. 또 다른 조항에서는 "국무위원은 국무총리의 제청으로 대통령이 임명한다"고 적고 있다. 이른바 '책임총리'의 근거 조항이다.

그러나 역대 총리는 거의 내각의 상징적인 존재로 그치기 일쑤였다. 대통령제의 특성상 불가피하다. 명망가형 총리, 화합형 총리, 관리형 총리, 정무형 총리 등 총리의 출신 배경이나 성향에 따라 붙인 작위적인 분류 자체가 무의미하다. 그럼에도 정국이 요동치고, 민심이 이반될 때 총리를 포함한 내각에 책임을 묻는 정치적 행위는 민심의 소재에 부응한다는 면에서 나름대로 의미가 있다. 총리에 대한 기대가 여전히 큰 이유이다. 따라서 제한적인 총리의 역할 범위 내에서라도 국민이 납득하고 정서에 부합하며 시대정신에 응답할 수 있는 인물을 써야 함은 불문가지이다.

세월호 참사는 한국사회에 많은 성찰과 뼈저린 회한을 남기고 있다. 정경유착과 민관유착이 대참사를 야기한 구조적인 문제라는 사실에 동의하고 관피아의 혁파 없이는 한국사회는 한 발자국도 나아갈 수 없다는 사회적 합의가 존재하고 있음도 확인했다. 이의 처방으로 공직사회 개혁과 공정한 사회로의 개혁이 제시되고 있다. 그러나 차분하게 돌아보고 먼 원인과 가까운 원인에 대한 구분 없는 몰아치기식의 진단과 처방은 또 다시 많은 모순을 원점으로 돌리는 결과를 낳을 수 있다. 대참사가 우리 사회에 치열하게 던지고 있는 화두는 한국사회의 총체적이며 구조적인 문제에 대한 정확한 진단과 처방이다. 관료와 민간의 유착은 왜 생겼으며 이념적 간극은 왜 더 벌어지는가에 대한 숙의이다. 부정부패가 왜 구조적인 문제로 고착화됐는가에 대한 진단이 우선되어야 한다.

경제적 근대화는 국가의 압도적 우위를 결과했으며, 시민사회는 위축될 수밖에 없었다. 권위주의 정권은 권력을 유지하기 위해 민주주의를 억압했고 산업화의 명분으로 인권은 배제되었다. 이러한 과정에서 인권과 인간의 가치보다는 자본과 이윤의 논리가 절대시되는 물신주의가 배태되었다. 국가권력과 관료가 주도하는 근대화 과정에서 관과 기업의 유착은 애당초 예정된 수순이었다. 관피아는 단순히 부정부패를 일소하는 것으로 해결되는 문제가 아니라는 얘기다. 고도성장은 시장물신주의에 입각한 황금만능주의의 극대화를 가져왔고 이는 관료와 민간의 유착과 동전의 양면을 이룬다.

이 과정에서 양극화는 심화됐고, 이념과 지역 차원의 불화는 좀처럼 치유되지 않는다. 상위 소득이나 하위 소득 계층 가릴 것 없이 '만인의 만인에 대한 투쟁'이 유난하고 유별스럽게 벌어지고 있는 곳이 대한민국이다. 자본주의의 속성이라고 치부할 수위를 벗어난 지 오래다. 그래서 정치적 민주화와 함께 경제민주화가 헌법 조항에 들어가고, 대선 과정에서 여야 막론하고 경제민주화를 금과옥조처럼 떠받든 것이 아닌가. 대통령 담화가 있은 다음 날 국무조정실장 주재로 차관회의를 열어 대통령 담화의 조치들에 대한 정부 차원의 대책을 다음 달 초까지 마련하라는 지시가 하달됐다. 여전히 군사작전을 방불케하는 관료주의의 획일화의 모습이다.

안대희 국무총리 지명자는 부정부패 척결과 공직사회 개혁을 다짐했고, 공정과 법치에 입각하여 총리 업무를 수행하겠다는 뜻도 내비쳤다. 좋은 말들이다. 공직사회의 대부분을 검찰로 지낸 사람다운 얘기이며 부정적으로 평가할 이유가 없다. 그러나 찢기고 갈라진 국민의 마음을 치유하는 화합과 탕평의 정신과 경제민주화에 대한 초심으로 돌아가지 않는 한 모든 처방은 임기응변에 그칠 수밖에 없다.

부정부패 척결과 법치, 공정은 검찰권의 행사로만 이루어지는 것이 아니다. 서릿발 같은 법치 이전에 한국사회의 심연에 도사리고 있는 문제에 대한 정확한 진단 없이는 부정부패 척결과 공직기강의 확립은 일시적인 사정 드라이브에 그칠 가능성이 높다. 이것이 안대희 총리 내정자가 놓치면 안 될 부분이다. 시대정신을 통찰하는 지성과 냉정한 상황 인식이 씨줄과 날줄로 촘촘히 연결될 때만이 책임총리도 가능하다는 사실 역시 간과해서는 안 된다. 안대희 내정자는 검찰총장이 아닌 국무총리직을 수행해야 한다.

13 | 개헌과 혁신

● 2014. 10. 7

새누리당은 당내 보수혁신위 논의 의제에서 개헌을 제외했다. 개헌이 블랙홀이 될 수 있다는 점과 경제활성화가 우선이라는 친박 주류의 생각도 작용한 듯하다. 그러나 정의화 국회의장은 "개헌 논의 는 빠를수록 좋다"는 입장이고, 새누리당 이재오 의원은 "개헌을 하지 않고는 보수혁신은 의미가 없다"며 개헌 특위 구성을 지도부에 요청 한 바가 있다. 새정치연합은 당내 사정상 개헌까지 신경 쓸 상황이 아닌 것 같다. 이렇듯 개헌 논의는 정치적 셈법과 정파에 따라 다양 하다. 1987년 대통령 직선제를 골자로 하는 제9차 개헌 이후 민주화 가 정착된 단계에서, 이른바 '87년 체제'가 시대적 변화에 부응하지 못 한다는 차원에서 개헌론은 부단히 제기되어 왔다. 이번에도 예외가 아닌 듯하다. 그러나 정치권에서 개헌에 대한 정치적 입장이 천차만 별이고, 헌법 개정을 발의할 수 있는 대통령이 개헌에 대한 의지가 없는 한 개헌 논의 자체가 탄력을 받을 수 없는 것이 현실이다. 더구나 국민의 절대 다수가 개헌의 절박함을 느끼고 있지 않다면 당파적·정략적 개헌 논의는 무의미할 뿐만 아니라 실현 가능성도 낮다.

또한 한국정치의 난맥과 일상화되는 정국 파행의 원인을 현행 대통령제에서 찾는다면 이는 정확한 진단이 아니다. 대통령으로의 과다한 권력 집중이 승자독식(勝者獨食)을 가져오고 정파 간의 무한투쟁을 가져온다는 상황 인식은 적절하다. 그러나 권력 집중을 해소하기 위한 권력 분산 방안으로서의 이원집정부제나 내각제로의 변경이 한국정치를 획기적으로 바꿀 수 있을 것 같지도 않다. 4년 중임의 대통령제나 이원집정부제, 또는 내각제도 허다한 문제점을 내포하고 있기 때문이다. 예를 들어 정통성을 가진 대통령과 총리가 권력을 분점하는 이원집정부제는 대통령제와 내각제의 장점이 발현될 수 있으나, 최악의 경우 대통령제와 내각제의 부정적 요소만 극단적으로 노출될 수도 있다. 이는 각국의 역사적 경험과 정치문화, 선거·정당 등의 정치제도, 정치 지도자들의 리더십, 정당 민주주의의 정도 등에 따라 얼마든지 다르게 나타날 수 있기 때문이다. 이렇듯 권력구조는 국가에 따라 구현되는 양태가 다양할 수밖에 없다.

미국 대통령제의 안정적 운영은 입법, 사법, 행정 3부의 확고한 견제와 균형, 타협과 합의가 지배적으로 작동되고 있는 정당문화, 연방정부와 지방정부의 권력의 분산, 체화된 지도자의 민주적 리더십 등이 촘촘히 얽혀있기에 가능하다. 한국은 견제와 균형의 원리를 채택하고 있다 하더라도 여전히 대통령의 압도적인 권력 우위 현상이 지속되고 있다. 여권에서는 대통령을 배출한 집권당의 존재보다는 대통령의 일거수일투족이 정책 결정의 지배적 변수가 되고 있다. 국회는 효과적으로 행정부를 견제하지 못하며 야당은 구조적이고 고질적인 당내 계파주의에서 헤어나지 못하고 있다.

따라서 정부형태의 변경은 사회적 약자의 이해를 반영할 수 있는 정당체제로의 발전, 투명하고 공정한 정치자금을 담보할 수 있는 정치자금법 개정, 비례대표의 확대를 통한 합의제로의 변화 등을 견인할 선거제도, 공천의 혁신을 가져 올 선거법 등 중간 또는 하위 레벨의 혁신이 뒷받침될 때 의미가 있다. 그러나 이러한 논의가 현재 한국의 권력구조 변경이 불필요하다는 주장과는 전혀 맥락을 달리하는 것임은 자명하다. 중간 레벨의 정치제도의 개선과 맞물릴 때 정부형태의 변경이 한국정치의 지향을 새롭게 할 수 있다는 것을 주장하기 위함이다.

국회 개회 중 국회의원의 실질영장심사를 위한 국회 동의 불필요, 세비 동결 등 새누리당이 혁신의 의제로 내세운 방안들에 혁신이라는 거창한 단어는 낯설고 뜬금없다. 새정치연합이 내세운 재보선 원인 제공 정당은 후보를 내지 않는 방안과 출판기념회 폐지 등의 방안 역시 한국정치 난맥의 본질을 꿰뚫지 못한다. 한국정치의 지형을 바꾸는 고민과 성찰의 흔적은 어디에도 보이지 않는다.

현행 단순다수제의 소선구제의 혁파나 지역구 의원의 기득권을 내려놓아야 하는 비례대표의 확대 등의 제도적 디자인은 양당체제를 분할하고 있는 거대 여당과 야당에겐 '불편한 진실'들일 뿐만 아니라, '적대적 공존'을 위협할 수 있다. 개헌이 블랙홀이 될 수 있다거나, 경제활성화를 위해 개헌 논의가 바람직하지 않다는 논리는 정당의 체질 개선과 정당체제의 변화, 선거제도의 개선 등, 민주주의를 공고화할 수 있는 제도 혁파에 천착할 때 명분을 얻을 수 있다. 이러한 고민 없는 개헌 논의 배제가 기득권을 지키려는 또 하나의 정략과 맞닿아있는 것은 아닌지 두고 볼 일이다.

14 | 다시 정치다

● 2014. 12. 30

1950년대와 60년대의 한국의 정치사회를 분석한 그레고리 헨더슨의 저서 『한국: 소용돌이의 정치』는 1948년부터 1950년, 그리고 1958년부터 1963년까지의 한국이 대상이다. 이 시기는 건국과 한국전쟁, 4월혁명과 자유당 정권 붕괴, 장면 정권의 성립과 쿠데타로 인한 민주주의의 좌절, 그리고 군사정부의 수립 등 한국현대사의 격동의 시기다. 이를 헨더슨은 소용돌이로 보았다. 숨막히게 달려 온 지난 반세기는 소용돌이와 혼돈, 좌절과 성취가 교차한 시기였다. 그 혼돈과 소용돌이는 현재진행형이다. 50년에서 60년 전의 구조적 상황들, 분단과 압축성장의 과정에서 잉태된 모습이 현재다. 현재는 과거의 반영이다.

대한민국 적폐의 응집이 세월호 참사로 나타나고 권력의 불통이 상징적으로 비선실세 국정 개입 의혹으로 표출됐다. 한국사회의 이념갈등이 통진당 해산이라는 인위적 정당 해체로 드러났다. 한 사회가 동일한 기간에 감당하기에는 역부족인 사회정치적 소용돌이였다. 모든 사건과 현상은 누적되고 응축됐던 순간들이 한 순간에 집적되어 나타난다. 한국사회가 안고 있는 고질적 병폐와 구조적 부조리가 문화적 요인과 역사적 배경이라는 상황 변수와 맞물리면서 그 치부가 노출된 사건들이다.

이를 마주하는 방식에서 관용과 배려는 배척됐다. 문제 해결 과정에서 대척점으로 갈라서 있는 고질적이고 진부한 진영논리가 어김없이 합의와 소통의 발목을 잡았다. 일부 언론을 중심으로 한 미디어 환경은 이러한 여건을 숙성시키는 데 비옥한 토양을 제공했다. 구조적 진영논리는 남북분단이라는 태생적 변수에서 비롯된 면을 부인할 수 없다. 헨더슨이 말하는 '소용돌이'는 그래서 지금도 적용 가능한 현상으로 기능한다.

그러나 상황적 외생변수만 탓하기에 세상은 너무 많이 변했다. 정당들이 진영 정치의 완화와 정치 복원의 역할을 감당해야 한다. 정당은 국민의 갈등을 표출하고 이해를 반영함으로써 공동체가 암묵적 또는 명시적으로 합의한 틀을 벗어나지 않도록 한다. 그것이 정당의 존재 이유요, 기능이다. 그리고 이에 대한 평가와 성적을 토대로 정권을 차지하기도 하고, 빼앗기기도 한다. 이러한 정치과정의 선순환이 대의제 민주주의를 성숙시킨다.

그래서 정치는 곧잘 경제에 비유된다. 경제에서의 가격기구가 왜곡되면 시장은 기능을 상실하고 독과점이 발생한다. 그 피해는 사회구성원이 고스란히 떠안는다. 정치에서의 가격기구는 선거라는 정치과정이다. 정치과정이 왜곡되면 사회의 의사결정은 민의를 반영하지 못한다. 한국정치의 독과점 구조는 진영논리에 의해 재생산된다.

그러나 정권의 한 축인 집권당은 정당으로서의 언어를 잊은 듯하다.

집권세력을 지지하는 견고한 계층의 지지를 바탕으로 진영논리에 편승하지 않았는지 성찰해야 한다. 수평적 당청 관계는 언감생심이다. 모든 권력의 정점은 청와대다. 그 청와대의 심기를 살피기 급급하고, 사회적 현안과 정치적 갈등의 주체로 나서지 못했다. 정치이기를 스스로 포기한 형국이다. 청와대와 집권당의 소통은 일방적 방식으로 이뤄진다. 정치사회적 갈등이 발생할 때, 공동체가 감당해야 할 재난이 닥쳤을 때 대통령의 말 한마디로 해결의 방향이 결정되는 방식이다. 다양하고 갈등적인 요소들의 합의를 도출하는 방식과는 거리가 멀다.

이른바 '가이드라인'의 정치다. 세월호 특별법 제정 과정이 그랬고, 이른바 '정윤회 문건'을 '찌라시'로 규정했던 박근혜 대통령의 발언에 충실한 검찰도 마찬가지다. 통진당 해산 선고 이후의 발 빠른 통진당 당원들에 대한 국가보안법 수사도 예외가 아니다. 이러니 정치 부재와 정치 실종의 비판을 감수해야 한다. 야당의 무능은 더 말할 나위도 없다. 야당 또한 스스로 진영의 굴레를 과감히 끊지 못하고 있다. 지지율이 여당의 반 토막인 정치 현실을 야당은 무겁게 받아들이고 있는지 반문하지 않을 수 없는 이유이다. 집권을 위해 어떤 프로그램으로 유권자에게 다가가야 할 것인지에 대한 성찰은 찾을 수 없다. 진보가 나가야 할 로드맵에 대한 고민이 보이지 않는다. 그래서 야당도 여당과 '공생'한다는 말을 들어야 한다.

국가적 재난에 대처하는 과정과 정치적 사건에 대응하는 관점의 저변에 편 가르기가 똬리 튼다. 통진당 해산 심판 청구심은 두말할 나위도 없다. 이러한 왜곡이 한국정치가 제대로 작동할 수 없게 만드는 근본 요인이다. 물론 구조적 요인이다. 구조적이고 근본적인 요인도 정당이 제 기능을 인지한다면 완화 또는 종식시킬 수 있다. 그래서 다시 정치다.

15 | '정치'총리는 가능한가

● 2015. 2. 24

한국에서의 국무총리는 내각제 국가의 총리와는 위상과 정치적 의미가 다르다. 그러나 총리도 국민의 대표인 국회의 인준을 득해야 하기 때문에 선출직은 아니더라도 나름의 절차적 정당성과 역할을 부여받는다. 장관이 인사청문회 결과와 무관하게 대통령의 권한으로 임명되는 절차와 구별된다. 따라서 절차적으로 총리는 선출직과 임명직의 중간 형태를 띤다고 할 수 있다. 그래서 내각을 통할할 권한을 부여받는다. 국무위원 제청권과 해임건의안도 행사할 수 있다. 그럼에도 역대 총리들은 정치적 지분이 있는 총리가 아니면 거의 의전(儀典)형, 대독(代讀) 총리라는 불명예를 감수해야만 했다. 이회창 전 총리의 경우 헌법상의 국무위원 제청권 행사 등 총리의 권한을 행사하려다가 김영삼 전 대통령과 불화를 빚었다.

이완구 총리는 인사청문회에서 "쓴소리 못하는 총리는 존재 의미가 없다고 생각한다"며 "총리가 된다면 대통령에게 옳은 소리, 쓴소리를 하겠다"고 했다. 또한 "청와대가 인사를 다하면 총리 그만두겠다"는 의지를 피력했다. 그리고 "반드시 헌법에서 주어진 총리 권한을 행사할 것이고, 내각을 확실히 총괄하겠다"고 했다. 헌법 86조의 내각 통할권과 국무위원 제청권을 언급한 것이다. 그러나 이에는 "대통령의 명을 받아 대통령을 보좌한다"는 단서가 있다. 대통령의 보좌기관으로서 내각을 통할하는 권한을 갖는 것은 우리 헌법의 모순적인 측면일 수도 있다. 그래서 학술적 용어도 아니고 헌법이나 법률 용어도 아닌 '책임총리'의 실질적 의미에 대한 논쟁이 총리 임명 때마다 예외 없이 등장한다. 그러나 아무리 실세 책임총리라 해도 대통령제에서 총리의 역할이 제한적이라면 대통령의 부족한 점을 보완하는 쪽에 무게를 두는 방향이 차라리 총리직을 유지하고 있는 헌법 취지에 부합한다.

원천적으로 대통령과 총리의 권력 분산은 이원집정부제의 권력구조나 분권형 대통령제로의 법적 · 제도적 보완 없이는 명백한 한계가 있다는 권력 운용의 현실을 직시할 필요가 있다. 대통령이 총리에게 힘을 실어주기 위해 대통령과 총리의 독대를 공개하고 횟수를 늘리는 등 의도적인 힘 실어주기는 가능할지 모르나 이는 정치공학적인 한계를 지니고 있다. 즉 대통령의 인식이나 정치적 관행의 변경만으로는 책임총리를 통한 권력 분산은 현실적으로 실행되기 어렵다는 것은 짧은 헌정사가 주는 교훈이다.

우리 사회의 균열 축은 경제적, 문화적, 이념적, 지역적 측면 등 다양한 층위에서 형성된다. 정치는 이러한 갈등을 제도권인 정당체계 안에서 관리하고 최소화시키기 위해 존재한다. 정치가 국민에게 불신을 받는 이유는 다양한 레벨에서 분출되는 모순을 관리하지 못하기 때문이다. '문제는 경제'일지 모르지만 '다시 정치가 문제'라는 명제가 화두일 수밖에 없는 이유이기도 하다.

각 부처의 정책 혼선과 우선순위의 조정이 총리실의 주요 업무 중의 하나다. 그러나 경제부총리와 사회부총리도 각 영역에서 자율성과 책임을 가진 '책임부총리'를 지향한다면 총리실의 업무 조정과 내각의 통할에도 일정한 한계가 있다. 또한 '쓴소리'를 한다고 하지만 실물 정치공간에서 이의 한계도 뚜렷하다. 게다가 인준 과정에서 정치환경적 변수에 따라 청와대와 새누리당의 적극적 지원에 힘입은 상황은 '쓴소리'의 공간을 상대적으로 제약한다. 그렇다면 선출직 광역단체장을 역임한 정치인 출신 총리의 지향은 분명해진다. 우리 사회의 갈등의 현장과 균열의 요인을 찾아서 시민들과 소통하며 상충하는 이해관계의 최대공약수를 찾고, 정치의 기능을 복원하는 것이다. 관료에 비해 정치인이 보유하고 있는 비교우위의 핵심이다. 지역구에서 표심을 쫓아 유권자와 소통하고 지역 주민에게 다가가며 본능적으로 민심에 민감한 정치적 감각을 총리직에 최대한 적용해야 한다.

이완구 총리가 전직 총리들처럼 일상적인 정책 조율과 내각의 상징적 수장의 역할에 머무른다면 검증과 청문 과정에서 제기되었던 상처와 흠집을 만회할 수 없을 뿐만 아니라 집권 3년차를 맞는 박근혜 정부의 레임덕으로 이어질 수 있다. 사회적 갈등과 분열의 치유는 정책을 통한 양극화의 해소가 기본이 되어야 하지만 정치 복원이 전제되어야 한다. 정치복원은 공동체가 지향하는 가치에 대한 사회적 합의의 도출에 긴요하다. 사회적 합의는 갈등의 조정에서 나온다. 갈등의 현장에 복무하는 총리는 그래서 필요하다. '행정'을 하는 총리보다 '정치'를 하는 총리의 실험을 지켜볼 일이다.

16 | '성완종 의혹'의 메시지

● 2015. 4. 21

성완종 전 회장의 메모가 발견된 지 2주가 다 되어 간다. 2013년 4월 4일 이완구 총리에게 3,000만 원을 건넸다는 성 전 회장의 인터뷰 내용이 보도된 지도 일주일이 지났다. '성완종 리스트'의 함의를 몇 가지로 추려볼 수 있다. 첫째 정치권을 강타하고 있는 '성완종 리스트'는 한국사회의 구조적 먹이사슬과 민낯을 그대로 드러낸 자화상이다. 또한 한국사회에서 정치가 왜 존재해야 하느냐에 대한 근본적 질문을 던지게 한다. 국가와 시민사회, 공적 영역과 사적 영역의 상층부를 형성하고 있는 주류사회의 영역에서 짬짜미로 얼개를 형성하고 있는 총체적 왜곡은 특혜와 정경유착으로 구체화되고 있다. 산업화 시대의 음영은 부패라는 거대한 괴물이 되어 우리를 옥죄고 있다. 정국 주도권 확보를 위한 '부패와의 전면전'이나 사정 드라이브는 말 그대로 정치공학적이라는 오해에서 자유롭기 어렵다. 또 다른 정치공학에 다름 아니라는 사실을 아는 사람은 다 안다.

둘째, 보다 구체적인 현안으로서 이완구 총리의 거취다. 제기된 의혹을 규명하기 위한 국회 대정부질문 기간 동안 이완구 국무총리의 답변은 국민들에게 의혹을 증폭시키기에 충분하다. 국민들은 성완종 리스트에 등장한 인사들의 주장을 믿으려 하지 않는다. 의혹의 당사자인 총리가 대통령 직무를 대행하고 있는 카오스의 정치는 한국사회를 거대한 블랙홀로 빠뜨리고 있다. 이완구 총리의 진퇴를 둘러싼 각종 시나리오는 대통령의 중남미 순방 기간이라는 시한에 국한될 것이다. 그러나 비등점을 향해 치닫고 있는 총리의 거취에 대한 불가측성을 관리할 수 있는 컨트롤타워의 부재는 한국정치의 불안정성을 가속화한다.

검찰이 대통령 직무를 대행하는 국무총리에 대해 공개수사를 할 수 없음은 상식에 속한다. 이는 확실한 정황과 증거가 있을 때 소환조사의 수순을 밟는 수사 원칙을 준수해서만은 아니다. 여권의 총리의 거취에 대한 기회주의적 태도에서 총리의 금품 수수 의혹을 국민들은 어떻게 받아들일지에 대한 정치적 심모원려(深謀遠慮)를 기대하는 것은 애당초 어리석은 일이다. 국정 최고 책임자를 대신하여 국정에 대한 통할과 업무 대행은 헌법상의 규정에 의해서 이루어진다. 그러나 이는 절차적 차원일 뿐이다. 시민사회는 실질적 민주주의를 요구하고 있다.

셋째, 신뢰에 금이 갈 때 정치의 정상적 작동은 실종된다. 이는 민주주의의 위협으로 연결되고 한국 대통령제의 숙명인 레임덕으로 구체화된다. 신뢰가 깨졌을 때 정치의 형해화를 피할 수 없다. 신뢰의 위기(crisis of credit)다. 신뢰의 균열은 바로 리더십의 위기로 연결된다. 이는 대표성의 위기와 맞물려 정치 실종을 가져온다.

한국정치의 구조화된 정치 불신은 구체적 현안에 의해 강화된다. 정치권력의 이중적 측면인 물리적 강제력과 국민의 자발적 동의가 균형을 이룰 때 집권세력의 정국 운영과 정권의 정상적인 작동도 가능하다. 이탈리아의 사상가인 그람시(A. Gramsci)는 이를 '헤게모니'라는 개념으로 체계화했다. 헤게모니는 사법적 차원의 사실 관계를 넘는 준거 틀이다. 한국정치에서 헤게모니는 이미 소진되고 있다.

　이완구 총리의 금품 수수 여부의 실체적 진실과는 별개로 총리로서의 도덕적 정당성은 현저히 훼손되었다. 이는 정치 불신으로 연결되고, 급기야 정치 허무주의로 진화한다. 임명권자의 법적·행정적 레벨의 권한 행사보다 상위 개념은 시민의식을 관통하는 집단사고와 심리적 정서이다. 이번 사태의 해결을 건강한 시민의식과 상식적 통념에 기반해서 모색해야 하는 이유이다. 또한 법리적 측면의 사실보다 더 중요한 것이 진실이기 때문이기도 하다. 나아가 정치적 이슈의 전후 맥락과 공론의 장에서 형성되는 보편적 국민 인식에 대한 겸허한 승복이 없는 정국 돌파는 시민사회에 대한 무지에서 비롯된다는 평범한 교훈도 놓쳐서는 안 된다.

17 | 의원 신분의 총리 겸직,
바람직한가

● 2015. 5. 19

사법, 입법, 행정 등 삼권의 견제와 균형에 의한 국가 운영이 대통령제의 기본원리이다. 특히 입법부와 행정부의 긴장적 협조와 적정 수준의 길항이 유지될 때 권력의 쏠림 현상 방지라는 대통령제의 취지가 구현될 수 있다. 의회가 내각을 구성함으로써 입법과 행정의 융합을 추구하는 내각제의 권력 운용 원리와는 다르다. 물론 대통령제는 기본적으로 대통령과 의회라는 이원적인 정통성에 입각하고 있다. 대통령제의 이러한 권력구조는 프랑스의 동거정부나 여소야대의 분점정부의 경우처럼 교착 상태를 야기할 수 있는 기본 한계를 안고 있다. 절차적 민주주의가 확립된 이후인 1988년 13대 총선 이후 형성된 여소야대 정국이 대표적이다. 이를 미국의 정치학자인 레이파트는 집행부와 입법부의 갈등에 따른 교착으로 표현했다. 그럼에도 불구하고 대통령제는 삼권이 분리되어 운영되는 권력구조이다.

한국의 대통령제에는 내각제적 요소가 포함되어 있다. 그러나 이는 대통령제의 기본 원리를 흔들지 않는 범위 내에서 운용되어야 한다. 현재 국회의원과 국무위원의 겸직은 헌법 43조의 "국회의원은 법률이 정하는 직을 겸할 수 없다"는 조항과 국회법 29조의 "의원은 국무총리 또는 국무위원의 직 이외의 다른 직을 겸할 수 없다"는 조항에 의해서 가능하다. 박정희 정권이 독재의 문을 연 1969년의 삼선개헌, 즉 6차 개헌 이전에는 의원과 장관의 겸직이 허용되지 않았다. 헌법 정신은 국회의원의 겸직을 허용하지 않는다는 취지인데 2013년 국회법 개정을 통하여 겸직의 길을 열어 놓은 것이다. 당·정·청이라는 한국 특유의 집권세력 구성도 국회가 행정부를 견제함으로써 균형을 잡고 권력의 독주를 견제해야 한다는 대통령제의 원리를 벗어나서는 안 된다.

이완구 전 총리가 퇴임하기 전에 현역의원의 신분을 유지하고 있는 국무위원은 총리와 경제부총리, 사회부총리, 여성가족부 장관, 국토부 장관, 해양수산부 장관 등 여섯 명이었다. 내각의 3분의 1이 집권당의 현역의원인 셈이다. 장관도 모자라 총리와 부총리까지 집권당 소속의 현역의원을 임명하는 관행은 대통령제의 취지와는 동떨어져 있다. 현행 법체계상 하자가 없다 하더라도 입법부의 행정부 견제라는 대통령제 권력 운용의 원리에 정면으로 배치된다. 한술 더 떠 집권당 소속 국회의원을 대통령의 특보로 임명해서 운용하는 정치 행태는 정치적 퇴행(political decay) 그 자체다.

이완구 전 총리의 후임으로 다양한 직군의 후보가 거론되고 있다. 정무형, 개방 화합형, 실세형 등으로 총리 후보군을 규정하지만 작위적인 분류다. 개인적인 역량과 역할 이전에 총리나 장관을 현역의원에서 물색하는 정치적 관행부터 바로잡아야 한다. 헌법과 법률 체계상의 절차적 정당성의 관점에서만 접근해서는 안 된다. 제도적 개선과 보완이 뒤따라야 함은 물론이다. 국회의원의 기득권 포기 차원에서라도 국회의원의 국무위원 겸직을 가능케 하는 국회법을 개정해야 한다. 의원의 특권 내려놓기를 실천함으로써 국회가 국민의 신뢰를 얻는 단초를 열 수 있다. 국회의원의 국무위원 겸직은 집권세력의 입장에서 보면 내각을 통해 의회에 대한 영향력을 증대할 수 있다는 정치적 계산과 인사청문회 부담을 덜 수 있다는 다중적인 포석이 있을 수 있다. 그러나 현재의 국무위원 구성은 과도하게 현역의원의 겸직이 남용되고 있는 구조다. 정치적 후진성을 보여주는 것이며 대통령제의 기본 원리에 부합하지 않는다.

현역의원의 신분을 가진 총리를 통하여 당과 국회에 영향력을 행사하고자 한다면 이는 하책의 정치공학이라는 비판에서 자유로울 수 없다. 헌법에 따르면 총리는 "대통령을 보좌하며, 행정에 관하여 대통령의 명을 받아 행정각부를 통할"한다. 주권재민은 헌법 1조 2항에 명문화되어 있다. '민'의 대의기구인 의원이 대통령을 보좌하는 것은 대통령제는 물론이고 민주주의 원칙에 부합하지 않는다. 총리는 현역의원의 신분을 가지고 있지 않은 인사 중에서 임명되어야 한다.

18 | 국회법 개정안의 경우

- 2015. 6. 3

    지난 주 통과된 국회법 개정안을 둘러싸고 입법부와 청와대의 대립이 표면화되고 있다. 청와대는 개정안이 행정입법을 국회가 과도하게 제한함과 아울러 삼권분립을 침해할 우려가 있고 위헌의 소지가 있다는 주장을 펴고 있다. 새정치연합은 모법의 취지나 내용을 위반한 시행령에 대해 시정을 요구하는 국회의 권한은 정당한 입법권의 행사라는 입장이다.

    이 사안은 입법부와 행정부의 충돌과 여권 내 정치지형의 두 가지 측면에서 보아야 한다. 각론은 더 복잡한 양상이다. 당청 간의 갈등을 기본 축으로 당내에서 친박과 비박의 대결 구도가 노골화될 수 있다. 반면에 살아있는 권력을 의식하여 새누리당 지도부가 몸을 낮출 수도 있다. 여권 내의 갈등이 증폭될 수도 있고 수면 아래로 잠복할 수도 있다. 여권 내 역학관계의 변화도 나타날 수 있다. 대통령이 거부권을 행사하고 새누리당이 개정안에 반대표를 던지거나 설령 거부권을 행사하지 않더라도 청와대를 의식한 새누리당 지도부가 통과된 국회법 개정안에 대해 수정을 가하고자 한다면 여야 관계는 가파른 대치국면을 피할 수 없다.

한국은 대통령제와 내각제가 혼합된 제도를 가지고 있다. 대통령제의 작동 원리가 입법·행정·사법의 견제와 균형에 입각한 것이지만 우리의 권력구조는 입법부와 행정부 권력의 융합이란 측면도 배제할 수 없다. 현역의원이 국무위원을 겸할 수 있는 구조, 대통령의 법률안 제출권도 그 예이다. 그러나 청와대가 대통령 특보와 현역의원의 겸임으로 권력분립에 대한 논란이 불거졌을 때는 침묵하다가 이번 국회법 개정안에 대해서 권력분립에 위배된다는 주장을 펴는 것은 논리적으로 일관되지 않는다.

대통령과 입법부는 모두 국민의 선출에 의한 헌법기관으로서 이원적 정통성을 갖는다. 따라서 행정부와 입법부의 교착과 대립은 대통령제의 숙명이기도 하다. 집권당의 의석보다 야당의 의석이 많은 분점정부의 경우에 대통령이 야당과 수시로 소통하면서 야당을 설득함으로써 소수 정권의 한계를 극복해야 할 이유이기도 하다. 이론적으로 분점정부가 정국의 교착을 가져올 개연성이 있으나 여소야대 정국을 의미하는 분점정부 상태가 국정 운영을 마비시킨다는 논리는 그래서 타당하지 않다. 같은 논리의 연장에서 청와대가 국회의 시행령 수정을 강화한 법안을 권력분립의 위배라고 보는 건 논리의 비약이다. 입법부가 행정부의 시행령 자체를 일일이 간섭한다는 것이 아닌 바에야 모법의 취지에 합치하지 않는 조항에 대해 문제를 제기할 수 있다. 물론 이번 국회법 개정안에서 시행령에 관한 수정 변경 요구가 강제성을 갖느냐의 문제는 별개의 문제로서 조정이 가능한 문제라고 볼 수 있다.

정치는 기본적으로 권력현상이다. 권력을 획득·쟁취하고자 하는 세력 간의 다툼이 정치의 기본 요소다. 권력을 어떻게 통제하고 어떤 제한 조건하에 두느냐 하는 방식이 민주주의의 원활한 작동에 사활적이다. 다수가 모든 힘을 독점하게 될 때 부정적인 결과가 초래된다. 입법부의 불안정, 관료들에 의한 자의적이고 빈번한 권력의 행사 등이 그 예가 될 수 있다. 선한 정부냐 악한 정부냐에 대한 기준은 정부가 다수의 지배하에 있느냐, 소수의 지배하에 있느냐의 기준에 있지 않고, 그 정부가 얼마나 많이 혹은 조금 권력을 행사할 수 있도록 허용되어 있느냐라는 기준에 의해 평가된다. 민주주의의 역사는 인민에 의한 권력의 통제의 확대 과정이다. 보통선거권의 확대 과정이 민주주의 발달의 역사다. 구체적으로는 입법부의 권능의 확대 과정으로도 볼 수 있다. 그러나 입법부가 과도하게 행정부를 압박한다면 권력분립은 위협받고 민주주의가 '다수의 횡포'로 전락할 수 있다.

그럼에도 불구하고 권력분립의 침해라는 논리로 국회에서 압도적으로 통과된 개정안에 문제를 제기하는 방식 자체가 해법을 더 꼬이게 할 수 있다. 대의제 민주주의에서 국회는 국민의 대표기구다. 국민으로부터 권력이 나온다는 헌법 정신을 굳이 들추지 않더라도 국회와 정면충돌을 불사하는 것으로 비춰지는 청와대의 태도는 정치를 통한 갈등의 최소화와 거리가 멀다. 국회법 개정으로 행정부가 마비되거나 권력분립이 침해되어 헌법적 가치가 훼손된다고 볼 수 있는 근거는 여전히 미약하다.

19 | '유승민 퇴진' 공세,
금도(襟度) 지켜야 한다

● 2015. 6. 30

　　새누리당이 어제 유승민 원내대표 거취를 논의하는 긴급 최고위원회의에서 결론을 내리지 못했다. 현실론과 당위론이 부딪칠 수밖에 없다. 박근혜 대통령이 유승민 원내대표를 인정하지 않는 상황에서 유 원내대표가 버티기는 쉽지 않아 보인다. 그러나 비박도 조직적으로 친박에 대응할 움직임을 보이는 상황이라 여권 전체가 권력투쟁에 빠져드는 분위기이다. 대통령이 여당의 원내대표를 불신임할 수 있는 제도적 장치가 있는 것도 아니다. 원내대표에 대한 불신임은 당의 의사결정 기구인 의원총회에서 결정하지 않으면 방법이 없다. 최고위원회에서 원내대표에 대한 사퇴를 결정할 수 없다. 물론 유 원내대표가 자진사퇴하는 방법은 있다.

　　그러나 대통령 말 한마디에 의원들이 선출한 원내대표가 결정적인 하자가 없는 상황에서 사퇴하는 것이 과연 올바른 정당정치인지 묻지 않을 수 없다. 더구나 친박 그룹이 대통령의 탈당과 분당 가능성까지 거론하며 갈등과 긴장의 수위를 고조시키는 행태는 또 하나의 패권주의에 다름 아니다. 내년 총선에서 현재 비박 투톱으로 이루어져 있는 새누리당 지도부의 교체와 여권 정치지형의 변화를 위한 포석이란 의구심을 사기에 충분하다. 현재 청와대와 친박이 취하고 있는 행태는 국면 전환을 통한 지지층 결집을 위한 전략적 측면도 고려된 것으로 보인다.

유승민 원내대표는 증세와 국회법 개정안 등 정치적 현안에서 청와대와 다른 결을 보여 왔다. 그러나 향후 유 원내대표의 사퇴가 가져올 파장이 만만치 않아 보인다. 야당은 박근혜 대통령의 거부권 행사 이후 모든 국회 일정을 거부하고 있다. 야당은 국회법 개정안을 헌법적 절차인 재의에 부칠 것을 요구하고 있다.

친박 의원들이 대통령의 지시에 따라 움직일 수밖에 없는 현실을 인정하더라도 정도 문제다. 국회의원은 각자가 헌법기관이다. 헌법기관으로서의 소신과 자율성이 전제된 상태에서 계파 이익을 내세워야 한다. 정당인과 의원의 책임을 조화시키는 절제와 균형 감각이 필요하다. 정국의 주도권 회복, 레임덕 사전 방지 등 여러 포석이 있을 수 있다. 정치공학적 차원에서 이해할 수 있다. 그러나 이 모든 행동에서 전제되어야 할 것은 금도(襟度)이며 정도(正道)이다. 청와대와 친박 의원들은 국민들의 눈길을 의식해야 한다.

20 | '배신의 정치', '배제의 정치'

● 2015. 7. 1

국회법 개정안에 대한 박근혜 대통령의 거부권 행사의 본질은 개정안의 위헌 여부다. 그러나 거부권 파동은 여권 내의 권력투쟁으로 변질됐다. 청와대와 친박 그룹의 정국 주도권 확보를 위한 시나리오의 서막이며 승부수란 추론이 그리 과하게 들리지 않는다. 박근혜 대통령은 유승민 원내대표를 여권의 동반세력으로 받아들이지 않겠다고 선언한 형국이다. 유승민 원내대표는 당이 국정의 중심에 설 것이라고 했고, "증세 없는 복지는 허구"라며 정부의 국정 운영 기조를 비판했다. "새로운 보수의 지평을 열겠다"고도 했다. 기존의 여당 원내대표들에게서 발견하기 어려운 중도 개혁의 참신함이 배어 나왔다. 새누리당의 우클릭에 대한 자기검열로서 자정(自淨)능력이 있는 집권당의 저력이라는 분석도 나왔다. 이념적 성향과 별개로 유 원내대표에 대해 호의적 평가가 적지 않았다. 김무성 대표와 유승민 원내대표가 당청 관계를 새롭게 정립할 수 있으리라는 기대도 있었다. 이것이 화근이었다. 비박 투톱의 지도부 입성 이후의 여권 내 역학관계의 균열이 거부권 정국의 뇌관으로 작용했다.

박근혜 대통령은 지난 2월 유승민 원내대표 취임 이후의 행보를 "정부 여당을 뒷받침 하는 정치가 아니라 자기를 위한 정치"로 판단한 듯하다. 공무원연금법 개정 협상 과정에서의 국민연금 소득대체율 50% 명시, 국회법 개정안에 대한 청와대의 위헌 소지 지적 등이 누적되어 나타난 결과가 박 대통령의 유 원내대표에 대한 직설적인 사퇴 요구다.

대통령제는 국민의 직접 선출에 의해 구성된 입법부와 대통령의 이원적 정통성(dual legitimacy)에 입각한 충돌 가능성에 노출되어 있는 권력구조다. 의회가 여소야대의 분점정부가 될 때 국정의 교착이 발생할 개연성은 한층 높아진다. 그래서 국정의 최고 정점에 있는 대통령의 설득과 포용의 리더십이 절실해진다. 내각제는 의회의 다수당과의 연정에 의해 행정부가 구성되므로 의회와 내각의 융합이 일상적이지만, 대통령제는 입법부와 사법부, 행정부의 견제와 균형에 입각한 삼권분립이 더욱 강조된다.

집권당과 청와대, 행정부는 여권을 형성하고 있는 국정 주도세력이며 집권세력이다. 정당에 소속된 의원은 당인임과 동시에 입법부를 구성하는 헌법기관이다. 각 기구의 역할과 위상이 민주적으로 인정되고 존중될 때 여권 내에서의 절제와 균형이 유지될 수 있다. 입법·사법·행정의 수평적 관계 못지않게 여권 내에서의 생산적 길항이 긴요한 이유이다. 당과 청와대의 의사가 일치하지 않을 때 이를 조율하고 합의를 도출하는 것 역시 집권세력의 몫이다. 이에 대해 유 원내대표가 책임질 일은 있을 것이다. 그러나 청와대의 잘못도 가볍지 않다.

나치에 협력했던 헌법학자 칼 슈미트는 정치의 본질을 적과 동지의 구별에서 찾았다. 정치적인 행동이나 동기의 연원은 결국 피아(彼我)의 구분이라는 말이다. 권력정치의 관점이다. 그러나 정치란 설득과 포용의 산물이기도 하다. 정치에서 갈등은 필연적이다. 이 갈등을 최소화하고 관리하며 조정해 내는 것이 정치다. 권위주의 시대에 일상화 되었던 정치적 배제는 탈정치에서 연유한다. 민주주의에서 권력의 원천은 투표다. 여당 의원들의 투표에 의해 선출된 원내대표를 몰아내려는 것은 또 다른 정치적 배제다. 대통령의 국회에 대한 비판은 또 다른 삼권분립 시비를 불러올 수도 있다. 탈정치와 정치적 배제는 군사권위주의 시대에서만 발견되지 않는다.

대통령과 집권당 원내대표를 대척에 두고 논한다는 자체가 한국적 대통령제에서는 가당치 않다. 더구나 박근혜 대통령과 유승민 새누리당 원내대표를 대립각으로 설정한다는 것은 한국정치에서는 비현실적이다. 메르스 정국에서 거부권 정국으로의 쟁점 축의 변경으로 인한 국면 전환이 진정한 승부수인지 무리수인지 권력정치적 관점에서 아직은 예단하기 어렵다. 박근혜 대통령이 언급한 '배신의 정치'가 적과 동지의 구별에서의 적에 대한 '배제의 정치'가 된다면 '승부수'와 '무리수'는 백지 한 장 차이에 불과하다.

21 | 오픈프라이머리의 함정

● 2015. 7. 29

     정치권에서 완전국민참여경선(오픈프라이머리) 도입 여부가 쟁점이 되고 있다. 이 제도는 유권자들이 지지 정당을 밝히지 않고 정당의 예비선거에서 공직자 후보에게 투표하는 후보 선출 방식이다. 오픈프라이머리는 당원뿐만이 아니라 일반 국민이 공직자 선거 후보 선출에 참여함으로써 정당의 개방성이 제고된다. 민주주의의 위기 중의 하나인 참여의 위기와 대표성의 위기를 보완한다는 측면에서 의미가 작다고 할 수 없다.

    새누리당 김무성 대표는 오픈프라이머리의 여야 동시 실시를 제안했다. 새정치연합은 오픈프라이머리에 대해 "기존의 기득권 질서를 고착화하기 위해 경쟁을 가장한 독과점 체제"라며 공식적으로 반대 의사를 밝혔다. 여야 정당 모두가 찬성하지 않으면 사실상 오픈프라이머리의 실시는 본래의 취지를 살리지 못할 뿐만 아리라 오히려 대표성을 왜곡시킬 수도 있다.

오픈프라이머리를 순수하게 제도적 관점에서 보느냐, 여야 정당 내부의 권력지형적 시각에서 접근하느냐에 따라 이에 대한 입장이 극명하게 갈린다. 오픈프라이머리를 둘러싸고 여야의 계산법이 다르고, 정당 내부의 계파적 이해 또한 첨예하게 부딪치고 있기 때문이다. 오픈프라이머리가 특정 정치세력의 영향력을 최소화하고 자의적 공천권 행사를 막을 수 있다는 점은 긍정적인 면이다. 또한 국민들의 정치 참여를 확대시킨다는 명분론에서는 분명 앞선 방식이다. 당세가 위축될 때 개방성을 증대시킴으로써 정당의 외연을 확대시킬 수도 있다. 2002년도 새천년민주당(새정치연합의 전신)이 그랬다. 당시 민주당은 일반 국민이 참여하는 국민경선으로 대선 후보를 선출했다. 노무현 후보의 바람은 국민경선이라는 방식으로 가능했다. 국민경선이라는 방식이 없었다면 당시 한나라당에 비해 약체이던 민주당이 전국적 흥행과 컨벤션 효과를 기대하기는 어려웠다. 민주당은 여세를 몰아 본선에서도 승리했다.

그러나 오픈프라이머리는 정당을 더욱 약화시킬 수 있다. 후보 선출권이 유권자에게 주어짐으로써 당의 역할은 축소되며 공직자 후보를 추천하는 정당 본연의 기능도 위축된다. 시민사회의 이익을 표출·집약하고 정책으로 산출하는 정당의 본령이 위협받을 수 있다. 국민이 참여한다고는 하지만 동원된 유권자일 수도 있고 예비선거와 본선거의 두 번 선거를 치러야하는 점도 간과할 수 없다. 자신이 지지하지 않는 정당의 후보를 떨어뜨리기 위해서 일부러 경쟁력이 떨어지는 후보에 표를 던질 수 있는 이른바 역선택의 위험도 도사리고 있다. 현역에게 유리하기 때문에 새로운 정치세력의 진입에는 불리한 제도이기도 하다.

차기 총선에서 청와대의 영향력을 배제하려는 김무성 대표와 비박 그룹은 오픈프라이머리를 밀어붙이려 한다. 반면 20%의 전략공천을 관철시킴으로서 내년 총선에서의 영향력을 기반으로 대선 후보 경선에서 유리한 고지를 확보하고자 하는 문재인 대표 등 야당의 주류는 이를 반대한다. 김무성 대표는 국민에게 공천권을 되돌려 준다는 명분으로 야당을 반개혁적이라고 몰아붙이고 있으나 이 또한 설득력이 떨어진다. 오픈프라이머리를 반대한다고 반개혁적이라고 볼 근거가 존재하지 않기 때문이다.

　　당내 계파나 여야 모두, 국민과는 유리된 정치적 유불리의 관점에서 오픈프라이머리 실시 여부에 대해 접근하고 있다. 어차피 현실정치가 권력 획득을 위한 쟁투의 장이긴 하지만 이 또한 명분이 서야 한다. 장단점이 있는 제도적 디자인으로 상대 정치세력을 몰아붙이는 것이야말로 정치공세이고 개악이다. 오픈프라이머리 도입은 개혁의 본질이 아니다. 오픈프라이머리의 순기능적 측면이 부각되려면 많은 고민과 보완이 뒤따라야 한다.

　　공직자 후보를 선출하는 과정이 정당정치의 핵심임은 재론의 여지가 없다. 그러나 이는 소수와 사회적 약자들의 이해가 대표될 수 있을 때 의미가 있다. 정치학자인 샤츠슈나이더는 "후보 선출 절차가 정당의 본질을 결정하며 후보 선출권을 가진 사람이 사실상의 정당의 주인"이라고 했다. 무엇이 정당의 주인을 제대로 찾는 길임을 고민해야 한다. 오픈프라이머리가 정치 개혁의 상징으로 과대포장 되어선 안 된다.

22 | 정치 복원을 잃은 한국정치

● 2015. 10. 7

　1996년의 15대 총선에서 신한국당은 국회 과반 의석 확보에 실패한다. 그리고 그 해 말 김영삼 정권은 노동법 날치기 통과를 강행하고 1997년도 초의 수서 비리와 이후 닥친 김현철 씨 구속 등 가파른 레임덕은 김영삼 정권을 식물정권으로 전락시켰다. 임기 말 김영삼 전 대통령의 지지율은 6%대였다. 정권은 김대중 정부로 넘어갔다.

　내년 총선은 1996년의 15대 총선 이후 20년 만이다. 그리고 다음 대선의 시기도 그 당시와 같다. 청와대로서는 15대 총선을 반면교사 삼아 20대 총선에 박근혜 대통령 퇴임 이후에도 방패막이가 되어 줄 수 있는 측근 친위 그룹의 의원들을 여의도에 입성시키려 할 것이다. 실제 박근혜 대통령의 대구 방문 때는 대구 지역 출신 의원들의 모습을 찾을 수 없었다. 반면 대구 경북 출신의 청와대 안종범 경제수석과 신동철 정무비서관이 박 대통령을 수행했다. 이른바 '유승민 찍어내기' 때 적극적으로 동참하지 않은 대구 지역 의원들에 대한 압박과 경고의 의미로 읽히기에 충분했다. 뿐만 아니라 측근 그룹에 대한 공천에 대한 의지를 의도적으로 대외에 천명한 것이 아니냐는 해석도 나왔다. 며칠 후 인천 행사 방문 때 새누리당 인천 출신 의원들이 모습을 나타낸 것과 대조적이다.

박근혜 정부의 출범 이후 첫 해는 국정원 대선 개입 사건으로 국정의 축을 상실했고, 다음 해인 2014년은 세월호 참사가 갈 길 바쁜 정권의 발목을 잡았다. 올해는 메르스 사태로 정국 주도권을 장악하지 못했다. 그러나 북한의 목함지뢰 도발과 이로 인해 조성된 남북긴장을 적절히 관리함과 동시에 방중 외교 성과 등으로 국정 지지율은 박근혜 대선 후보 당시로 복원되었다.

여의도 정치권에서는 '청와대 독무대 정국이 여의도 정치를 블랙홀처럼 빨아들이고 있다'는 평가에 이론(異論)이 없다. 정부 여당은 박근혜 정권이 임기 반환점을 돈 이후 노동개혁을 최대 국정 과제로 내세우고 있다. 노·사·정 타협과 함께 한국노총이 이를 수용함에 따라 노동개혁의 전망도 밝아 보인다. 이는 정국 주도권 장악으로 귀결된다. 게다가 10월에 예정되어 있는 한·미 정상회담과 10월 말 또는 11월 초 개최가 유력한 한·미·일 정상회담에 이어 연말까지 줄줄이 잡혀 있는 다자외교 행사들을 무난하게 치르면 박 대통령의 국정 장악력은 더욱 강화될 것이다.

청와대가 국정의 주도권을 장악해 가면서 새누리당의 존재감은 희미해져가고 있다. 새누리당 김무성 대표가 "오픈프라이머리에 정치 생명을 걸겠다"고 하면서 내년 총선에서 청와대의 영향력을 배제하려고 하지만 이미 새누리당 당헌·당규의 우선추천제까지 수용이 가능하다고 한 김무성 대표로서는 청와대에 판정패 한 형국이다. 유승민 전 원내대표 퇴진 이후 당·청 관계는 다시 수직적 관계로 순치되어 가고 있는 형국이다.

새정치연합은 문재인 대표의 재신임과 혁신안이 통과되었으나 야권 외부로부터의 압박에 기인하는 원심력은 강화되고 있다. 당 안팎의 내홍과 분열상이 심화되고 있다. 혁신안이 발표될 때마다 제기되어 오던 계파 갈등은 국민공천제로 잠시 관심이 비껴갔으나 여전히 현재진행형이다. 천정배 의원 발 신당 창당과 분당론은 좀처럼 수그러들지 않는다. 제1야당인 새정치연합의 갈등은 구조적이며 고착화되어 가고 있는 양상이다. 내년 총선에서 새정치연합의 승리를 점치는 전망은 현 단계에서는 찾아보기 어렵다. 단순한 패배가 아니라 참패로 귀결될 것이라는 전망이 지배적이다.

건강하지 못한 야당은 갈등을 조정하고 최소화할 수 있는 정당체제의 강화와 모순적으로 작용한다. 실제 현재의 여당이 그렇다. 새누리당과 새정치연합의 지지율 격차가 크지만 여당의 지지율은 야당의 무능에 기인한 바가 크다. 이미 야당은 내부의 권력다툼에 청와대를 견제하고 비판할 동력은 물론 의지도 상실했다. 행정부를 견제할 수 있는 건강한 야당, 입법부의 한 축임을 인식하는 지성 있고 품격 있는 여당의 존재는 찾아보기 어렵다. 내년 총선에서 청와대의 입김이 강화된다면 정치 실종과 정치 부재는 더욱 가속화될 것이다. 당·청의 여권 내부 역학관계에서의 적절한 조화와 상호 견제가 절실하다. 한국정치에서 정치 복원은 현재로서는 연목구어(緣木求魚)다.

23 | 구태에 찌든 예산의 정치학

● 2015. 10. 22

정부가 제출한 내년도 예산의 삭감과 증액 규모가 정해지고 최종 항목과 사업 내용이 정해지는 시한이 불과 한 달 남짓 남았다. 올해도 정치적 쟁점에 가려 예산 심의가 졸속으로 되지 않을까 우려가 앞선다. 새삼스러운 일도 아니다. 매년 예산은 여야의 정치적 쟁점에 가려 법정시한을 넘기기 일쑤였고, 오히려 헌법이 정한 시한을 지키는 것이 이상할 정도였다. 물론 '국회 선진화법' 때문에 예산은 결과적으로 법정시한을 지킬 수밖에 없게 되었다. 예산은 행정부가 편성해서 입법부가 의결함으로써 사업 규모와 쓰임새가 결정된다. 입법부의 권능 중 국민의 삶에 직접적인 영향을 끼치는 것은 역시 예산이다. 정기국회를 예산국회로 부르는 이유이다. 예산이 재정수입과 지출의 균형을 감안하여 나라의 살림을 전체적으로 조율하지만 기본적으로 예산은 정치적 거래라는 본질적인 부분을 간과할 수 없다. 예산이 매년 법정시한인 12월 2일까지 통과되는 예가 드물었던 현상과 무관치 않을 것이다.

　예산은 재정정책과 밀접하게 관련되어 있다. 어느 분야에 정책의 주안점을 두느냐에 따라 투자규모와 우선순위가 정해진다. 따라서 예산은 사회적 합의가 녹아있게 마련이고 한국사회가 지향해야 할 방향과 가치관이 배어있다. 예산이 단순히 경제적 숫자의 차이에 그치지 않는 이유이기도 하다. 문제는 예산이 여야 간의 정쟁의 희생물로 전락할 수 있는 개연성이 상존한다는 데 있다. 예산에는 정치세력 간의 거래의 산물이라는 특수성이 있다. 따라서 예산과 정국 현안이 얽히고 예산을 볼모로 정치적 타결이 이루어지는 현실을 마냥 나무랄 수만도 없다. 예산을 입법 및 정치적 쟁점과 연계시키는 야당의 전략이 국민의 지지를 받을 수 있느냐의 여부는 전적으로 별개의 문제이다.

　그러나 예산의 정치경제학적 측면을 인정하는 것과 밀실에서 예결위 위원들의 배타적 영향력 아래 예산의 증액과 삭감이 자의적으로 결정되는 현실과는 별개이다. 주머니 쌈짓돈처럼 실세 의원의 지역구 선심성 사업 챙기기와 예결위원들의 지역구에 소모적이고 불필요한 예산이 책정되는 현실은 매년 계속된다. 쪽지예산을 통하여 지역구민을 의식한 가시적 전시성 사업을 위한 예산이 배정됨으로써 예산이 자원의 적정한 배분과 사회적 형평에 기여하기는커녕 시장 교란과 자원 배분을 왜곡시킬 수 있는 개연성이 상존한다.

　더구나 내년도 예산은 총선을 의식한 지역구 예산 유치 경쟁으로 불요불급한 예산의 증액으로 나타날 가능성도 배제할 수 없다. 당장 역사교과서 국정화가 정국의 블랙홀이 되면서 여야의 날 선 공방이 계속되는 상황에서 예산심의가 제대로 될 리 만무하다. 새정치연합은 한국사 교과서에 소요되는 예산은 단 한 푼도 배정할 수 없다는 입장이다. 누리과정 예산은 이번에도 작년과 마찬가지로 여야 간 쟁점이 될 전망이다. 야당은 역사교과서 문제를 국회 교육문화체육관광위원회 소관 예산과 연계하기로 했다. 이에 맞서 새누리당은 역사교과서 예산을 예비비에서 충당하기로 방침을 정했다. 행정적으로는 하자가 없을지 모르나 역사교과서 국정화도 여권의 일방적인 밀어붙이기로 진행되면서 국민에게 이해를 구하고 설득하는 절차가 거의 생략되어 무리가 따르고 있다. 그런데 예산마저도 야당의 동의 없이 예비비에서 충당하겠다는 발상은 절차적 정당성을 결여함으로써 여야의 갈등의 골을 더 깊게 하고 있다. 정치적 대척으로 내년도 예산안 심사 역시 정치적 갈등의 연장에서 심의됨으로써 부실과 졸속을 벗어나기 어렵다.

예산 심의가 국정감사와 연계되지 않는 부분도 시정되어야 한다. 국정감사에서 지난해의 예산 집행에 대한 적절성 여부가 걸러지고 결과가 다음 해의 예산 심의에 반영되어야 한다. 그러나 국정감사는 정치적 이슈에 매달려 정쟁의 프레임에 갇히기 일쑤다. 예결위에서의 정책 질의가 정책 집행의 타당성과 사업의 타당성을 따지지 않고 정치적 쟁점과 여야의 힘겨루기의 장으로 전락한지는 오래다. 국회가 행정부가 제출한 방대한 예산을 세밀한 부분까지 분석하고 숨겨진 예산을 밝히는 데는 원천적인 한계가 있다. 국회에 예산정책처가 있다고 해도 기능이 제한적일 수밖에 없다. 방대한 예산을 심사하기 위한 국회의 제도나 관행, 정치문화가 획기적으로 개선되지 않는 한 예산은 국민의 감시 밖에서 매년 같은 구태를 반복하게 될 것이다.

24 | 국면 전환의 정치학

● 2015. 11. 18

　　가치판단이 배제되는 정치는 패권정치로 흐르기 십상이다. 가치의 지향이라는 정치의 본령이 낯설어진 지는 오래 됐다. 다이내믹스와 불가측의 정치가 일반화되고 있는 정치현실이 '정치는 생물'이라는 말로 마냥 합리화될 수는 없다. 여야 정당 내부의 역학관계와 권력지형의 변화 등 정치적 현상들은 정치 그 자체의 동력으로 추동된다. 이는 권력정치적 관점에서의 정치현상이다. 그러나 정치가 권력을 추구하는 본질적 속성을 가지고 있다고 하더라도 또 한편의 간과할 수 없는 영역이 계층 간의 사회경제적 간극을 메꾸고 분출되는 갈등을 관리하는 정치 본연의 임무다.

　　여권이 역사교과서 국정화 이슈를 제기한 이후 정부의 국정화 확정 고시가 있었고, 새누리당은 새정치연합의 반발을 민생 발목잡기로 야당을 몰아붙였다. 정기국회 기간의 상당 부분을 뜬금없는 역사교과서 국정화 문제로 소진하게 된 원인 제공자는 여권이었다. 역사 교과서 국정화에 대한 찬반 여부와 무관하게 국면을 재빨리 전환하여 야당에게 역공을 취하는 형국이다. 야당은 이슈에 끌려다니면서 국정화에 대한 반대 여론이 높음에도 불구하고 교과서 정국은 야당의 지지율 상승과 연결되지 않고 오히려 새누리당 지지율 상승으로 나타나는 한국정치의 역설을 목도한다.

정국을 주도하려면 의제 설정에 능해야 한다. 역사 교과서 국정화의 당위 여부와는 별도로 국정화 이슈는 정기국회의 예산심의와 새누리당이 그토록 강조하는 민생법안의 논의 자체를 차단하는 결과를 가져왔다. 야당은 전선을 형성하고 공세적으로 나왔으나 교과서 정국에서 이슈를 주도한 측은 여당이었다. 이후 유승민 의원 부친 상가에서 새누리당 윤상현 의원의 TK 물갈이 관련 발언이 있은 다음 날 박근혜 대통령이 국무회의에서 언급한 '진실한 사람을 선택해 달라'는 이른바 총선심판론은 정치권에 충격으로 받아들여졌다. 국회에 대한 압박과 새누리당 비박에 대한 경고로 해석되기에 충분했다. 야당이 선거 개입 가능성을 거론하고 나왔으나 이슈화 시키지 못했다.

12일에는 새누리당 홍문종 의원이 이원집정부제를 의미하는 반기문 대통령과 친박 총리의 조합 가능성을 구체적으로 거론하면서 정치권은 또 한 바탕 소동을 겪었다. 청와대는 부인했으나 발언자가 친박계 핵심이라는 점에서 여러 정치적 상상력이 동원되었다. 청와대와 친박 사이에 교감이 있었는지, 아니면 청와대의 암묵적 묵인하에 친박 내부의 총선 이후 개헌에 대비한 공론화 과정인지는 알 수 없다. 그러나 여권은 언제든지 자신들의 필요에 의해 개헌이라는 거대한 블랙홀을 만들어 갈 수 있는 가능성을 보여주었다. 여권의 국면 전환에 정치권이 정신을 차리지 못 할 정도다. 야당이 개헌을 제기했다면 민생을 팽개친 정략적 발상이라고 집중포화를 맞고 지지율은 곤두박질할 것이다.

지난 대선 때도 경제민주화와 복지를 선점한 측은 새누리당이었다. 야당 정체성의 핵심을 자신들의 의제로 전환시키는 데 성공했고 결과는 새누리당의 대선 승리로 이어졌다. 민주주의의 대표적 이론가의 한 사람인 아담 쉐보르스키는 민주주의란 "결과의 불확실성을 제도화"한 체제라는 함축적 정의를 내린다. 그러나 현재의 한국정치는 단기적 국면에서는 불가측성이 지배적이나, 중장기적으로는 쉐보르스키의 말과는 정반대로 '결과의 확실성의 제도화'로 가고 있다. 여권의 발빠른 국면 전환과 야당의 만성화되고 고질화된 무기력증이 만들어낸 합작품이 정치에 대한 기대를 저버리게 하고 있다. 대안정당으로의 가능성이 전무하다시피 한 야당에게서 정권교체의 희망을 발견하지 못한다면 2030과 전통적 야당 지지자들이 한국사회의 변화 가능성을 찾을 공간은 전무해진다.

정치가 현실 속에서 승부를 내야 하는 게임의 성격이라는 권력정치에 무게를 둔다면 국면 전환의 정치기술은 필요악이다. 규범적 정치학의 관점에서 이를 비판하는 것은 부질없는 약자의 푸념이다. 세대효과와 60대 이후 세대의 인구 구성비의 상대적 증가, 그리고 장년 이상 세대의 높은 표의 결집도를 감안한다면 정치지형 자체가 야당에게 불리하다. 게다가 의제 설정과 국면 전환의 정치공학은 여권이 야당을 압도한다. 다음 장면에서의 여권의 국면 전환용 카드가 궁금해진다.

KOREAN
POLI

제4부 프레임 정치와 선거

TICS

| 경제민주화와 시대정신

　　마이클 샌델 교수의 저서 『정의란 무엇인가』가 대중들의 관심을 끌었던 이유는 간단하다. 한 마디로 정의에 대한 갈구다. 우리가 영위하고 있는 나날의 삶이 불공정하다는 정서적 공감이 결코 쉽지 않는 개념인 '공정'과 '정의'라는 인문학의 바다로 사람들을 끌어들인 것이다. 샌델은 공동체주의자로 알려져 있는 학자다. 그의 정의와 공정의 개념은 사회와의 유대에서 자신의 정체성을 찾고, 고유한 문화 및 전통의 배경에서 형성된 공동체 의식이 사회의 상대적 형평을 유지할 수 있다고 보는 정의관과 맞닿아 있다. 이것이 공동체의 붕괴를 막고 사회구성원의 행복을 제고시킬 수 있다는 사회정치 철학의 기저이다. 개인의 권리와 자유의 소중함에서 정의와 옳음의 우선을 찾는 자유주의와 종종 대립되는 것으로 간주된다.

　　18대 대선을 가르는 시대정신은 경제민주화와 통합이다. 새누리당이 19대 총선에서 경제민주화라는 일견 야권과 진보 진영의 전유물처럼 여겨지는 어젠다를 선점하여, 과반 의석을 확보하였으나, 경제민주화는 여야, 보수와 진보 모두가 추구해야 할 덕목이자, 지향해야 할 가치이다. 통합은 경제민주화와 별개의 의제가 아니다. 일반적 개념으로 '민주화'란 소극적 의미로는 절차적 정당성을 담지하는 최소한의 민주주의이지만, 적극적으로 해석하면 사회구성원의 실질적 평등권의 보장을 의미하는 실질적 민주주의의 제도화를 의미한다. 전자의 절차적 측면을 의미하는 민주주의의 최소한은 민주화의 필요조건이다. 그러나 후자의 실질적 평등권과 복지의 충족, 사회적 약자에 대한 강자의 배려가 수반될 때 비로소 형식과 내용에서 민주주의는 명실상부한 이름값을 하게 되는 것이다.

그래서 경제민주화는 바로 실질적 민주주의의 착근을 위한 사회적 합의가 반영된 것이다. 즉 경제민주화란 경제적 민주주의의 다른 표현이다. 따라서 경제민주화를 향한 공동체의 노력과 제도적 확립은 기본적으로 민주주의에 대한 확고한 인식이 전제될 때 밑그림이 완성될 수 있다. 급식과 교육, 보육의 무상시리즈나 선심성 복지 공약, 그 자체가 경제민주화의 내용이 될 수 없는 이유이다. 경제민주화를 통한 빈부격차의 완화나 비정규직 등 사회적 약자에 대한 기득권층의 경제적, 사회적 배려가 제도적 보완을 통해 이루어지게 되면 공동체의 원심력은 현저하게 줄어들 것이다.

대선을 앞두고 표를 얻기 위한 후보들의 이른바 '민생행보'와 무분별한 '영입'은 경제민주화와 통합을 예지(叡智)하는 철학을 담고 있지 않다. 눈에 띄게 늘고 있는 '묻지마 범죄'는 사회경제적 병리현상을 여과 없이 드러내는 한국사회의 일그러진 자화상의 단면이다. 사회경제적 형평과 분배의 정의를 실현해 나가는 가운데 사회통합의 밑그림이 그려질 것이고, 이것이 정치통합으로 연결되는 것이 경제민주화와 통합의 선순환이다. 후보들의 주장으로 정치권의 유행처럼 치부되고 있는 '복지와 성장의 선순환'은 논리적 정합성에도 불구하고, 자칫 성장에 방점이 찍힘으로서 지난 대선의 줄푸세나 747공약의 동어반복이 될까 두렵다. 더구나 표심을 얻기 위한 소위 외연 확장이나 중도층 잡기 경쟁은 좌우 양쪽의 지지를 끌어모으려는 정당의 포괄정당화 추세에도 불구하고 빈부격차와 양극화가 빠른 속도로 진행되고 있는 한국에서는 이념적 지향을 상실한 공허한 눈속임이 될 가능성이 크다. 유권자의 정확한 통찰과 성찰이 없이는 정치인들의 능숙한 정치공학적 유혹에 현혹될 개연성이 어느 때보다도 높은 것이 이번 대선의 흐름이다.

철학 부재의 탈근대시대에 샌델의 저서가 그토록 많은 판매 부수를 기록한 것은 역설적으로 생활정치에 긴요한 정치철학에 목말라 하고 있음을 보여준 것이다. 그러나 시대정신을 구현하고 선거과정과 캠페인을 통하여 그 사회의 집단지성의 흐름을 형성해야 할 대선은 정치공학의 난무와 이념적 잣대가 모호한 인사들의 무분별한 영입 경쟁으로 점철되고 있으며, 담합과 줄서기가 국민통합으로 둔갑하고 있다. 샌델이 공동체의 복원을 위해 역설한 정의에 공감했던 대한민국 유권자들의 간구와 열망을 박근혜, 문재인, 안철수 후보는 모르고 있는 것인가, 알 수 있는 깜량이 안 되는 것인가. 아니면 알면서 외면하는 것인가? 70일 남짓 후 누가 대통령에 당선되더라도, 그가 공동체의 지향을 성찰하고, 시대 및 역사를 마주하는 통찰이 있는지 지켜볼 일이다.

02 | '스윙 보터'의 선거

● 2012. 11. 5

어느 선거나 부동층의 향배가 승패를 가른다. 그러나 이번 선거는 어느 선거보다 부동층이 줄어들고, 대신 '스윙 보터'라고 불리는 유동층이 선거 결과를 좌우할 것이다. 이들은 현재 10% 내외다. 박근혜, 문재인, 안철수의 세 후보에 대한 여론조사 지지율 변동은 그래서 거의 한 달째 고착화된 상태이다. 통념적 분석은 각 후보의 공약이 결정적 차별성을 드러내지 않고, 정수장학회와 NLL 공방, 야권후보 단일화, 여성대통령론, 투표 시간 연장 관련 등 정치공학적 접근이 유난히도 대선 정국의 흐름을 주도하는 것이 지지율의 고착화 현상으로 나타난다고 한다. 그리고 지난 16대, 17대 대선 때의 수도 이전이나 대운하와 같이 대선의 명운을 가를 대형 공약이 없는 것을 이유로 꼽는다.

그러나 유심히 들여다보면 한국정치를 관통하는 진영논리가 주범이다. 한국정치의 기본 지형은 보수와 진보의 양립 구도가 아니라, 보수 대 비보수의 구도이다. 현재의 정당체계로 보면 새누리 대 비새누리의 얼개로 짜여져 있는 형국이다. 진보가 집권했던 15대 선거는 DJP 연합으로 진보 진영이 승리할 수 있었다. 이는 보수의 분열로 인한 보수 진영의 패배로 보는 것이 야권의 단일화로 보는 것보다 설득력이 있다.

보편적 분석과 전망에 의하면 결국 이번 대선의 표심은 40대와 50대 초반이 좌우할 것이라고 한다. 대학 시절에 민주 대 반민주의 정치 구도를 타파하는 대열에 섰던 나이 든 386이 현재의 40대 중후반과 50대 초중반이다. 지역적으로는 수도권을 꼽는다. 그러나 이는 어찌 보면 도식적 분석이다. 부산도 대선의 향배를 가를 지역이라고 하고, 충청은 영원한 캐스팅 보트다. 호남은 또 어떤가. 야권 지지의 정치적 상징이지만 지난 총선 때 새누리당의 약진도 돋보였던 지역이다. 제주와 강원은 유권자의 비율은 적지만 어차피 박빙의 승부가 예상되는 이번 선거에서 어느 지역 못지않게 중요하다. 이러한 분석은 대선의 핵심을 관통하지 못한다.

박근혜 후보의 갈 길을 더디게 만들곤 하는 이른바 '과거사' 논란은 생각보다 박 후보의 결정적 아킬레스건이 아닌 것처럼 보이는 것은 역설적 현상이다. 유신에 대해 "헌법 가치를 훼손"했다는 것과 "정치 발전을 지연"시켰다는 인식을 보인 것은 나름대로 진전된 발언이라고 보자. 그러나 인혁당 사건과 정수장학회 관련 발언에서는 기본적인 사실 관계조차 파악하지 못했다. 박 후보의 지지율이 결정적 타격을 받을 것이라고 예상했으나 그렇지 않았다. 여론조사 시기와 기관에 따라 지지율의 혼조가 보이긴 하지만 세 후보의 대결 구도에서 대체로 박 후보는 40%대, 문 후보와 안 후보는 20-25%대에서 고착되어 있다. 양자 대결 구도에서는 40-45%대로 여야 후보의 지지율의 등락이

엇갈린다. 웬만한 정치적 충격이나 반전의 카드로는 지지율의 고정화 상황을 타개하기 어렵다는 것을 보여준다.

강고하게 자리 잡고 있는 45%대의 보수층은 박 후보의 어떠한 실수에도 관대하다. 정책이나 공약은 별로 의미가 없다. 고 노무현 전 대통령에 대한 확고한 지지를 보냈던 '노사모'의 응집력 못지않게 표의 충성도를 자랑한다. 그것이 고 박정희 전 대통령의 성장 시대에 대한 회고적 지지에 기반하거나, 봉사와 배려의 아이콘처럼 인식돼온 고 육영수 여사와 박근혜 후보에 대한 중첩적 이미지가 작동했거나 그것은 중요하지 않다. 물론 야권도 마찬가지다. 전통적 지지층, 또는 집토끼라고 정치권에서 표현하는 지지층은 야권의 어떤 실언이나 실수에도 관대할 수 있는 준비가 되어 있다.

이것이 한국정치를 퇴행적으로 몰아가고 있는 이른바 진영(陣營)논리다. 냉전시대의 이분법적 구도의 정치적 잔재가 아직 청산되지 않고, 성장 이데올로기와 안보 논리가 정권을 유지하는 기제로 작동했던 어두웠던 시대의 잔영이기도 하다. 이러한 상황에서 후보들의 정책과 공약 대결은 선거 정국을 좌우할 추동력을 발휘하지 못한다. 유권자들은 정책이나 공약을 따지려 들지 않는다. 결국 대선이 사회적 합의와 국민적 지향을 도출해 내는 정치과정이 아니라, 양 진영의 차이를 확인하는 선거공학으로 일관될 수밖에 없는 이유이다. 이번 선거도 결국 아직 마음을 정하지 못한 10% 내외의 '변덕스런' 유동층(流動層)이 승패를 좌우할 키를 갖게 될 것이다. 그래서 18대 대선은 이래 저래 '스윙 보터'의 선거이다.

03 | 문제는 정치다

● 2013. 2. 21

　　우리 헌법 1조 1항은 "대한민국은 민주공화국"임을 명시하고 있으며, 1조 2항에서는 "대한민국의 주권은 국민에게 있고, 모든 권력은 국민으로부터 나온다"고 밝히고 있다. 단순히 선언적이고 당위적인 차원의 천명이 아니다. 민주주의는 국민이 주인이라는 명제에서 출발함을 의미한다. 법치와 정치의 근본은 바로 헌법1조에서 비롯되며 민주공화국의 선출된 권력은 선거란 정치과정을 통해 나름의 정당성을 부여받는다. 그 정당성은 주어진 사회적·정치적 합의의 테두리 내에서 인정받는 것이고, 절차적 정당성에 기반한 권력일지라도 과도한 행사는 삼권분립에 의해 적절히 통제된다.

　　국민이 뽑은 권력이 바로 내각을 구성하는 내각제와는 달리, 대통령제는 정통성을 부여받은 권력이 내각을 임명하기 때문에 내각은 국민의 공복인 의회의 추인을 받아야 한다. 그것이 대통령제의 견제와 균형의 원리이다. 선출에 의한 권력이라 해서 위임된 권한을 자의적으로 행사할 수 없는 소이(所以)다.

이러한 논리의 연장에서 볼 때 현재의 정부직제에 존재하지 않는 부처 장관 후보자와 명칭을 내각 인선 때 발표한 것은 법치와 의회주의에 부합하지 않는다. 정부직제가 집권세력이 지향하는 정책 기조를 추동해 나가는 인프라이고, 그러기에 존중되어야 하는 것은 맞다. 그러나 경제부총리, 미래창조과학부, 해양수산부 등 신설 직제에 대한 여야 논의가 진행 중인 상황에서 현행법에 존재하지 않는 직제를 발표하는 것은 야당에 대한 묵시적 폄하라는 비판에서 자유로울 수 없다. 이는 집권 측의 권한 남용에 다름 아니며, 입법권에 대한 최소한의 존중을 기각하는 행위이다. 정부직제의 큰 틀을 야당이 암묵적으로 동의한다 해도 명시적 합의가 없는 상태에서는 법치를 벗어난 것이다. 내용과 결과 못지않게 중요한 것이 절차와 과정임은 새삼스럽게 강조할 필요도 없다.

아무리 지고지선의 정책이라 해도 입법을 거치지 않으면 정당화될 수 없는 것이 민주주의의 구조이고 원리이다. 민주주의의 공고화는 제도화를 통해서 점진적으로 이루어진다. 다소 소모적이고, 비효율적이라도 절차를 생략한 결과주의와 업적 지상주의가 얼마나 많은 폐해를 가져왔는가는 더 이상 설명이 필요 없다. 제도화는 인내와 공론의 합의를 도출하는 과정이 전제되어야 가능하다.

정치의 본령이 상충하는 이해관계를 조정하고 갈등을 조율하는 것이라는 고전적 정의는 여전히 유효하다. 당선인이 인수위가 확정한 정부직제가 '당당하고 설득력 있다'고 언급한 대목에서 여야의 협상의 여지의 공간은 협소해 보인다. 상생과 협력이 그저 정치적 언술에 머무르고 마는 지점이다. 민주통합당의 문희상 비상대책위원장에게 '협조를 당부'한 것은 그래서 다행으로 보였다. 그러나 확정되지 않은 정부직제안을 기정사실화하는 것에서 정치는 설 곳을 잃는다.

정치사회학의 원리를 날카롭게 꿰뚫는 스웨덴의 지성, 샹탈 무페는 『정치적인 것의 귀환』(The Return of the Political)이란 제목의 저서에서 '정치의 복원'을 강조한다. 적어도 정치는 상대의 존재를 인정하고 승자독식을 지양(止揚)해 나가는 것이라야 한다. 정치의 부재는 필연적으로 권위주의로 이어진다. 새삼 역사의 교훈을 떠올리는 것도 진부하다. 퇴임을 며칠 앞둔 이명박 대통령의 실용과 효율의 강조가 정치의 왜소화로 연결된 측면을 부정할 수 없고, 양극화의 해소와 통합에 걸림돌이 된 것은 우연이 아니다. 유난히 통합과 법치를 강조하는 박근혜 당선인이 반면교사로 삼아야 할 일이다.

04 '통치'와 '정치'

● 2013. 3. 30

　　박근혜 정부가 출범한지 한 달이 지났다. 임기 초반 국정 운영 지지도는 역대 대통령 중 최악이다. 이명박 전 대통령의 같은 기간 지지도보다도 낮다. 정부조직법이 통과됨으로써 정부의 얼개는 갖췄으나 여전히 일부 장관과 차관, 외청장들의 인사청문회와 임명 절차가 남아 있는 상태다. 인선이 지연되는 것 못지않게 대통령의 인사 방식을 둘러 싼 비판이 적지 않다. 낙마한 고위공직자 후보자도 인수위와 청와대 비서관을 포함하면 11명에 달한다. 대선 기간 중 내세웠던 경제민주화, 정치 쇄신은 수면 아래로 가라앉은 듯한 분위기이다. 경찰청장의 임기 보장 약속도 지켜지지 않았고, 측근 인사를 배제하겠다던 공언도 물 건너갔다. 작은 청와대를 지향하겠다던 방침도 공수표가 됐다. 대탕평과 국민통합의 공약을 실천해 나감으로써 사회적 합의를 이뤄나가려는 지향점은 어딘가 왜소해 보인다. 박근혜 대통령이 임기 초반 유례없이 낮은 지지율과 인선의 실패를 거듭하는 데는 이유가 있어 보인다.

첫째, 혹시 절차적 정당성을 획득하고 국민의 과반의 지지를 받아 대통령에 선출된 것이 국민으로부터 제약받지 않는 전권을 위임받은 것처럼 통치하는 것이라고 생각하는 것은 아닌지 돌아볼 일이다. 전형적인 위임민주주의(delegative democracy)의 오류가 있을 수 있다. 대통령의 의지가 지고지선(至高至善)의 것이라 해도 국민적 합의를 도출하는 과정이 전제되어야 한다는 것이다. 선출된 것이 자의적인 권력행사를 추인한 것은 아니기 때문이다.

둘째, 여당은 집권세력의 한 축을 형성하고 있으나, 입법부를 형성하고 있는 국정의 비판과 견제세력이라는 사실을 잊고 있는 것은 아닌지도 성찰해야 한다. 여야의 정부조직법 협상에 청와대가 여당에 협상력과 재량권의 범위를 협량하게 부여한 것을 보면, 아무리 훌륭한 정책이라도 입법부에서 입법화가 이루어지지 않으면 수립될 수 없는 것이고, 그것이 입법부가 행정부를 견제하게 만든 대의제 민주주의의 기본원리라는 사실을 잊고 있는 것은 아닌지 해서 하는 말이다.

셋째, 정치란 얼마간의 소모적이고, 비효율적인 과정을 수반한다는 평범한 사실에 천착해야 한다는 것이다. 지상파 방송의 허가를 방송통신위원회에 존치시키는 사항과 종합유선방송의 변경허가 때 허가나 재허가와 마찬가지로 방통위의 사전 동의를 받게 하자는 야당의 주장을 여당이 수용하여 정부조직법이 최종 타결되는 과정에서 청와대는 정치적 논쟁을 소모적으로 보는 듯한 인식의 일단을 내비쳤다.

정책은 모두를 만족시킬 수 없다. 수혜 계층이 있는가 하면, 피해를 보거나, 혜택을 덜 보는 집단이 생기게 마련이다. 정책 수립과 집행이 번번이 비판과 반대에 직면하는 이유이다. 반대를 설득하고, 합의를 도출해 나가는 과정은 그래서 지난(至難)한 과정일 수 있다. 그 복판에 정치가 존재한다. 정치란 갈등의 조정이기도 하지만, 가치를 분배하는 것이기도 하다. 세력 대 세력의 쟁투이면서 상대를 포용할 수도, 관용의 전략을 베풀 수 있는 것도 정치다. 그래서 정치는 가능의 예술이다. 특히 대통령제하에서 행정부와 의회의 대립은 숙명적이다. 내각제와 다른 점이다. 그렇기 때문에 집권세력은 선출해 준 유권자들에게 지는 수직적 책임성뿐만이 아니라, 여타의 국가기구들과의 수평적 책임성도 함께 져야 하는 것이다.

정부조직법 최종 협상에서 보인 여권의 양보는 '정치'의 가능성을 보여줬다. 정부조직법 협상에서 보여 준 야당의 행태도 비판에서 자유롭지 않다. 그러나 여전히 국정을 책임지는 집단은 집권 측이다. 비선라인에 의해 이루어진 인선에서 나타났던 오류는 국정이 대표기구나 공적 영역에서의 논의와 검증을 거치지 않고 이루어진데서 비롯된 것이다. 비공식적이고 사적인 연줄에 의한 인선이나 정책 수립은 화(禍)를 자초하기 마련이다. 정부조직법 개정안 협상에서 나타난 여야의 정치력의 부재는 결국 다시 정치의 복원을 돌아볼 수밖에 없게 한다. '통치'가 사라지고, '정치'가 자리 잡을 때, 지루하고 일면 낭비적으로 보이는 과정과 절차의 투명성과 공정성이, 민주주의를 지키는 요체임을 선명하게 각인시키는 단초가 될 것이다. 물론 그것은 '최소한'이다. 그리고 '절차적'이다. 우리가 지향하는 바는 '실질적' 민주주의의 확립이다.

05 | 윤창중과 정국 반전(反轉)

● 2013. 5. 15

      윤창중 전 대변인의 몰지각한 행실이 한국 정치를 뒤흔들고 있다. 박근혜 대통령이 사과했으나, 파문이 쉽사리 가라앉을 것으로 보이지 않는다. 방미 기간 동안의 성과에 대한 긍정적인 평가가 박대통령의 지지도의 상승으로 나타나고, 임기 초 국정 동력의 저하가 바닥을 찍으면서 국정 동력이 다시 탄력을 받을 수 있는 시점에서 부딪친 전무후무한 악재다.

      개성공단의 사실상 폐쇄에 대한 타개책에 대한 한미정상의 언급의 부재, 한미 FTA에서의 투자자 국가소송제에 대한 입장 표명, 전시작전권 전환과 한미원자력협정과 관련한 양국의 미묘한 차이에 대해 원론적 수준에서의 언급만 있었던 것은 한계로 지적될 수 있다. 그러나 박근혜 대통령의 한반도 신뢰 프로세스와 동북아 평화 협력 구상에 대한 오바마 대통령의 지지와 군사·경제 분야에 국한했던 한미관계의 글로벌 파트너십으로의 격상 등 한미동맹 60주년의 미래지향적 평가에 인색할 필요는 없다.

그러나 국내 정치에서의 확고한 지지와 자발적인 동의가 전제되지 않는 외교적 성과는 공허하다. 외교는 국내 정치의 연장이다. 윤창중 전 대변인의 성추행 의혹이 한 개인의 치부로 환원될 수 없는 이유이다. 윤창중 전 대변인 사건이 국내 언론을 통해서 알려진지 벌써 엿새째를 맞고 있다. 사건의 본질이 무엇이냐의 사안과는 별개로 이 사건은 여러 갈래로 확대 재생산되고 있다. 이남기 수석과 윤창중 전 대변인과의 진실 공방, 청와대의 위기관리 능력과 상황 판단의 안이함, 사건의 축소·은폐 의혹, 청와대 비서진 문책의 범위, 박대통령 사과의 방식과 내용에 대한 야권의 비판 등 다양한 정치 쟁점으로 비화하고 있다. 비등점을 향해 치닫는 휘발성 강한 에너지를 규합해 가는 양상이다.

야당은 윤창중 스캔들을 '콩가루 청와대'의 국기문란 사건으로 규정했다. 성장 동력의 저하와 경제민주화 입법의 딜레마에 봉착해 있는 한편으로, 여전히 진행 중인 한반도의 긴장과 맞물려있는 안보경제적 균열에 대해 정치의 선도적 조정 역할은 커녕 자칫 '윤창중 블랙홀'로 빠져들 수 있는 형국이다. 2008년의 이명박 정부 임기 초반 때의 쇠고기 파동의 기억은 아직도 생생하다. 문제는 집권세력이 민심의 소재를 알지 못하는 데에 연유한다. 민주당 등 야당이 '윤창중 성추행 사건'을 정치쟁점화하려는 것은 자연스럽다. 그러나 정쟁으로의 비화를 차단하고, 국민과 언론, 여야 정치권이 합의하는 출구전략을 모색할 수 있는 독립변수는 오로지 청와대 쇄신의 폭과 속도다. 동시에 인사 실패에 대한 솔직한 시인이 전제되어야 하며, 이 역시 최고 책임자의 몫이다.

권력과 공직이 사유화 돼서는 안 된다. 선출직이든, 선출직에 의해 임명된 직책이든 모든 권력과 공직은 주인인 국민으로부터 일시적으로 위임받은 것이라는 민주주의에 대한 성찰이 전제되어야 한다. 이에 대한 인식이 있었으면 이남기 홍보수석의 대통령에 대한 부적절하고도 어처구니없는 사과는 상정하기 어렵다.

정치를 생물이라고 한다. 반전(反轉)은 언제든지 가능하다. 그러나 그 가능성은 진정성과 감동이 전제될 때 현실로 나타난다. 국민이 원하는 건 화석화된 정치적 사과가 아니라, 실패를 인정하는 자기반성이다. 여야 정치권에 드리우고 있는 암운을 걷어낼 수 있는 것은 정치공학적 기교가 아니다. 사실 관계에 대한 제삼자적 관찰자 관점이 아닌, 주관화된 대자(對自)적 관점에 기반한 자기성찰이다. 그것이 정국을 돌파하고 주도권을 거머쥐는 진정한 힘이다.

06 | NLL과 '출구전략

● 2013. 7. 29

　　지난 해 새누리당 정문헌 의원의 문제 제기 이후, NLL 논란의 촉발 주체는 새누리당이지만, 민주당도 수저를 슬그머니 얹었다. NLL을 둘러싼 백해무익한 논쟁 아닌 정쟁이, 여야 자신들이 보기에도 민망했는지 양측이 모두 이른바 출구전략을 얘기한다. 새삼스레 어느 정파의 책임론을 논하는 것은 부질없어 보인다. 사태를 보는 시야를 흐리게 하고, 문제의 본질을 왜곡할 수 있기에 가장 경계해야 할 것이 양비론(兩非論)이다. 그럼에도 불구하고 NLL을 둘러 싼 정쟁은 양비론의 전형이다. 정치권이 출구전략을 논한다고 하지만 여야의 셈법은 판이하다. 국정원에 보관 중인 대화록의 녹음 파일은 공개하지만, 회의록 부속자료 열람은 반대한다는 새누리당이나, 정반대의 주장을 펴는 민주당은 여전히 출구전략엔 관심이 없는 듯하다. 여야의 당리당략의 계산 속에 정상회담 회의록 공개가 몰고 올 후폭풍에 대한 성찰이 비집고 들어갈 틈은 애당초 없었다.

　대체적인 이념 공방에서 비교적 새누리당이 유리한 구도를 형성해 왔던 과거와는 달리, 고 노무현 전 대통령은 NLL을 포기할 의사가 없었다고 보는 여론이 우세하다. 그럼에도 새누리당은 작년 10월 정문헌 의원이 NLL을 정치의 한복판으로 끌고 들어온 이후 초지일관 전직 대통령의 대북 인식을 문제 삼았다. 일견 보수독점적 카르텔 정당구조에서도, 보수로서의 정체성을 확보함으로써 보수 성향의 유권자들의 결집을 도모하고 다가오는 각종 선거에서 유리한 고지를 선점하려는 지극히 정치적, 당리당략적 사고의 소산인줄 알았다. 그러나 NLL 논란이 진행되는 과정을 보면, 여권의 주류는 뼛속 깊숙이 '고 노무현 전 대통령이 NLL을 북한에 갖다 바치려고 했던 것 아닌가'하는 생각을 하고 있다는 느낌이 든다. 성사될 것 같지 않지만 여야가 NLL 수호에 대한 공동선언을 함으로써 논란을 종식시키자고도 한다. 뜬금없다. 언제 민주당 등 야당이 NLL을 수호하지 말자고 했던가. 기회 있을 때마다 NLL을 사수해야 한다고 야당은 입장을 표명해 왔다.

　지난 대선 며칠 전, 권영세 주중 대사의 NLL 관련 언급이나, 12월 14일 김무성 의원의 부산 유세에서의 NLL 관련 내용 등은, 이와 관련한 여야의 정치적 쟁투와 상관없이 여권이 NLL을 자신들의 선거에 유리하게 이용하려는 의도가 있었다는 추론과 논리적 인과관계의 형성에 무리가 있어 보이지 않는다. 이의 연장선상에서 여권은 고 노무현 전 대통령의 2007년 남북정상회담의 NLL 관련 발언을 어떻게든 '영토의 포기'라는 논리적 정합성이 전무한 논리로 끌고 가려했다. 또한 남재준 국정원장의 정상회담 회의록 발췌본 공개, 이어 회의록 전문의 공개라는 국정원장의 직무를 넘는 역사상 전무후무한 행위는, 지난 대선에서의 국정원의 댓글 공작과 대선 개입 의혹을 덮으려는 계획된 도발이라는 정황과 심증을 갖기에 충분하다.

민주당은 애초의 정상회담 회의록 공개 불가의 입장을 견지하지 못하고, 갑자기 공개 입장으로 선회했다. 어차피 회의록 전문이 공개됐으니, 이것이 조작된 것임을 밝혀내자는 취지를 이해 못 할 바는 아니나, 문재인 의원과 친노 그룹 등 당내 특정 정치세력의 정치적 계산이 작용한 듯한 흔적은 지울 수가 없다. 진정성이 수반되지 않았다는 얘기다. 단순히 친노 그룹이 노무현 프레임에서 벗어나지 못하고 있다고 보는 것이 순진할 정도다. 따라서 야당도 국익과 민생을 담보로 자신들의 정치적 이익을 챙기려 했다는 비판에서 자유로울 수 없다. 급기야 민주당 내 친노와 비노의 해묵은 정치적 주도권 다툼이 은근슬쩍 고개를 내미는 형국이다.

민주당은 정치적 손해를 감수하더라도 국익을 위해 끝까지 정상회담 회의록 열람 및 공개의 부당함을 설파했어야 했다. 그리고 국정원 국정조사에 당력을 집중시키고, 국민들에게 호소했어야 한다. '고 노무현 전 대통령이 설령 NLL을 포기하려 했다는 오해를 받는 한이 있어도, 정치적 손해를 감수하고서라도 우리는 국익과 민생을 위해 정상회담 회의록 공개를 반대한다'라고. 그리고 국민에게 호소하고, 새누리당의 NLL 대화록 공개의 부당성을 알렸어야 했다. 그러나 새누리와 민주는 적대적 공존을 택했고, 독점적 카르텔 정당체제는 더욱 공고해졌다. 권력을 사유화하지 않고 이러한 국민 우롱 행위가 가능할까. NLL 출구전략은 그래서 국민에게 다가오지 않는다.

07 | 국정원 개혁과 '장외'정치

● 2013. 8. 6

2011년 한미 FTA비준에 반대해서 장외로 나갔던 야당이 20개월 만에 다시 거리의 정치를 선언했다. 명분은 민주주의 회복과 국정원 개혁이다. 한국정치에서 '장외'는 특별한 정치사적 의미를 지닌다. 민주 대 반민주, 민주 대 독재의 프레임 속에서 야당으로서 기댈 데가 없는 상황, 더 이상 원내에 머물러서는 투쟁의 추동력을 가동할 수 없을 때 택하는 정치적 수단의 하나이다.

그러나 최소한 집권세력이 '절차적' 차원에서 정통성을 확보하고 있는 정치 상황이 야당으로 하여금 '장외'에 부담을 느끼게 한다. 어김없이 '민생'을 팽개치고 거리로 나갔다는 비판이 따른다. 지난 대선 때의 국정원의 댓글 공작을 통한 대선 개입 의혹이 한국의 민주주의 회복을 어젠다로 들고 나올 만큼 심각한 것이냐에 대한 여야의 인식 차이가 존재한다. 국정원이 권위주의 정부 시절부터, 진보 성향의 정권을 지나고, 오늘에 이르기까지 과연 정치적 중립을 담보하고 있느냐에 대한 현실 진단 등에서 여야는 첨예하게 대립한다. 그래서 1987년 때와 같은 야당의 장외가 국민의 절대적 지지를 견인했던 때와는 분명 다르다. 그러나 정치 상황은 절대 같을 수 없다. 민주와 독재가 대립할 때만 '광장의 정치'가 존재하는 것은 아닐 터이다.

18대 대선 때 여당 의원이 NLL 문제를 이슈화하고, 지난 6월에 재점화된 NLL공방은 가히 여야 강경파의 '적대적 공존'의 백미(白眉)다. 정국 주도권을 확보하려는 새누리당의 친박 강경파와 당내 정치적 입지의 재기를 노리는 민주당 내 친노 그룹의 이해의 일치에서 파생된 NLL 공방은 기본적으로 정쟁적이다. 국정원 국정조사를 무력화하겠다는 꼼수가 아니면, "국정원의 명예를 지키겠다"며 대화록 전문을 공개해서 NLL 공방을 정국의 한 복판으로 끌어들인 남재준 국정원장의 행동을 설명할 길이 없다.

대선 때 여권의 대화록 사전 입수 의혹이 끊이지 않는 상황도 해명되지 않고 있다. 국정원 대선 개입 의혹에 대한 진상 규명과 국정원 개혁에 대한 의지를 새누리당에게서 찾는 것은 부질없어 보인다. 국정원 국정조사에 천착하지 않고 문제의 본질을 벗어난 곳으로 화력을 집중함으로써 무력한 야당을 자초한 민주당도 국정원 국정조사가 형해화된 책임을 면할 길이 없다.

그러나 이쯤해서 양비론(兩非論)은 접어야 한다. 지난 대선 때의 일이지만 국정원의 댓글 공작 등 대선 개입 의혹이 여권과 연계된 일이라면 응당 야당보다 더 적극적으로 진상 규명과 국정원 개혁에 나서야 할 일이다. 또한 국정 운영의 최종 책임을 지라고 국민이 권력을 위임한 세력은 야당이 아닌 여당이기 때문이다. 장외정치를 택한 야당을 대선 불복으로 몰아가는 여당은 집권당다운 체통을 잃었다.

'민생'과 '대선 불복'의 프레임으로 야당에 대해 국조를 파탄내려는 세력이라고 모는 것은 명분을 찾을 수 없다. 민주당이 이미 시민단체의 '촛불' 일각에서 제기되기 시작한 대선 불복으로 해석될 수 있는 움직임에 부담을 느끼는 것은 엄연한 현실이다. 그러나 제도권 정치에서 한계를 느낄 때 원내 협상과 병행하여 보다 직접적인 '거리의 정치'는 그 자체로 의사표현의 수단이라는 인식도 절실하다. 장외는 그 자체로 불법이 아니다. 집시법을 준수한다면 헌법이 보장하고 있는 표현의 자유를 시현시키는 수단이다.

이제 와서 새누리당은 민주당의 '장외'를 '민생'을 팽개쳤다고 말 할 자격이 없다. 그러려면 NLL 회의록 공개를 애당초 주장하지 말았어야 했다. 민생과 연계시켜, '장외'에 모든 혐의를 씌우면 안 된다. '장외'는 곁가지이고, 국정원 개혁과 의혹 규명이 본질이기 때문이다.

채동욱 사태,
어느 관점에 서야 하는가

● 2013. 10. 2

    채동욱 검찰총장 사퇴 이후에도 혼외자 논란은 증폭되고 있다. 적어도 표면적으로 채 총장의 사퇴는 그의 '부적절한 처신' 때문인 것으로 귀결되었다. 당사자들 간의 분쟁도 없는 상태에서 제기된 검찰 수장에 대한 혼외자 논란은 곧바로 고위 공직자의 처신에 관한 도덕성 문제로 환원되었으며, 고위 공직자의 사생활에 대한 '알 권리' 차원으로 치환되었다. 사실 규명이 중요하다는 명분으로 혼외자 유무를 밝히는 것이 사태의 본질인 양 치부되었다.

    사태를 보는 관점의 문제다. 사실은 맥락과 연결해보지 않으면 의미 없는 파편으로 전락할 수 있으며 진실을 호도할 수 있다. 그래서 제기되는 것이 이른바 '배후설' 또는 '외압설'이다. 국가정보원의 대선 개입 의혹 사건에 대해 검찰이 공직선거법 위반으로 기소하면서 청와대와 법무부 등 권력의 핵심과 대립각을 세운 것이 권력의 심기를 건

드려 '통제'되지 않는 검찰을 길들이기 위한 것이었다는 시나리오다. '배후설'의 관점이라면 '배후'의 의도대로 채 총장 '찍어내기'에 성공한 것이다.

이번 사태를 복기해보자. 지난달 6일 조선일보의 채 총장 혼외자 보도 이후인 13일 법무부의 감찰 방침이 발표되고, 채 총장이 사의를 표명하자 법무부는 감찰하지 않는 쪽으로 입장을 정리했다. 15일 청와대는 사표 반려와 함께 감찰 쪽으로 방침을 바꿨다. 결국 감찰 사유가 안 되는 사안에 대해 감찰에 접근하지도 못한 법무부는 조선일보가 지목한 채 총장의 내연녀 임아무개 씨의 진술도 확보하지 못한 채 탐문에 근거한 진상조사 결과를 발표했다. 진상조사 결과 발표에서 법무부는 혼외자 유무에 대한 결정적 증거도 제시하지 못하면서 정황만으로 채 총장의 부적절한 처신을 부각시킴으로써 사표 수리를 합리화했다. 사실관계의 규명 자체가 중요하다는 관점에 서더라도 애초 사실관계의 핵심인 혼외자 유무도 가려지지 않은 채, 검찰총장의 사퇴로 마무리된 것이다. 애당초 채 총장의 카페 출입 등과 특정 언론사가 제기하고 있는 정황의 파편들로 이번 사안의 사실이 입증될 수는 없는 것 아닌가.

이번 사태의 정치적 해석이 배제되고 공직자의 부적절한 처신과 혼외자 유무를 둘러싼 사실관계 규명에만 초점이 맞춰지게 되면 전체적인 맥락을 놓치는 우를 범하게 된다. 만일 검찰이, 더 정확히 말해 채 전 총장이 국정원의 대선 개입 의혹 사건의 기소에서 권력의 핵심과 갈등을 빚지 않았으면 이번 사태가 발생할 수 있었을까. 이른바 '배후설'에 입각한 문제 제기는 여전히 유효해 보인다. 이를 뒷받침할 논거는 사안의 속성상 흔쾌하게 제시될 수 없다. 야당이 제기하고 있는 '외압설'은 정확한 논리적 정합성을 갖추지 못하고 있다. 추론에 입각한 정치적 공세에 불과하다는 여권의 비판이 설득력을 가지는 이유일 것이다. 그러나 조선일보의 "혼외자를 숨겼다"는 단정적 보도는 결과적으로 정권의 핵심과 불편한 관계를 형성했던 검찰 수장의 사퇴로 연결됨으로써 향후 후임 검찰총장이 이끄는 검찰의 독립과 정치적 중립은 중대한 시험대에 오르게 됐다.

채동욱 사태는 자연인 채동욱의 개인사, 그 이상도 이하도 아닌 일이 되었다. 그러나 이번 사태는 검찰의 독립이라는 해묵은 숙제와 더불어 한국의 권력 지형의 현실과 한국 대통령제의 제왕적 측면을 다시 곱씹어보게 하는 과제를 남겼다. 혼외자 유무는 개인사로 남게 됐지만 만약 혼외자가 있었다면 이른바 '외압'의 주체와 실체는 반드시 밝혀져야 한다. 그 '배후'가 만약 있다면 이는 민간인 사찰보다도 죄질이 나쁜 것이다. 외압과 배후의 존재 여부와 혼외자 사실 규명은 똑같거나 전자가 더 큰 무게로 다뤄져야 한다. 사실 규명은 진실을 밝힐 수 있다는 전제하에서만 당위적 가치를 인정받는다. 문제의 본질은 점점 희석되고 있다. 이것이 현실이다. 이에 대한 역사적 평가는 또 많은 세월을 필요로 할 것 같다.

09 | 대화록 공방과 북한 변수

● 2013. 10. 15

작년 10월 8일, 통일부 국정감사에서 새누리당 정문헌 의원이 2007년 남북정상회담 때 노무현 전 대통령이 NLL을 포기하는 발언을 했다는 의혹 제기 이후, 대화록을 둘러 싼 공방은 바야흐로 3막에서 또 다른 변신을 모색 중이다. 북방한계선 포기 여부가 1막이고, 대화록 공개의 적법성 여부가 2막이면, 대화록의 삭제와 국가기록원 미이관 문제가 3막이다. 국가기록원에서 대화록이 발견되지 않으면서 사초 실종 논란으로 쟁점을 바꾼 대화록 공방은 10월 2일 검찰의 중간 수사결과 발표 이후 다시 사초 삭제 논란으로 국면을 선회했다. 그리고 음원 파일 공개 여부를 둘러싸고 정파별, 계파별로 대립하는 양상으로 진행 중이다. 그래서 신 NLL 공방이다. 국회 일정으로 정치권의 관심이 국감으로 옮겨 갔지만 여전히 대화록 공방은 활화산의 형국이다.

과문한 탓인지 한 가지 이슈가 일 년이 넘게 정치적 국면과 상황에 따라 논점과 주제를 달리하여 지속되면서 끈질긴 생명력을 보이는 경우를 보지 못했다. 가히 정치적 이슈의 진화라 명명해도 손색이 없을 듯하다. NLL 공방 얘기다. 87년 체제의 출범 이후 민주주의의 실험이 성공적이었다는 말은 최근 일련의 사태를 보면 듣기 민망한 얘기다. 선거 국면에서 등장하곤 하는 북한 변수와 여전히 한국정치의 이면에서 작동하고 있는 안보 변수는 우리의 현실이다. 최근의 정치적 공적 영역의 일련의 흐름에서 과거 권위주의 정권 때의 안보 이데올로기의 남용이 데자뷰처럼 떠오른다면 정치적 상상력인가, 사회과학적 예지 (銳智)인가.

'북풍'은 새삼 사례를 거론하지 않아도 한국정치에 깊은 영향을 끼쳐 왔다. 선거의 흐름을 바꾸고 정치사회적 이슈를 한 숨에 빨아들이는 블랙홀의 원조다. 좌와 우로 갈라진 대립 구도는 경제사회적 측면보다 정치이념적으로 강한 영향력을 행사해 왔고 이는 삶의 질에 관련된 이슈 집단(issue group)보다는 안보적 관점에서 날카롭게 대치했다. 좌파라는 용어는 서구적 관점에서의 본원적 의미보다는 한국의 역사 지형과 정치 구도에서 '종북'이라는 전혀 다른 용어와 조우하면서 보수세력의 정치적 우위에 결정적 역할을 해 왔다. 물론 보수와 진보의 용어도 우파, 좌파라는 용어의 부자연스러운 동거에서 사회의 균형추 역할을 상실했음은 물론 정당체제 내에서도 조화와 건강한 긴장의 메커니즘으로서가 아니라 대립과 갈등의 재생산의 도구로 전락하고 있다.

국정원의 대선 개입 의혹 사건의 일단에서 등장하는 좌파와 관련, 합참의장 후보자조차도 "NLL은 수호되고 있고, 논쟁 자체가 의미가 없다"는 취지의 말을 했음에도 불구하고 끈질기게 이슈화 되고 있는 대화록 공방, 국정원 개혁과 관련한 대공 수사 폐지 여부 등은 모두 북한 변수와 관련되어 있는 사안들이다. 분단이라는 외생적 변수가 정치의 주요한 인자로서 기능하고 있는 불가피한 현실을 고려해야 하는 것과 이를 정치적으로 유리하게 활용하려 하는 것은 엄연히 별개의 문제다. 민주 대 반민주의 정치 구도에서 민주세력을 탄압하는 데 악용되었던 안보 논리가 21세기 한국에서 만일 보수정당이 상대방 정파를 제압하는 데 이용된다면 민주화 이후 25년 동안의 민주주의가 성공적이었다는 외부적 평가는 철회되어 마땅하다. 안보 이슈가 불리한 정국 구도나 정치적 국면을 호도(糊塗)하거나 전환하기 위해서 꺼내드는 전가(傳家)의 보도(寶刀)가 된다면 다시 민주화 투쟁의 향수가 살아나지 말라는 법도 없다.

지금의 대화록 공방이 국익에 도움이 되지 않고, 여야 모두에게 정파적으로 이용되는 측면이 있다는 사실에 동의한다면 남북 정상회담에서 노무현 전 대통령이 NLL을 포기하는 발언을 했을지 모른다는 의심은 버려야 한다. 그것은 '합리적 의심'이 아니라, '의도된 의심'의 혐의를 벗어날 수 없다.

10 프레임 대 프레임

● 2013. 12. 11

새 정부 출범 이후 정치권에서 많이 등장하는 용어 중 '프레임'이라는 말이 있다. 뼈대나 골격을 의미하는 프레임이 정치에서는 정치를 관통하는 기본 구조를 의미하는 용어로 쓰인다. 구체적으로 예를 들면 '종북' 프레임, '안보' 프레임, '대선 불복' 프레임 등이다. 또 하나 빼놓을 수 없는 용어로서 '전쟁'이란 용어도 심심찮게 눈에 띈다. '예산' 전쟁, '입법' 전쟁 등이 그 예일 것이다. 정치의 정의가 갈등의 조정이고, 어느 학자의 말처럼 가치의 권위적 배분이라 할지라도 정치란 세력 대 세력의 쟁투 과정임이 분명하고, 종국에는 권력의 획득이 목적이다. 전자가 규범적 의미라면, 후자는 정치현실에서 권력정치의 의미를 지니고 있다고 하겠다. 정치는 양자의 적절한 조화에서 이루어진다. 그러나 정치에서 전쟁의 의미가 더욱 강조된다면 국민의 삶은 피곤해질 수밖에 없다. 게다가 프레임은 객관적 의미에서 분석을 위한 틀로서가 아니라 정국의 핵심 쟁점을 호도하고, 정파적 이해를 관철시키기 위한 도구로서 유용하다. 그래서 나오는 말이 프레임 전쟁이다.

지난 대선을 전후해서 프레임의 대표 주자는 단연 안보 프레임이다. 그 뒤를 잇는 것이 대선 불복 프레임임은 말 할 것도 없다. 안보 프레임은 종북 프레임으로 연결된다. 이 프레임의 매개변수가 국가기관의 대선 개입 의혹이다. 일견 국가기관의 대선 개입 의혹 사건과 종북 논란이 무관해 보이나 국정원의 댓글 개입 의혹이 출발이었고, 2007년 남북 정상회담 때 노무현 전 대통령의 NLL 포기 발언 여부가 쟁점이었기에 직간접적인 연계를 가지고 있다. 이러한 구조가 큰 흐름을 형성하고 있고, 검찰 수사를 둘러 싼 여야의 인식 차이, 지난 대선의 공정성 여부를 문제 삼는 일부 종교계의 비판과 민주당 장하나 의원이 선언한 박근혜 대통령의 퇴진 주장 등이 얽히고 있다. 국가기관의 대선 관련 의혹의 얼개가 안보 관련 사안이며, 사이버 상에서의 유포와 게시가 의혹의 중심이고 보면, '종북'과 '대선 불복' 프레임은 동전의 양면인 셈이다.

그런데 프레임은 사태의 본질을 호도하는 구조를 가지고 있다. 종북 프레임과 대선 불복 프레임은 주로 여권이 구사하는 특징을 가지고 있다. 민주당은 대선 불복이 아니라고 하는데 새누리당은 대선 불복의 틀로 야권을 몰아가려 하는 움직임이 그것이다. 물론 민주당의 애매한 태도도 이러한 프레임을 키우는 원인을 제공하긴 했지만 보다 근원적인 것은 국가기관의 대선 개입 의혹에 대한 여권 핵심부의 태도다. 철저한 진상 규명과 책임자 처벌로 문제를 해결하지 않고, 오히려 수사 방해, 검찰총장 '찍어내기' 논란 등으로 축소·은폐 의혹을 키운 측면이 크다. 여권의 입장은 알려진 대로 "재판 결과를 지켜보자"

는 것이다. 그러나 현재 진행 중인 재판은 국정원 등 국가기관의 대
선 개입 의혹 사건의 극히 일부라는 사실을 간과하고 있다. 애써 외
면하려 하는 것인지도 모르겠다.

야권 일각과 종교계 일부, 비판적 시민단체에서 간헐적으로 제기되
고 있는 대선 불복 언급은 비판받아 마땅할 뿐만 아니라 부적절한 발
언이다. 정황적 근거가 '합리적 의심'을 사기에 충분하다 해도 국가기
관의 대선 개입 의혹도 아직은 의혹이다. 게다가 박 대통령의 관련성
이 나타나지 않은 상태에서의 대선 불복과 박 대통령 사퇴 주장은 국
민 정서상으로나 민주주의 원칙에도 어긋난다. 그러나 이러한 주장에
대해 논리적으로 비판하면 된다. 국민에게 판단을 맡기는 것 또한 민
주주의다. 국정원 개혁 특위 가동 자체를 여권이 연기할 일은 더욱
아니다. 여권의 과잉 반응은 적절치 않다. 이쯤에서 이른바 '프레임
전쟁'은 멈춰야 한다. '전쟁'이 '정쟁'으로 구체화되면서 여야, 모두 패
자이다. 여권이 프레임을 활용하려는 유혹에서 벗어나야 한다. 지금
이 그 적기(適期)다. 상생의 길을 제쳐 두고, 왜 공멸의 길로 가려 하
는가.

11 정권안정론 대 정권심판론

● 2014. 1. 7

새해가 시작되자마자 정치권에서는 지방선거가 초미의 관심이다. 올해는 1995년 첫 동시 지방선거 이후 여섯 번째 지방선거가 치러진다. 지방선거는 흔히 여당의 무덤이라 한다. 정권 출범 이후 중간평가의 의미가 주어질 수밖에 없기 때문이다. 1998년 2회 지방선거는 예외였다. 김대중 정권 출범 이후 불과 3개월 남짓 후에 치러진 선거이기 때문에 정권견제론이 작동되기 어려운 구도였다. 이른바 후광효과가 힘을 발휘한 선거였다. 김대중 정권 때의 지방선거를 제외하곤 예외 없이 여당이 패배했다.

이번 지방선거는 어떨까. 새누리당의 지지율이 민주당의 두 배 이상이고, 가상정당인 안철수 신당도 변수이다. 그러나 건국과 5·16 쿠데타, 한국전쟁의 격동기를 대상으로 했더라도 헨더슨(G. Henderson)이 말하는 소용돌이와 혼돈의 정치(Politics of Vortex)는 한국정치를 관통하는 하나의 키워드다. 따라서 예단은 아직 금물이다. 선거구도가 어떻게 형성되느냐가 선거 승패의 가장 중요한 변수라는 사실은 선거 공학의 기본이다. 이른바 정권안정론과 정권심판론 중 어느 테제가 유권자에게 각인되느냐에 따라 전국 규모의 선거는 대체로 명암이 갈린다. 정권 출범 기준으로 볼 때 2회 지방선거를 예외로 한다면 여타의 지방선거는 새 정부 출범 후 모두 2년 4개월 이상이 경과하고 난 시점에 치러졌다. 선거구도라는 관점에서의 기본 명제를 들먹이지 않더라도 정권심판론이 작동될 수밖에 없는 시기다. 여당이 패배했던 핵심 이유일 것이다.

이번 선거는 시기적으로 애매하다. 박근혜 정권 출범 후 1년 3개월 남짓 후에 치러진다. 지난 해 박근혜 정부의 공과(功過)를 논하기 전에 단순하게 시기만을 놓고 본다면 정권견제론이 숙성될 수 있는 시기가 아니다. 그러나 지난해의 정치 부재와 정치 실종은 한국정치의 구조적인 '소용돌이의 정치'라는 측면보다는 집권 측의 일방통행식 국정 운영과 소통의 부재가 동인(動因)으로 작용한 면이 더 크다. 그렇다고 야당이 견제와 비판 세력으로서 제 역할을 한 것도 아니다. 여야의 정치력 부재와 역할 방기(放棄)를 이제 와서 탓하는 것은 부질없다.

현재 새누리당의 지지율이 민주당보다 높고, 박근혜 대통령의 국정 수행에 대한 지지도도 대선 때의 득표율 51.6%를 상회하는 것으로 나타나고 있다. 이는 새누리당의 승리 개연성이 높을 것이라는 유력한 논거가 될 수 있다. 안철수 의원이 주도하는 정치세력이 정당을 창당하든, 현재의 새정치추진위원회의 형태로 지방선거에 뛰어들든, 선거 공학적 차원에서 야권의 분열은 불가피해 보인다. 이 또한 여당에게는 호재다. 그렇다면 이번 선거는 해보나 마나 아닌가. 정치공학적 연대나 도식적 연대가 비판의 대상이 되는 것과는 별개로 지역적으로 야권연대가 또 다시 거론될 수밖에 없는 이유이기도 하다.

이에 대한 반대 논리도 있다. 인물론이 변수로 개입될 때 양상은 다르게 나타날 수 있다는 비판세력의 논리다. 서울시장과 경기도지사, 인천시장 등 수도권 승부가 승패의 기준이 된다고 볼 때 여당의 승리를 점치기 어렵다는 분석과 전망도 설득력 있게 다가온다. 선거가 집단지성의 발현이라는 관점에서 본다면 행정부 권력과 의회 권력, 그리고 지방 권력까지 여권이 싹쓸이하는 것에 대한 견제 심리가 작동될 가능성 또한 배제할 수 없다는 논리도 무시할 수 없다.

선거가 많은 비용과 갈등이라는 기회비용을 지불하면서까지 대의제 민주주의의 정치과정으로서 존속되는 이유는 자명하다. 선거가 개개인의 투표 행위의 집적(集積)이지만 시대정신을 제시하고 권력을 견제하는 기능을 다 해왔기 때문이다.

이번 선거는 어떨까. 정치가 생물이라는 말이 아니더라도 한국정치는 다이내믹스(dynamics)의 정치다. 그러나 이 다이내믹스도 민심을 반영하는 한에서 유효하다. 선거를 5개월씩이나 남겨 놓은 시점에서 때 이른 선거론일지 몰라도 그만큼 한국정치의 시계(視界)는 예측 불허다. 민심이 천심이다.

12 6·4 지방선거의 경우

● 2014. 1. 22

　　6월 지방선거의 구도가 어떻게 짜여지느냐는 선거의 승패를 가르는 주요 변인이다. 정권안정론 대 정권심판론 중 어느 어젠다가 유권자에게 투영되느냐가 선거 전체의 분위기를 좌우할 것이다. 물론 지역과 인물도 승패의 주요 요인임은 말할 것도 없다. 그러나 지방선거의 승패를 좌우할 변수 중 가장 큰 요인은 역시 선거구도다. 1995년 첫 전국 지방선거 이후 치러진 다섯 번의 선거는 2회 지방선거가 실시된 1998년의 김대중 정부 때를 제외하곤 모두 여당의 패배였다. 그래서 지방선거는 '여당의 무덤'이라고 불린다. 단 2회 지방선거는 정권 출범 후 불과 3개월 남짓이 지난 시점에서 치러졌다. 그리곤 모두 2년 3개월 이상 지난 후 실시됐다. 김대중 정부 때 여권이 승리한 것은 대선의 후광효과가 컸기 때문으로 보이며, 정권심판론이 작동되기 어려운 시점이었다. 결국 2회 때를 제외하곤 중간평가론이 작동된 결과로 보아야 한다.

올해 지방선거는 어떨까. 우선 시기적으로 정권견제론이 형성되기 어려운 면이 있다. 중간평가적 성격이나 정권심판론이 작동되기엔 정권 출범 후 1년 3개월 남짓이라는 시점의 애매성이 있다. 세대별 차이가 있겠으나 전반적인 선거 분위기에서 유권자들의 박근혜 정부에 대한 기대감이, 정권심판론보다는 더 크게 작용할 개연성이 크다. 게다가 현재 정당지지율에서 볼 때 각종 여론조사에서 새누리당이 민주당보다 월등히 높은 것으로 나타난다. 정당 요인과 후보 요인이 동시에 반영되는 것이 선거의 기본 동인이지만 지방선거에서는 정당에 대한 선호도가 더 지배적으로 작용하는 경향이 있다. 거시적인 요인에서는 이렇듯 민주당에 비해 새누리당이 선거 환경 측면에서 유리해 보인다. 또한 안철수 의원 측이 새누리당보다는 민주당 지지자들의 표를 잠식할 가능성이 크다면 선거공학적 차원에서 새누리당에게 상대적으로 우호적인 환경이 조성되고 있는 것만은 부인할 수 없다.

그러나 반대논리도 가능하다. 현재 행정부 권력과 의회 권력을 새누리당이 장악하고 있는 상황에서 지방 권력까지 특정 정당이 싹쓸이하는 것에 대한 견제심리의 발동도 충분히 예상할 수 있는 변인(變人) 중 하나다. 회고적 투표의 관점에서 중간평가와 정권심판과는 다른 맥락이다. 전망적 투표의 관점에서도 논리적 추론이 가능한 대목이다. 경제학의 파레토 최적의 논리와 형평의 이론으로 비유할 수 있다. 황금분할까지는 아니더라도 균형과 견제의 민주주의의 원리가 집단적 선택인 선거에서 작동할 수 있다는 것이다. 그리고 수도권에서 인물론이 변수로 개입될 때 환경적 요인과는 다른 양상이 선거 결과로 나타날 수 있다는 반대논리도 충분히 설득력 있게 다가온다. 즉 서울시장과 경기도지사, 인천시장 등 수도권 승패가 지방선거의 분수령이 된다고 볼 때 여당의 승리를 점치기 어렵다는 예상도 무시할 수 없는 논리적 정합성을 가지고 있다.

새해가 되자마자 정치권의 관심은 지방선거로 쏠리고 있다. 당연하다. 정치현상에서 선거보다 중요한 것이 또 있을까. 선거는 민주주의에서 민심의 향배와 국민의 집단지성을 담보하는 가장 중요하고도 기본적인 정치과정이다. 그러나 한 가지 간과하는 것이 있다. 대의제 민주주의의 한계를 논할 때 민의의 왜곡을 꼽는다. 정치권이 선거공학적 측면에서 정파의 유불리를 따지는 동안 지난해의 정치 부재와 정치실 종에 대한 비판은 슬그머니 자취를 감췄다. 집권세력의 국정 운영의 패러다임에 대해 변화를 요구하는 목소리 또한 찾기 어렵다. 선거가 사회적 합의를 도출해 나가는 정치과정으로서가 아니라, 정치 엘리트들의 입신을 위한 장으로 전락해서는 안 된다. 선거과정에서 정권의 대한 기대와 권력에 대한 비판이 균형을 이루어 갈 때 선거는 비로소 정치공학적 연례적 행사가 아닌 민주주의의 퇴행을 방지하는 기제로 작동될 수 있다. 다가오는 지방선거가 일방통행식 국정 운영에 대한 평가와 이를 적절히 견제하지 못한 정치세력에 대한 평가가 동시에 이루어져야 하는 이유이다.

13 | 야권 연대는 독인가, 약인가

● 2014. 1. 28

연합이나 연대(連帶)가 진보 진영의 전유물은 아니다. 1990년의 3당합당은 권위주의에 저항했던 YS와 민정당 세력과의 연대다. 합당과 연대는 다르지만 합당은 연대보다 더 강한 연합이다. DJ는 대권 도전 네 번째 만에 정치 역정과 이념에서 공통분모를 찾을 수 없는 JP와 연합함으로써 소수세력으로서의 한계를 극복하고 대권을 쟁취했다. 이른바 DJP연합이다. 영남 출신인 노무현 후보는 민주당의 대선 후보가 됨으로써 극적인 승리를 거머쥐었다. 이들 연합을 가치와 이념, 정책 연대로 보는 것은 군색하다. 3당합당과 DJP연합의 고리였던 내각제 약속은 최종 승리자에 의해 모두 휴지 조각이 되었다. 가치와 이념과는 무관한 전형적 권력정치, 지역 패권주의에 기댄 지역 연합이 구체적 연대의 모습이었기 때문이다.

반면 1987년 YS와 DJ의 후보 단일화 실패는 연대가 무위로 그친 경우이다. 결과론이지만, 2002년 정몽준 후보의 노무현 후보에 대한 지지 철회는 노무현 후보 지지표의 결집을 가져오면서 노무현 후보의 승리를 견인하는 데 오히려 득이 됐다. 그러나 18대 대선의 문재인 후보와 안철수 후보의 어정쩡한 단일화는 야권에게 패인으로 작용했다. 이렇듯 여야, 보수와 진보를 막론하고 연대로 특징지워지는 연합정치의 성사 여부는 대권의 승부를 갈랐다. 내각제 정부형태에서는 이념 지향이 다른 경우의 연정(聯政)도 낯설지 않다. 오히려 정치 안정의 주요 요인으로 꼽는다. 독일의 메르켈 총리가 이끌고 있는 기민당과 사민당의 연정이 대표적이다.

6·4 지방선거에서 연대가 구태 정치의 표본처럼 인식되고 있는 것이 야권에겐 딜레마다. 민주당은 연대의 중요성을 강조하는 반면, 새정치를 표방하는 안철수 의원 측은 연대에 대해 부정적 입장을 견지하고 있다. 지난 대선 때 민주당과 안철수 후보와의 '아름다운 단일화'가 불발로 끝난 학습효과의 영향이다. 대선 레이스를 다 펼치고 난 연후에 여론에 따라 후보를 정하지 않고, 단일화 자체가 목적인양 치부되면서 '단일화의 덫'에 빠진 당연한 귀결이다. 민주당이 스스로의 정체성과 자기 혁신으로 승부하지 않고 단일화에 집착하였던 것이 화근이었다. 그러나 6·4 지방선거가 정권안정론과 정권심판론 중 어느 구도로 가도 야권 지지 성향 표의 분산이 야권에게 유리할 건 없다.

그럼에도 전략적으로 야권은 지방선거 직전까지 연대를 입에 담으면 안 된다. 이는 연대는 곧 구태라는 프레임을 공고화하고, 명분과 실리를 다 잃을 수 있기 때문이다. 더구나 민주당과 '신당'이 호남에서는 '진검 승부', 수도권은 제한적·지역적 연대를 모색하는 모양새가 된다면 6·4 지방선거는 여당의 무덤이 아닌 야권의 블랙홀이 될 것임은 자명하다. 밴드 웨건 효과에 힘입어 야권의 연대와 단일화가 단일 대오로 형성되려면 민주당의 치열한 자기 성찰과 기득권 포기가 전제되어야 한다. 또한 '신당'의 새정치가 어떠한 콘텐츠를 담느냐의 문제도 못지않게 중요하다. 이에 따라 공론이 형성되고 여론의 향배에 따른 유권자의 연대나 단일화 요구가 가시화 될 때 연대는 당위성을 확립하게 될 것이다. 만약 국민의 명령이 6·4 지방선거에서의 민주당과 신당의 각자도생이라면 패배가 눈앞에 보여도 그 길을 가야한다. 그것은 패배가 아니라 민주당과 '신당'의 상생이 될 수도 있을 터이다.

선거에서 연대의 가능성은 열려 있다. 그러나 원론적 명제에 안주하기에 야권이 직면하고 있는 위기는 크고 깊다. 연대의 가능성에 집착해서는 안 되는 이유이다. 행정부 권력과 의회 권력에 이어 지방권력도 여권이 장악하느냐의 여부는 전적으로 야권의 환골탈태(換骨奪胎)가 국민에게 추인받느냐의 여부와 직결되어 있다. 새누리당이 야권 표의 분산에 따른 반사이익과 어부지리(漁父之利)에 기대선 승리를 장담할 수 없듯이 도식적 연대와 선거공학적 단일화는 야권에게 필패로 가는 지름길이다. 헌법 1조 2항의 "대한민국의 주권은 국민에게 있고, 모든 권력은 국민으로부터 나온다"는 조항을 새기는 것이 선거를 앞둔 여야 모두에게 그래서 긴요하다.

14 | '새정치'가 새로워지려면

● 2014. 2. 18

창당이 기정사실화되어 있는 정치집단에 이렇게 많은 관심이 집중되었던 전례가 흔치 않다. 제1야당을 압도하고 있는 지지율에서도 보듯이 '안철수 현상'의 견고한 지속성도 과거의 예에서 쉽게 찾아보기 힘들다. 그만큼 기존의 정치가 '정치적'이지 못하다는 반증일 게다. 안철수 의원이 주도하는 정당이 이전의 선거용 포말정당 성격의 제3당들과는 다를 것이라는 추정의 논거이기도 하다. 그 '신당'이 새정치연합으로 당명을 정했다. 당의 지향점이 '새정치'라는 점을 명백히 선언한 셈이다. 그러나 새정치의 추상성에 대한 비판적 시각에 대해 답해야 하는 것이 새정치연합에게 주어진 1차 관문이다. 향후 얼마나 모호성을 최소화하고 구체적 언어로 유권자에게 다가갈 수 있느냐에 안철수 정치의 성패가 달렸다.

새정치연합의 한 인사가 언급한 "연대는 딜레마"라는 말과 "안철수를 죽이면서 살려야 한다"는 모순적 수사는 새정치연합이 취하고 있는 고민의 지점을 상징적으로 보여주고 있다. '민주당과의 연대는 구태'라는 프레임과 안철수를 극복해야 새정치연합이 제3당으로서 존재할 수 있다는 명제는 현 단계에서는 상수다. 이는 안철수 신드롬의 연착륙이 사활적이라는 것을 의미하는 것이기도 하다. 일견 형용모순적으로 보이는 거시적 환경과 미시적 변수의 두 요인을 여하히 극복하느냐가 새정치연합이 직면하고 있는 난제다. 나아가서 현실정치에서 새정치를 체화시킬 수 있느냐의 시금석이 될 것이다.

'새정치 기본 구상'에서 그 가능성의 일단을 가늠해 볼 수 있을 것이다. 정의로운 사회, 사회적 통합, 한반도 평화가 새정치의 화두다. '삶의 경제'를 주축으로 한 '인간 중심 발전' 패러다임과 특권과 반칙이 없는 사회, 지역, 이념, 세대, 계층의 갈등 구조 해결 등도 함께 제시되었다. 낯설지 않은 용어들과 교과서적 당위의 언급들이 새정치와 상호갈등적 대척점에 있지 않으나, 구시대 정치와 대면하는 열정과 고민의 흔적은 배어나오지 않는다.

상반되는 관점이 있다. 첫째, 한국의 정당이 사회의 갈등 구조를 대표하지 못한다는 대표성의 위기에 대한 지적이고, 둘째, 거대 보수 정당들의 독점 구조가 자신들의 적대적 공생을 위해 이념 갈등을 확대 재생산한다는 담론이다. 그러나 두 관점 모두 한국의 정치사회적 지형을 부분적으로 반영하고 있다. 해결 방법은 중도(中道)로의 수렴이다. 좌우의 편향을 배제하고 현안과 사안에 따라 치열하게 성찰하고 시시비비를 가리는 것이 중도다. 좌와 우, 진보와 보수 사이에서 적당한 거리의 중립을 취하고 있는 것은 중도가 아니다. 이념을 배제하는 것이 곧잘 중도로 오인되고, 이는 실용과 맞닿아 있는 것으로 채색된다. 그리고 실용은 민생으로 미화되면서, 민주주의의 문제를 논박하는 것은 민생에 반하는 담론으로 덧칠되는 반지성적 인식이 슬 그머니 똬리를 튼다.

합리적 보수와 성찰적 진보를 아우르는 것이 새정치연합의 지향이 라고 밝혔으나 어떠한 이념 지향과 맞닿아 있는지 알 수 없다. 어설 픈 탈이념은 탈정치를 결과하게 될 것이고, 탈정치는 정의롭지 못한 자들이 민생을 핑계 삼아 기득권을 신자유주의라는 편리한 기제로 합 리화 하는 가장 좋은 레토릭이다. 이념적 지향이 마치 이념 갈등을 재생산하는 것으로 치환되는 것은 왜곡된 이데올로기에 다름 아니다.

새정치연합이 진정한 새정치를 하려면 명백한 이념적 지향을 보여 줘야 한다. 한국사회에서 대표되지 않는 계층을 대변하고, 사실과 진 실은 다른 것이라는 분명한 메시지를 전하는 정치가 새정치다. 민주 주의는 선악을 분명하게 구분하는 것이고, 그것이 진정한 민생임을 알리는 정치가 또한 새정치다. 기계적인 중립은 항상 사실을 명분삼 아 결과적으로 진실을 외면하게 할 개연성을 내포한다. 새정치연합이 내세우고 있는 '삶의 정치'와 '삶의 경제'는 현재 한국 정치사회에서 벌어지고 있는 진실의 은폐에 대한 치열한 비판과 성찰이 전제될 때 그 단초(端初)라도 열릴 수 있다. 그것이 진정 '새정치'가 새로워지는 것이다.

15 | 통합과 분열,
어느 쪽이든 야권의 몫이다

● 2014. 3. 5

정치현실은 요동치게 마련이다. 그래서 정치는 생물이라고들 한다. 정당 간의 합당이나 정책연합, 선거연합 등 연합정치는 정치지형의 변화를 추동하는 주요 기제들이다. 1990년의 3당합당, 1997년의 DJP연합, 2002년의 노무현과 정몽준의 단일화 시도 등이 광의의 연합정치의 일환들이다. 그러나 3당합당은 밀실 야합이라는 비판에 직면했고, DJP연합은 이념 지향이 전혀 다른 정치세력 간의 지역연합이라는 부정적 평가에 노출됐다. 2002년의 후보 단일화도 마찬가지였다. 이러한 정치가 연합정치의 긍정적 면보다는 부정적 면으로 부각되는 이유는 선거를 앞두고 권력 획득만을 위한 정치공학적 연대라는 면이 강하기 때문이다. 물론 3당합당은 여소야대 현상을 타파하기 위한 여권의 계산과 제2야당이었던 김영삼의 통일민주당, 내각제를 관철시키기 위한 김종필의 셈법이 맞아떨어진 것으로서 정계개편을 가져왔던 결정적 요인으로 작용했다. 이렇듯 정치세력 간의 합종연횡은 정계개편의 요인으로 작용한다.

민주당과 새정치연합의 통합이 6·4 지방선거를 앞두고 정치권에 어떠한 변화를 불러올지 아직은 예단하기 힘들지만 집권당과 야권의 대립각을 선명하게 하면서 경사진 운동장을 정지 작업하는 효과는 있다. 이는 정치지형의 변화를 초래하고 지방선거 결과에 따라 정계개편을 가져올 수 있는 폭발력 있는 변수로 작용할 것이다. 그러나 안철수 의원 등 새정치연합이 새누리당과 민주당의 거대 정당의 독점구조를 비판했는데 이를 어떻게 설명할 것인가의 문제가 남는다. 또 하나 지난 대선 과정에서 당시 안철수 교수가 정치 혁신이나 정치 개혁 등 새로운 정치의 모습이 아니었기에 문재인 후보와 '아름다운 단일화'를 이루지 못했는데 지금의 민주당이 새정치를 담보할 만큼 혁신했는가의 의문이다. 이러한 기본적인 질문들에 답하지 못하면 통합신당의 미래는 없다. 바로 이 지점이 신당이 야합이나 기존의 구태정치처럼 선거를 목전에 두고 정치적 이해에만 기반한 선거공학적 이합집산인지, 야권 통합의 지평을 여는 훌륭한 연합정치인지를 판가름하는 분수령이 될 것이다.

4년 전 5회 지방선거는 민주당과 민주노동당, 창조한국당, 국민참여당, 진보신당의 연대가 위력을 발휘했다. 게다가 무상급식 어젠다로 야권이 선거 이슈를 선점하는 효과와 맞물리면서 야권의 승리로 연결됐다. 물론 지방선거가 정권 출범 후 2년이 넘은 시점에 치러짐으로써 정권심판론과 중간평가의 논리가 작동될 수 있는 정치상황적 요인도 한몫했다. 다가오는 지방선거에서 통합신당이 지난 지방선거와 같은 '연합'의 위력을 발휘할 수 있을지를 예견하기에 변수가 너무나 많다.

우선 통합 과정에서 이해관계의 충돌을 절충해 나가고 야권이 단일대오를 형성할 수 있을지가 변수다. 민주당이나 새정치연합 내부의 정치적 의사 수렴이 생략되었기에 향후 추인 과정에서 발생할 수 있는 반발이나 잡음이 갈등으로 표출된다면 통합은 빛을 발할 수 없다. 통합의 명분이 두 정치세력 구성원들의 실리보다 앞선다면 신당은 순항할 수 있다. 그러나 창당 과정에서 지도부 구성이나 당직 배분, 광역단체장과 기초단체장 공천을 둘러 싼 이해의 충돌들이 노골화되면 이번 신당은 최악의 '통합'이 될 개연성도 배제할 수 없다.

한국정치에서 분열하는 쪽은 패배했고, 통합하는 세력은 선거에서 승리했다. 물론 예외가 있으나 비교적 일관되게 작동되는 정치적 함수다. 신당 추진이 야합이나 구태를 상징하는 이합집산이 아니고, 진정한 야권의 통합이 되기 위해서는 각 정치세력이 기득권을 양보하는 대타협과 성찰이 필요하다. 그리고 새정치를 구체적이고 명확하게 실천으로 보여줘야 한다. 국민이 원하는 '삶의 정치'를 먹고 사는 진보적 어젠다로 구체화하고 국민에게 다가가야 한다. 이러한 요건이 충족되면 선거에서의 승리는 물론 한국정치의 지형을 바꾸는 정치 발전을 가져오게 될 것이다. 그러나 통합을 견인할 리더십, 새정치의 구체적 실천, 민생에 천착하는 진정성 중에서 어느 하나라도 결여된다면 신당 시도는 참담한 실패를 결과할 것이고, 한국정치에서 또 하나의 이합집산이라는 정치적 퇴행의 전형을 기록하게 될 것이다.

16 | 안철수의 '현실정치'와 '새정치'

● 2014. 4. 16

현실정치와 권력정치는 종종 동의어로 혼용되어 사용된다. 그러나 권력정치가 권력의 획득이라는 목표를 위해 수단을 정당시하는 것임에 반해, 현실정치는 사람의 마음을 사는 것이 정치라는 평범한 명제에서 출발한다. 현실정치는 자신과 뜻을 같이 하는 인사들에 대한 진지한 설득과 합의를 도출해 나가는 과정으로부터 출발한다. 물론 자파세력을 포진시키는 것, 세력 간의 다툼이 현실정치다. 그러나 현실정치의 불가피한 쟁투의 모습이 권력정치로 치환되지 않으려면 현실정치가 새정치로 보정되어야 한다. 따라서 현실정치와 새정치는 반드시 상호모순적이지 않다.

안철수 대표는 현실정치와 새정치를 자신의 편의에 따라 정의하고 행동했던 것이 아닌가 되돌아봐야 한다. 안철수 대표가 정치생명을 걸었던 기초선거 무공천은 좌절됐다. 그리고 기초무공천과 새정치를 과도하게 등치시킨 안철수 대표의 '새정치'는 빛이 바랬다. 그러나 새 정치의 대한 열망은 여전히 유효하다. 문제는 새정치의 내용이다. 민주당과 새정치연합의 합당 명분이었던 기초무공천은 애당초 새정치를 담보할 수 없었다. 또한 통합의 고리로도 미약했다. 안철수 의원이 부딪쳐야 했던 현실정치의 벽과 김한길 대표가 직면했던 당내 리더십의 위기가 만난 지점이 합당이라는 주장이 정파적 혐의가 짙어도 나름대로 설득력을 얻는 이유이다.

기초공천을 둘러 싼 논란으로 안철수 입지의 약화는 불가피하다. 그러나 그 다음이 더 문제다. 기초무공천 철회 이후 보여준 안대표의 정치 행태다. 개혁 공천을 들고 나왔다. 그 자체가 문제될 건 없으나 개혁 공천의 진정성이 의심받고 있다. 안철수 대표 측과 구 민주당, 특히 친노 진영의 공천 다툼으로 비치고 있고, 광주지역 의원들의 윤장현 후보 지지 선언은 그 자체로 개혁 공천을 의심받기에 충분하다. 안철수 대표가 대표직을 걸었던 기초무공천의 명분은 기초선거에서 국회의원들의 후보 줄 세우기를 혁파하고 지방자치의 본래 뜻을 살리자는 것이었다. 그렇다면 야권의 정치적 상징성이 강한 광주에서 안철수 측 인사에 대한 의원들의 지지선언은 어떻게 설명해야 하는가.

개혁 공천은 불가피하게 현역 단체장과 지방의원의 물갈이를 수반할 수밖에 없고 상당수 현역단체장과 의원들이 구 민주당 계열이라면 계파 대립은 불가피하다. 기초공천을 둘러싼 계파 갈등으로 새정치민주연합 후보들에 대한 관심도가 떨어지고, 정당지지도 조차 하락세를 면치 못하고 있는 상황이다. 개혁 공천의 당위성에도 불구하고 합당한 논거와 명분을 갖추지 못하면 야권의 자중지란은 가속화될 수 있다. 5:5 공천 지분의 기계적 균형에 집착해서는 개혁 공천도, 지방선거의 승리도 장담할 수 없다. 자파 세력 심기에 집착하는 모습은 개혁 공천의 정신을 훼손시킨다. 기계적 물갈이는 현역단체장과 의원들의 반발을 불러올 수밖에 없다.

어느 선거에서나 물갈이가 공천 개혁의 화두로 등장한다. 특히 총선거에서 물갈이 비율이 높기로는 세계적으로 한국을 따라올 나라가 없다. 그러나 아직 한국의 의회가 물갈이를 잘 해서 세계에서 정치 모범생이 됐다는 말은 듣지 못했다. 17대 국회가 그랬고, 18대 국회 또한 예외가 아니었다. 물갈이에 또 다시 새정치의 모든 것을 거는 우를 범한다면 안철수 대표는 학습 효과와는 아예 담을 쌓은 정치 초년생이라는 비아냥에 시달릴지 모른다.

안철수 대표가 할 일은 새정치의 기본으로 돌아가는 것이다. 현실 정치에서 자파 세력을 포진시키지 못하고는 후일을 장담할 수 없다. 맞는 말이다. 그러나 안철수 대표가 특정 계파의 좌장으로서 자신의 위상을 자리매김했다면 새정치란 말을 입에 담아선 안 된다. 구시대 정치와 같은 문법으로 정치를 얘기하는 것이 되기 때문이다. 새정치는 민생으로 돌아가는 것이다. 피곤한 영혼들이 왜 삶에 대해 좌절하는지, 아직도 새정치 화두는 왜 유효한지를 고민하는 것으로부터 출발할 때, 거대 양당 구조를 깨겠다던 안철수가 바로 그 거대 정당 '호랑이 굴'에 들어간 보람의 단초라도 열릴지 모른다.

17 | 왜 야당은 번번이 지는가

● 2014. 8. 5

　　서구의 역사에서 진보주의는 합리적 이성과 계몽사상의 소산이다. 18세기 프랑스의 계몽주의 철학자인 콩도르세는 "인류의 미래 상황에 대한 우리의 희망은 다음 세 가지의 주제로 요약될 수 있다. 국가 간 불평등의 제거, 각 국가 내의 불평등의 제거, 그리고 인류의 진정한 완성"이라고 진보에 대해 함축적으로 표현하고 있다. 보수와 진보를 추상적으로 대별한다면 보수주의자들은 현재를 단절되지 않고 지속적으로 성장해 온 역사적 경험의 집적으로 보는 반면, 진보주의자들은 현재를 미래의 출발점으로 본다. 보수와 진보의 보완적 측면을 잘 보여주고 있지만 한국의 보수와 진보의 특수성에 비추어본다면 이러한 사변적 구분이 일견 정치사회적 배경에 부합하지 않을 수 있다. 그러나 보수와 진보가 관통하고 있는 개념은 우리의 경우에도 보편적으로 적용된다.

"문제는 경제야, 바보야"(It's the economy, stupid) 이 말은 1992년 빌 클린턴이 조지 부시 당시 대통령을 누르는 데 큰 힘이 되었던 선거구호다. 정치의 정의는 말하는 사람의 숫자만큼 다양하다. '가치의 권위적 배분', '갈등의 조정' 등의 정치에 대한 고전적 정의와 결국 '누가 무엇을 언제 어떻게 얻는가'에 대한 쟁투라는 권력정치적인 정의 등은 정치의 일면만을 드러낸다. 그러나 정치가 놓쳐선 안 되는 것은 민생이며 사회 구성원의 삶의 질의 증진이다. 그래서 정치는 경제와 맞닿아 있다.

7·30 재·보선에서의 새정치민주연합 참패의 가장 큰 원인 중 하나는 유권자는 안중에도 없는 무모하고 원칙 없는 전략공천이다. 그러나 표심에 아랑곳하지 않았던 공천은 부차적 패인일 뿐이다. 새정치연합이 선거 참패 이후 보다 근본적으로 성찰할 지점은 진보적 의제를 민생과 연결시키지 못하는 심각한 민심 난독증(難讀症)이다. 선거가 끝나고 열린 새정치연합의 상임고문단 회의에서 나온 진단은 당이 민심의 소재를 파악 못하고 진부한 운동권 논리에 매몰되어 있다는 것이었다. 이는 민주와 반민주가 치열하게 대치했던 권위주의 시대의 이분법적 인식의 틀에 갇혀있는 야당의 지배적 패러다임이 변증법적으로 진화해야 할 당위를 대변하고 있다.

지난 대선 패배 이후 새정치연합의 패인 분석은 역시 정치적 진영 논리에 입각한 것이었다. 좌우, 중도의 이념적인 노선의 차원에서 패인을 분석한다면 문제의 핵심을 꿰뚫지 못한다. 상대적 박탈감과 불평등, 비정규직 문제, 불안한 노후, 취업 전쟁 등의 경제사회적 갈등 요소들을 해소할 단초조차 찾지 못하고 있는지에 대해 근본부터 성찰할 때 돌아선 유권자의 마음을 되돌릴 수 있다. 먹고 사는 민생에 천착하지 않는 진보는 위장된 진보일 뿐이다. 진보적 의제는 바로 먹고 사는 문제에서 출발해야 한다. 야당이 사회경제적 균열을 표출하고 대표해낼 때 당의 정체성의 확립을 통한 지지자들의 결집도 도모할 수 있다.

새정치연합과 새누리당 모두 보수정당이라는 데는 이견이 없다. 그러나 정치사회적, 경제적 현안들에 있어 새정치연합이 새누리당보다는 상대적으로 진보적 의제를 앞세운다. 18대 대선 과정에서 새누리당이 경제민주화와 복지 이슈를 선점하는 데 성공했으나 이는 어디까지나 정치적 기술의 차원이다. 보수의 결집이 강고해 보이나 사회의 혁신과 변화에 희망을 가지고 있는 국민이 어림잡아 절반은 된다. 그런데도 야당은 2010년 지방선거 이후 각종 선거에서 번번이 졌다. 2013년 대선 패배 이후 비상대책위를 구성하고 "'백척간두 진일보'의 각오로, 처음부터 다시 시작한다는 자세로 민주당을 바꾸겠다"고 했고 그 약속은 지켜지지 않았다.

제1야당과 진보세력은 '현재가 미래의 출발점'이라는 진보의 관점에서 실천적이고 생활밀착형 민생 현안의 의제로 연대할 수 있을 것이다. 새정치연합과 진보정당이 합치는 빅 텐트론이니 진보통합론이니 하는 진부한 야권재편론을 꺼내들기 전에 새정치연합과 진보정당들이 민생을 위해 어떠한 정책연합을 해야 할 것인지를 고민해야 한다. 정책을 바탕으로 한 민생 입법연대가 유권자들의 동의에 입각한 화학적 융합과 통합으로 연결될 때만이 연대와 통합의 당위성을 인정받는다.

정당의 존재 목적은 정권의 획득이며 당의 지향을 밝히는 강령과 정체성도 부단한 진화를 통해서 정립된다. 새정치연합의 비상대책위원장과 위원의 구성보다 그래서 민생 진보가 더 중요하다. 7·30 재보선의 참패 이후 또 다시 지난 대선 패배 후의 말 뿐인 '혁신'만 반복된다면 새정치연합은 정권 교체와 정치 쇄신보다는 자신들의 알량한 기득권에 안주하려는 집단이라는 혐의로부터 자유로울 수 없다.

18 정치와 법치

● 2014. 8. 27

정치란 시민사회에서 충돌하는 이해관계를 조정하고 타협을 이끌어내는 가능의 예술이다. 법치는 공동체적 합의인 법률의 강제에 의한 지배를 의미한다. 정치적 해결과 사법적 처리는 각각 영역을 달리 하지만 상호대립적 개념은 아니다. 그러나 한국의 정치사회에서 종종 발생되는 문제 중의 하나가 정치가 갈등 조정이라는 제 기능을 다하지 못하고 법치에 기대어 문제를 해결하려 하는 관행이다. 정치가 법치의 명분으로 명시적으로 정치이기를 포기할 때 나타나는 현상이다. 대의제 민주주의가 기반하고 있는 정치와 법치가 선순환의 구조를 갖기 보다는 상호배타적으로 작동되는 경우가 일반적이다. 한국사회에서 정치가 국민에게 신뢰를 얻지 못하고 갈등 조정에 실패하고 있다는 지적은 새삼스러운 일이 아니다. 정치는 상이한 이해관계에 의해 움직이는 집단들의 마음을 움직여서 신뢰를 바탕으로 합의를 도출하는 작업이다.

세월호 특별법을 둘러싼 여야, 유가족은 참사의 진상 규명과 재발 방지 대책의 수립, 향후 공동체의 안전을 지키기 위한 제도적 보완이라는 기본 방향에 있어서 지향점을 같이 한다. 그러나 각론에서 현격한 차이를 보이고 있다. 진상조사위원회에 수사권과 기소권을 부여해야 한다는 유가족과 이에 선뜻 동의하지 못하는 야당의 어중간한 입장, 이는 법체계의 근간을 무너뜨린다는 여당의 생각에서 접점을 찾는 것은 불가능해 보인다. 여야의 재협상 결과에 대해 동의할 수 없다는 입장을 정한 유가족들은 수사권과 기소권을 다시 꺼내들었다. 수사권과 기소권을 진상조사위에 부여하는 문제는 세월호 특별법의 쟁점이 특검 추천권을 여하히 배분하느냐의 문제로 가닥이 잡히면서 수그러들었던 문제다. 그러나 유가족이 다시 초강수를 둔 것은 여당은 물론 야당에 대해서도 신뢰할 수 없다는 인식이 작용한 것으로 보인다. 40일이 넘게 단식을 하고 있는 유민이 아빠 김영오 씨가 박근혜 대통령을 만나길 원하지만 거절당하고 있는 마당에서 유가족들이 재협상 결과를 선뜻 받아들일 명분도 마땅치 않다. 정치가 다시 가동되어야 할 대목이다.

유가족이 야당과만 꼭 협상의 파트너가 되어야 하는 것도 논리적 정합성이 떨어진다. 여당과 유가족이 대치의 모양새가 되는 것은 더욱 납득하기 어렵다. 더 이상 재재협상은 없다는 여당의 강고한 입장으로 볼 때 진전된 내용을 기대하기 어려울 것 같다. 이제는 여당이 나서야 한다. 쟁점은 비교적 하나로 모아지고 있다. 유가족이 수사권과 기소권의 진상조사위 부여를 주장하고 있으나 여당이 나선다면 특검 추천권으로 쟁점을 모아갈 수 있을 것이다. 여야 협상의 틀을 넘는 정치가 나서야 된다는 의미다. 유가족의 아픔에 진심으로 다가가는 마음이 필요하다는 얘기다. 유가족이 이미 정치화되어 있다는 일각의 인식은 사실에 부합하지도 않을 뿐 아니라 세월호 특별법 협상에 관련된 전체의 맥락을 파악하지 못하는 정형화된 단견의 소산일 뿐이다.

5월 19일 대통령의 담화는 세월호 특별법 제정에 유가족의 적극적 동참을 전제로 하고 있다. 이전의 5월 16일, 박근혜 대통령은 유가족의 만남에서 "진상 규명에 유족 여러분의 여한이 없도록 할 것"이라고 말했다. 또한 "현장을 지켜보신 유가족들의 의견이 무엇보다 중요하다"고 언급하기도 했다. 김영오 씨가 대통령 면담을 신청한 것에 대해 청와대가 "세월호 특별법은 여야가 합의해서 처리할 문제로 대통령이 나설 일은 아니다"며 거부 입장을 밝혔으나 특별법이 국회 입법 사안이기 때문에 대통령이 개입할 문제가 아니라는 입장이다.

그렇다면 대통령이 경제 관련 입법이나 민생 관련 입법에 대해 국회를 비판한 것은 어떻게 설명할 것인가. 논리적 타당성 여부를 떠나 청와대가 일상적 정쟁적 사안을 대하는 정치적 문법에서 한 발도 나아가지 못하고 있는 정치의 부재를 여실히 보여주고 있다. 법치에 천착하는 모습과도 거리가 있다. 세월호 참사를 보는 관점을 어떻게 설정하느냐의 문제다. 세월호 특별법의 해법이 보이지 않는 상황에서 여당의 지도부가 정치력을 발휘하는 것도 한계가 있어 보인다. 청와대가 유가족을 적극 설득하는 모습을 보일 때 신뢰를 쌓을 수 있다. 세월호 특별법의 해법의 물꼬가 트이는 계기가 마련될 수 있다. 세월호 특별법의 가장 주요한 행위인자는 유가족들임을 인식할 때 정치가 작동될 수 있다.

19 | 프레임 정치와
대통령의 침묵

● 2014. 9. 2

　　프레임(frame)의 통념적 개념은 사고의 틀, 또는 정치사회적 현
상을 보는 관점이다. 어떤 시각에서 보느냐에 따라 인식의 틀이 바뀌
고 궁극적인 가치판단에 결정적 영향을 미친다. 현안을 둘러싼 정치
사회적, 경제문화적 상황변수는 프레임 형성에 결정적 영향을 미친
다. 그런데 지배적 프레임의 작동이 이성적 판단을 마비시키고 공론
(公論)이라는 이름으로 중우정치(衆愚政治)가 정당화되는 경우가 왕
왕 발생한다. 이러한 프레이밍(framing)과 불가분의 인과관계를 맺고
있는 것이 왜곡된 정치적 상징조작과 이미지 형성이다. 이는 현상의
본질을 호도하고 진실을 덮는다. 여론과 민심은 미디어에 의한 프레
임 형성에 속절없이 좌우되기도 한다.
　　이해관계가 충돌하는 집단이 상반되는 의제를 가지고 충돌할 때
여론의 향배는 주요한 변수이다. 소수의 입장도 반영하여 갈등을 최

소화하기 위해 존재하는 것이 정치다. 정치는 사회균열을 제도권에 수렴하여 갈등을 중재하고 절충한다. 이러한 일련의 과정에 정치기술이나 파워 엘리트의 힘이 과도하게 작용한다면 공론이라는 이름으로 포장된 사회적 합의의 권위는 현저히 떨어지고 갈등은 증폭된다. 이에 대한 견제 장치가 사회의 문화적 능력과 집단지성이다.

세월호 특별법에서 여권은 진상조사위에 수사권과 기소권을 주는 것이 형사사법(刑事司法) 체계의 근간을 흔드는 것이라는 주장에서 단한 발도 나아가고 있지 않다. 여야, 유가족의 3자 협의는 대의 민주주의에 맞지 않으며 대통령의 입장 표명은 삼권분립을 훼손하는 것이라는 논리도 일관되고 확고하다. 이러한 쟁점은 논쟁적인 것들로서 찬반이 존재한다. 그러나 여권의 주장에 친화적인 프레임이 지배적으로 작동되고 있다. 진상조사위가 수사권과 기소권을 갖는 것이 정말로 대한민국의 법체계의 근간을 송두리째 흔드는 것인지에 대한 법실증주의와 법철학에 입각한 사회적 논쟁과 토론은 찾아볼 수 없다. 여타의 정치사회적 어젠다에 대한 쟁투가 그랬듯 정부에 비판적인 세력과 정권을 지지하는 세력이 진보와 보수로 나뉘어 진영논리가 똬리를 틀었다. 이 와중에 야당은 협상 동력과 지향을 상실한 것처럼 보인다. 그간의 세월호 특별법 협상 과정에 대한 논의는 차치하고서라도 당내의 건강한 토론과 합의 도출 기능 자체가 실종된 정당의 모습 그대로다.

세월호 참사 직후의 '국가혁신'에 대한 국민의 공감대와 철저한 진상 규명에 대한 사회적 합의가 실종되어 가고 있다. 특별법을 둘러싼 정치권의 갈등과 사회세력 간의 대립이 건강한 사회적 공론장의 공백을 대체하고 있다. 세월호 특별법과 민생 관련 법안은 상호모순적이라는 프레임에 갇혔다. 경제는 세월호 특별법 논란으로 갈 길을 잃고 경제성장의 동력과 활기가 사라지고 있다는 사고의 체계가 프레임으로 확산되고 있다. 이는 수사권 및 기소권의 진상조사위 부여 여부, 특검 추천의 배분 등에 대한 인식의 차이와는 별개의 문제다.

　유가족의 동의가 전제되지 않은 세월호 특별법 재협상안이 새정치연합의 당내 추인을 받지 못한 상황이 당내 강온 대립으로 과잉 해석되는 스테레오 타이프적인 분석은 진부하다. 제1야당 내의 이른바 강경파와 중도파의 구조적 대립은 현 단계 한국정치의 아킬레스건이다. 그러나 이러한 당내 상황이 세월호 특별법 협상의 발목을 잡고 있다는 인식은 정치적 상상력의 빈곤을 여과 없이 드러낸다. 당내 강경파와 온건파의 존재, 그들의 세력 다툼과 세월호 특별법 해법에 대한 인식의 차이가 전혀 무관하다고 할 수 없으나 이는 문제의 본질을 호도(糊塗)한다. 야당 내의 의견이 갈린 것은 기본적으로 세월호 특별법 2차 협상안에 대한 유가족들의 거부다. 야당이 유가족과 여권의 강고한 입장 사이에서 딜레마에 빠져있는 상황 인식은 고려되지 않고 있다. 이러한 분석이 특정 프레임에 갇혀 있는 한국정치의 갈등 조정 기능 부재의 민낯을 드러낸다.

　대통령의 면담을 간절히 바라는 유가족들을 외면하는 청와대의 일관된 입장은 세월호 특별법은 입법 사안이기 때문에 대통령이 개입할 문제가 아니라는 것이다. 그렇다면 대통령이 경제나 민생 관련 입법에 대해 언급한 것은 어떻게 설명할 것인가. 논리적 타당성 여부를 떠나 청와대가 일상적 정쟁적 사안을 대하는 정치적 문법에서 한발도 나아가지 못하고 있는 정치의 부재를 보여주고 있다. 프레임에 갇혀 있는 한국정치의 잠금장치를 푸는 대통령의 '아름다운 파격'이 절실하다. 정치의 복원을 청와대가 보여줄 때다. 그것이 과반을 넘는 지지를 획득한 대한민국 대통령에 대한 국민의 기대이다. 대통령의 침묵은 자연스러워 보이지 않는다.

20 | 개헌은
정치혁신이 전제되어야

● 2014. 10. 15

　　우리 정치가 마주해야 할 '블랙홀'이 있다. 문자 그대로 다른 현안을 모두 하나의 거대담론으로 흡수할 폭발력과 휘발성을 가지고 있는 개헌이다. 1987년 5년 단임의 대통령 직선제를 골자로 하는 9차 개헌 이후 5년 단임제가 역사적 소임을 다했다는 기본 인식에서 출발하지만 주장하는 시기와 주체에 따라 정치적 셈법은 제각각이다. 한국 정치에서 개헌은 어떤 형태로든 넘어야 할 산이다. 지난 대선 때도 박근혜 당시 새누리당 후보는 개헌을 공약으로 내걸었다. 그러나 지난 10월 6일 박근혜 대통령은 올해 초 신년기자회에 이어 두 번째로 '개헌 블랙홀론'을 언급했다. 대선 때 개헌을 공약했던 상황과 지금이 어떻게 바뀌었는지에 대한 설명은 여전히 없다.

　　개헌의 초점은 기본적으로 정부형태의 변경이다. 4년 중임제, 이원집정부제로 대표되는 분권형 대통령제, 내각제가 가장 큰 줄기다. 4

년 중임제는 레임덕 방지라는 이유를 내세우는 경우가 많지만 기본적으로 대통령의 연임을 가능하게 함으로써 대통령 권력의 비대화의 이유로 내세우는 현재의 개헌론과는 기본적으로 배치되는 면이 있다. 이원집정부제는 대통령과 의회의 이원적 정통성(dual legitimacy)의 문제 때문에 정국의 교착이 발생할 수 있는 대통령제의 문제를 해결할 수 있을지 모르나 정파가 다른 대통령과 총리의 경우에는 대통령제와 내각제의 형태 중에서 가장 최악의 조합이 될 수도 있는 제도다. 반면 내각제는 의회주의라는 대의제의 성격을 가장 잘 살릴 수는 있어도 총선에서 과반 획득 정당이 없는 상태에서는 정치불안정을 가져올 수 있는 개연성이 높다.

이렇듯 각각의 정부형태는 나름대로의 장단점을 가지고 있으며 각국의 역사적 배경과 정치상황, 정치문화에 따라 전혀 다른 결과를 나타낼 수 있다. 박근혜 대통령은 이명박 전 대통령 시절인 2008년 '개헌의 적기'라고 개헌을 촉구했다. 노무현 대통령의 2007년 이른바 '원포인트 개헌'은 당시 야당인 한나라당이 받아들이지 않았다. 이명박 대통령도 개헌의 필요성을 언급했으나 추동력을 발휘하지 못했다. 어차피 개헌은 정국의 대격변을 초래할 대형 의제이다. 차기를 노리는 대권주자나 현직 대통령이 개헌에 소극적이면 개헌은 추진되기 어렵다. 국회 재적 과반이 발의할 수 있으나 여당 역시 대통령의 의중을 살필 수밖에 없다면 대통령의 의사가 결정적으로 중요하다.

한국정치의 실질적 양당체제가 가져오는 정치의 독과점구조에 대해서는 많은 지적이 제기되어 왔다. 새누리당 아니면 새정치연합 밖에 없는 현재의 '적대적 공존' 정당체제에서 정치가 제대로 작동되기를 바라는 것 자체가 어불성설이다. 이는 대통령에의 권력 집중, 청와대가 결정하지 않으면 공기업 인사도 이루어질 수 없는 '제왕적' 체제와 맞물려 있다. 사회의 다양한 계층과 소외세력이 대표되지 않는 구조를, 사회균열을 제대로 대표해 낼 수 있는 정당체제로 바꾸기 위한 제도적 디자인이 절실하다.

찬성하는 숫자가 많아서 채택하는 다수결과 다수의 의견에서 소외된 의견을 반영하여 전체적 합의를 도출해 나가는 합의제는 근원적으로 다르다. 우리나라와 같이 단순다수제를 기본으로 한 소선거구제에서 사회의 다양한 세력이 대표될 수 있다고 생각한다는 것 자체가 순진한 발상이다. 비례대표제의 확대 실시를 통한 합의제로의 발전에 대한 의견이 많은 이유이다. 사회의 갈등이 정당체제에 수렴되어 관리되지 않으면 사회갈등은 그만큼 증폭된다. 정당체제와 선거제도의 변화가 그래서 절실하다.

5년 단임의 대통령제가 많은 문제를 안고 있다는 공감대는 형성되어 있다. 어떠한 권력구조를 선택하느냐, 시기는 언제인가 등의 문제가 남아있다. 그러나 이 두 가지 문제에 대한 해법을 구하기란 현재로서는 사실상 불가능한 것으로 보인다. 새누리당 내에서도 친박과 비박 사이에 견해가 다르고, 여야 간에 셈법이 다른 것은 말할 나위도 없다. 권력구조에 대한 변경에 국한하자는 측과 기왕 개헌을 하려면 시대에 맞지 않는 이념적 문제와 경제사회적 차원에서도 손질을 해야 한다는 견해도 만만치 않다.

이렇듯 개헌은 역대 대통령부터 현재에 이르기까지 백가쟁명식의 다양한 논의만 무성하지 추진을 위한 로드맵은 어디서도 찾아볼 수 없다. 정국 전환과 정치적 주도권을 잡기위한 정치공학적 동인이 기본이고, 대통령제에서 권력을 잡기 어려운 정치세력이 정치판 자체를 바꾸려는 유인도 작용하기 때문이다.

그러나 합의제로의 변화를 모색할 수 있는 선거제도와 정당제도

등의 정치제도적 디자인이 뒷받침되지 않으면 어떠한 개헌도 한국정
치를 제 궤도에 올려놓을 수 없다. 현재 한국의 정치권과 시민사회는
이를 추동할 시대적 지향을 갖추지 못하고 있다.

21 | 선거구 조정, 정당체제의 혁파로 이어져야

● 2014. 11. 4

    현행 국회의원 선거구의 인구 편차 3대 1을 2대 1이하로 조정하라고 제시한 헌법재판소의 헌법불합치 결정은 정치권을 빅뱅으로 몰고 갈 수 있는 대형 이슈다. 이미 헌재는 2001년 10월에 당시 선거구별 인구편차 4대 1로 허용한 선거법 조항에 대해 3대 1 이하로 변경할 것을 제시한 바가 있다. 그 당시에도 2003년 말까지 선거법 개정 시한을 정했으나 국회는 이를 지키지 않았다. 결국 2004년 17대 총선에 임박해서 선거구를 조정했다. 선거법 개정 시점까지는 사실상의 위헌이었던 셈이다. 도시와 지역별, 정당별 이해관계가 워낙 첨예하게 얽혀있다 보니 조정이 쉽지 않았던 것이다. 선거구 획정은 정치인에게는 사활(死活)적이라는 방증이다.

    헌재는 선거구 구역표 개정 시한을 내년 12월 31일로 정했다. 선거구 획정은 소선거구와 단순다수제를 골간으로 하는 현행 선거제도에 대한 개혁으로 이어질 수도 있다. 불과 1년 남짓 남은 기간에 선거구 조정뿐만이 아니라 그동안 비판이 제기되어 왔던 공직선거법, 정당법 등 선거제도 등에 대한 보완도 뒤따라야 한다.

현행 선거제도에 대한 문제 제기는 소선거구제와 단순다수제라는 당선자 결정 방식이 결합되어 있어 승자독식에 친화적이고 지역주의의 온존을 부추기고 있다는 점 등으로 요약된다. 이는 여야의 고착화된 대립과 구조적인 적대적 공존을 가능하게 한다는 논리로 연결된다. 말하자면 여야의 대립과 공존이 동전의 양면이라는 아이러니에 직면하게 된다.

계층, 지역, 세대 요인 등 정당 정체성을 구성하는 요소 중 유난히 세대와 지역으로 확연하게 투표성향이 다른 점은 정당정치를 위협한다. 지역주의와 현역의원의 프리미엄, 중앙당의 하향식 공천제도 등의 조합은 충성의 대상이 지역구민이 아니라 정당지도부로 치환되는 폐쇄적 정당정치로 이어진다. 이는 영남과 호남 등에서 사실상 일당체제의 온존을 가능하게 함으로써 시민사회의 균열표출과 이익집약이라는 정당 기능의 상실을 불러오고 정당의 존립 가치 자체를 무력화시킨다. 이는 특정 지역에서의 선거정치의 실종을 의미한다.

정당정치의 구조적이고 고질적인 병폐를 개혁하고, 정당 민주주의를 복원해야 한다는 당위성에도 불구하고 좀처럼 현상 타파가 이루어지지 않는 이유는 간단하다. 입법부가 선거법, 정당법 등 정치관계법 개정에 소극적이기 때문이다. 여야 거대 정당으로 대표되는 카르텔 독점구조를 굳이 변경하고 싶지 않기 때문이다. 즉 특정 지역에서의 일당 우위와 집권당과 거대 야당의 공존을 가능하게 하는 현행 제도의 혁파에 별 관심이 없다. 제3당의 진입으로 적대적 공존이 흔들리는 법 개정 등에 적극적일 이유는 더욱 없다.

헌재는 인구편차 2대 1 이하 변경 제시 이유로 '투표가치의 평등'을 '국회의원의 지역 대표성'보다 우선하는 것으로 들었다. 표의 등가성이 심각하게 손상된다면 대의제 자체가 위협받을 수 있다. 또한 사회적 균열과 갈등이 정당체제 내에서 적절히 관리되지 못하면 정치는 거리로 나가게 된다. 장외정치는 의회정치의 정지를 의미한다. 타협과 조화의 정치가 작동하려면 정당정치의 핵심적 가치를 막는 장애물들의 제거가 우선되어야 한다. 정당체제가 권력 엘리트와 직업 정치인의 기득권을 방어하는 기제로 기능하는 현재의 시스템의 혁파 없이는 정부형태의 변경도, 투표가치의 평등성 확보도 국민들에게는 공허한 정치적, 법적 유희로 비칠 수밖에 없다.

헌재의 결정에 따른 정치권의 손익계산이 분주하다. 인구 미달의 선거구들의 통·폐합이 불가피하고 이에 따라 상대적으로 인구가 적은 농어촌 지역의 이익이 상대적으로 덜 대표될 개연성이 높다. 이를 주장하는 농촌 지역 출신 국회의원들의 속내와는 무관하게 도시와 농촌의 상대적 격차 해소와 균형 발전을 위한 보정도 필요하다. 또한 소선구제를 중대선거구제로 변경하는 문제도 일률적으로 적용할 것이 아니라 지역구의 특성을 살려 탄력적으로 도입하는 것이 바람직하다. 정치권에서 백가쟁명처럼 제시되고 있는 권역별 비례대표제, 석패율제, 선거구제의 변화 등이 정당의 이해관계에서 자유롭지 못한 현실에서 여야의 협상에만 의존해서는 정당체제의 변화는 개악이 될 가능성도 배제할 수 없다.

지난 19대 총선 때도 선거구획정위원회의 결정을 국회는 따르지 않았다. 현행 공직선거법에는 국회가 선거구획정위원회의 결정을 존중해야 한다는 조항이 있을 뿐이다. 우선 선거구획정위원회의 결정이 법적 기속력을 가질 수 있도록 선거법 개정이 선행되어야 한다. 정치

는 그물망처럼 얽혀있는 시민사회의 복잡한 이해관계와 갈등을 조정
해 내는 것이다. 이는 유권자 표심이 제대로 반영되게 할 수 있는 정
당체제로의 혁파 없이는 불가능하다.

22 | 정치혁신의 방향

● 2014. 11. 19

　　새누리당과 새정치연합이 보수혁신위원회와 정치개혁실천위원회를 가동하고 있으나 국민들과 유리된 그들만의 혁신 프레임에 갇혀 있다. 여야의 혁신안은 그동안 늘 제시되어 왔던 방안들로서 새로운 정당체제로의 변화를 담보할 내용들을 담고 있지 못하다. 최근 새누리당 보수혁신위원회가 내놓은 안은 불체포특권 내려놓기, 출판기념회 금지, 이른바 무노동 무임금, 겸직 금지, 세비 동결 등 낯익은 내용들이다. 여당의 혁신안이 그 나물에 그 밥이라는 비판을 받는 이유다. 그런데 이마저도 새누리당 의총에서 반대에 직면했다. 국회의원들에 대한 불신이 임계점에 다다른 상태에서 의원들의 기득권 내려놓기 차원에서 제기된 혁신안에 대해 새누리당 의총에서 불만이 제기됐다니, 여전히 국민들의 눈높이와 맞지 않는 정치권의 현주소를 극명하게 보여주고 있다. 물론 출판기념회 금지와 본회의 불참 의원에 대한 세비 삭감에 법리적 문제가 따를 수는 있다. 그러나 그동안 정치권이 보여준 행태에 비추어 볼 때 혁신적 대안이 아니고서는 의원들의 모럴 해저드를 막을 길이 없다.

한국정치는 타협과 협상에 익숙하지 못하다. 과반 이상의 의석을 확보하고 있는 거대 여당과 거대 야당이 시민사회의 균열을 제대로 대표하지 못하고, 소수의 의견이 정치적 의사로 형성되지 못하는 정치에서 정당의 존재를 찾는 것은 무의미하다. 예산국회에서 여야 의원들의 지역구 챙기기는 후진적 한국정치의 모습을 그대로 투영한다. 상임위를 거치면서 정부가 제출한 예산안보다 15조 원이나 증액된 예산안은 무상복지를 둘러싼 여야 간 논쟁의 공허함을 보여주고 있다. 적자재정을 비판하는 야당도 자신들의 지역구 챙기기에는 예외가 아니다. 복지재원의 부족을 메꾸고 불요불급한 예산을 삭감하려는 노력보다는 가시적 사업을 홍보하기 위한 토목사업 예산의 증액에 몰두하는 모습에서 정당혁신이 구현되기를 바라는 것도 난해한 일이다.

새누리당이 내세우는 보수의 혁신은 개혁적 보수를 지향함으로써 기득권에 집착하는 프레임에서 벗어날 수 있을 때 가치가 있다. 새누리당이 표면적으로는 무상복지를 과도한 복지가 경제활성화에 짐이 되고 경제 활력을 떨어뜨린다는 이유로 반대하고 있지만, 논쟁의 핵심이 법인세 등 직접세의 증세를 둘러싼 논쟁이고 보면 새누리당이 기업의 이해에 포획되어 있는 것이 아닌가 하는 의구심이 들 정도다. 최근 새누리당 일각에서 법인세를 일시적으로 인상해서 경제적 효과를 살펴야 한다는 의견이 개진되고 있는 것은 그나마 다행스러운 일이다.

정당이 모든 계층을 대표할 수는 없다. 그러나 개혁적 보수가 새누리당이 나아갈 방향이라면 특정 세대와 지역의 지지에 연연하지 않고 사회적 약자와 소수를 대표할 수 있는 정당체제로의 전환에 정당혁신의 초점이 맞춰져야 한다. 정당혁신은 정치개혁의 차원과 연계되어야 한다. 정치제도와 선거제도 혁신, 당청관계의 개선 등 정치 전반에 대한 개혁은 최종심급에서 정치가 제 본령을 다하는 데 초점이 맞춰져야 한다. 국회의원들이 자신의 안위와 특권에 집착하고 기득권에 몰입하는 행태가 지속되는 한 정치 자체가 존재할 이유가 없다. 정치권에서 거론되고 있는 오픈프라이머리나 당권·대권 분리, 상향식 공천 등은 국민의 의사가 제대로 표출되고 이익이 집약될 수 있기 위한 방편으로 작동될 때 의미가 있다. 당내 계파의 존재도 경쟁과 협력을 통하여 정책을 토론할 수 있는 기제로 기능할 때 존재가치가 있다.

　여야 정치권에서 논의되어 왔던 정당문화의 개선과 의원들의 기득권 포기 등은 정당혁신의 전제조건에 불과하다. 정당체제가 국민의 의사를 집약하여 수렴함으로써 계층 간의 갈등이 원만하게 제도권 내에서 수렴되는 것이 건강한 정당체제다. 그러나 정치권의 혁신 노력은 그러한 정치의 기능과 정당문화를 견인할 수 있는 제도적 개선에 천착하지 못한다. 보여주기식의 혁신은 국민들과 유리될 수밖에 없다. 새정치연합 내에서 제기되고 있는 대권·당권 분리 역시 그들만의 기득권을 둘러 싼 논쟁에 다름 아니다. 여당은 강고한 기득권의 프레임에서, 야당은 만성적이고 고질적인 계파주의에서 탈피할 때 여야 정치권의 정당혁신이 이루어질 수 있다. 여야의 혁신이 개혁적 보수와 합리적 진보를 지향하는 이념적 성찰이 전제되지 않으면 또 한 번의 신장개업에 그칠 수밖에 없는 이유이다.

23 | 정치 복원이 절실하다

● 2014. 12. 31

지난해의 국정원 대선 개입 의혹, 남북정상회담 회의록 공개를 둘러싼 NLL정국, 이석기 내란음모 사건 발표와 법무부의 통진당 해산 심판 청구 등의 정국이 지나고 갑오년 새해는 박근혜 대통령의 '통일 대박론'으로 출발했다. 의미 있는 화두였다. 그러나 남북관계 개선에 필요한 최소한의 활로도 열지 못하고 빛바랜 구호에 그쳤다. 그리고 세월호 참사라는 국가적 재난에 젊은 대한민국의 적나라한 적폐가 민낯을 드러냈다. 세월호 특별법 제정 과정에서 진영논리가 작동하면서 '정치'는 설 자리를 잃었다. 청와대와 주파수 맞추기에 급급한 집권여당과 무능한 야당의 적대적 공존의 당연한 귀결이다.

인사 실패가 늘 지적되어 왔지만 올해도 예외는 아니었다. 세월호 참사 이후 두 총리 후보자의 낙마와 비선실세의 국정 개입 의혹은 불통 논란을 재연시켰고 폐쇄적 국정 운영의 문제점을 노출시켰다. 이념 갈등에서 비롯된 종북 논란은 급기야 헌정 사상 초유의 정당 해산을 가져왔다.

정치로 풀어야 할 난제와 의혹들은 사법의 영역으로 떠밀리고 정치의 사법화와 사법의 정치화는 한국정치의 일상이 되어 가고 있다. 민주주의의 가장 큰 덕목인 관용이 자취를 감춰가고 있다. 일방이 생각과 지향이 전혀 다른 타방을 인정하는 관용이 전제되지 않는 사회에서 정치가 비집고 들어 갈 틈새를 찾기란 언감생심이다. 정치사회적 사안이 발생할 때마다 결국 귀착지는 진영논리다. '이념'의 다툼 속에서 진정한 이념을 발견하기 어렵다. 진영논리의 구조적 요인은 남북분단이지만 분단이라는 특수성만이 아직도 강조된다면 이보다 더 퇴행적일 수 없고, 냉전적일 수 없다. 한국사회가 직면하고 있는 적대와 대립의 프레임은 결국 정치의 왜소화와 퇴행에서 그 원인을 찾을 수밖에 없다.

권력의 최고 정점이 제시하는 방향성은 정치 자체를 왜곡시킨다. 세월호 특별법 협상 과정에서 여야의 2차 합의안에 대해 박근혜 대통령은 "유족과 야당의 불신을 해소하기 위한 여당의 마지막 결단"이라고 함으로써 여당의 자율성과 '정치' 기능을 결과적으로 봉쇄했다. '청와대 문건 유출' 사건에서 수사의 방향이 정치권력에 의해 구도 자체가 설정되는 현실에서 실체적 진실의 규명은 요원할 수밖에 없다. 검찰의 수사 결과 발표와 관계없이 국민들은 여전히 항간의 의혹에 대해 검찰의 수사를 믿을 수 없게 될 것이기 때문이다. 통합진보당 해산 이후 "자유민주주의를 확고하게 지켜 낸 역사적 결정"이라는 대통령의 언급은 이후의 통진당 당원 전체에 대한 국가보안법 위반 수사의 발빠른 착수로 연결되었다.

한국정치의 퇴행적 요소를 배척하기 위해서는 진정한 소통이 전제되어야 한다. 집권세력의 한 축인 여당이 정당으로서의 기능을 제대로 인식하지 못하고 야당이 야당의 책임을 방기하는 현실이 소통을 가져올 리 만무하다. 지난해와 올해의 박근혜 정부 2년을 관통하는 프레임은 사안이 결국 진영논리로 귀결되고 편가르기로 귀착되면서 역설적으로 두 이념적 극단이 '공생'하는 구조가 반복되고 있다. '적대적 공존'이라는 낯설지 않은 용어는 그래서 여전히 위력적이며 한국 정치를 웅변으로 설명해 내는 프레임이다.

정치 복원의 주체는 역시 정당이다. 정당이 제대로 기능하지 않으면 사회적 갈등은 관리될 수 없다. 갈등의 완전한 해소는 불가능하다. 그렇다면 갈등을 최소화하고 불거진 이해의 상충이 제도권 내에서 건강하게 토론될 때 이해를 달리하는 집단 간의 최소한의 합의를 이끌어 낼 수 있다. 대의제 민주주의를 전제한다면 이의 메커니즘은 역시 정당정치일 수밖에 없으며, 균열의 조정과 합의 도출은 정당의 몫으로 귀결된다. 정치 영역의 건강한 작동은 그래서 소중하다.

집권당이 중심을 잡고 민심의 소재를 정확히 청와대에 알리고 시민사회의 비판과 지적을 여과 없이 전달해야 한다. 대통령도 정당의 자율성을 인정해야 한다. 집권당 지도부가 청와대의 심기를 과도하게 의식하는 현재의 당청 관계에서 여당의 존재감은 초라할 수밖에 없다. 건강한 당청 관계가 아니다. 이는 종국적으로 여권에게도 부담으로 돌아온다. 청와대와 당과 정부가 권위를 갖고 각자의 위상을 지켜낼 수 있어야 한다. 야당은 2·8 전당대회를 계기로 고질화된 계파 온존주의에서 과감히 벗어나야 한다. 혁신도, 미래의 비전도 제시하지 못하는 야당에게 지지를 보낼 국민이 얼마나 되겠는가. 정치의 복원 없이 정책이 국민의 가려운 곳을 긁어줄 수 없다. 정치인들은 정치가 중요한 것임을 알기는 아는가. 정치의 중요성을 절감하는 리더십이 아쉽다.

무상급식과 '선별적' 복지

● 2015. 3. 24

　　문재인 새정치연합 대표와 홍준표 경남지사와의 회동에서 제기된 무상급식 논란은 우리 사회의 복지 논쟁을 대표하는 핵심 이슈이다. 차기 대선에서도 득표에 결정적 영향을 줄 수 있는 정책적 어젠다이다. 정치가 권력현상이고, 이를 표를 얻기 위한 경쟁이란 의미의 선거정치적 관점에서 본다면 홍준표 지사의 무상급식 정치 쟁점화와 이슈 메이킹을 탓할 일은 아니다. 그러나 2013년 진주의료원 폐업에 이어 경남도의 무상급식 중단으로, 홍 지사가 보수진영의 결집을 통한 선거정치의 전범(典範)으로 기록될 지, 시대정신에 역행하는 철학부재의 정치인으로 전락할지는 두고 볼 일이다.

　　무상급식 논쟁의 핵심은 보편적 복지와 선별적 복지에 대한 철학과 인식의 차이다. 이 부분이 보수와 진보진영의 결집을 좌우할 수 있는 결정적 지점이다. 표의 향배를 논하기 전에 복지국가가 한국 사회의 나아갈 방향이라는 전제에 동의한다면 복지국가에 대한 최소한의 의미 부여나 개념 정의는 하고 넘어가야 한다.

복지국가란 시장으로부터의 해방을 의미하는 '탈시장화'와 가족으로부터의 해방을 의미하는 '탈가족화'의 두 측면이 있다. 시장이나 가족에 내재하는 원천적 불평등을 적극적으로 해소하기 위해 요양·보육·교육 등의 사회서비스와 고용보험, 국민연금 등의 소득 보장을 원천적으로 제공한다. 이러한 복지 서비스는 국가의 의무이기도 하고 시민의 권리이기도 하다. 이는 헌법이 명시하고 있는 국민의 행복추구권과 국가가 사회보장과 사회복지를 증진할 의무를 진다는 헌법 조항에 근거한다. 복지가 시혜적 차원에서 국민에게 나눠주는 개념이 되어서는 안 되는 이유이다.

복지재원을 감당하지 못하면서 보편적 복지에 집착하는 도그마는 경계해야 한다. 아이들의 급식비 정도는 충분히 충당할 수 있는 가계의 급식비를 아껴서 저소득층 자녀들의 여타의 교육수요에 충당하겠다는 이른바 선별적 복지는 논리적으로는 충분히 타당성을 지닌다. 그러나 선별적 복지가 가지고 있는 도그마 또한 무시할 수 없다. 무상급식 중단이 선별적 복지의 논리라면 초·중학교 무상교육과 65세 이상 연령층의 지하철 무임승차는 어떻게 설명해야 하는가.

국민소득 1만 5천 달러 수준일 때 케인즈 주의에 입각한 복지국가에 눈을 뜬 복지 강국인 유럽 국가들에서의 복지 축소 논의를 우리 교육현장에서의 무상급식 중단과 단순비교해서는 안 된다. 가장 기초적인 분야에서조차 선별적 복지의 프레임으로 접근한다면 포괄적인 복지 개념은 무너질 수밖에 없다. 분야와 영역별로 선별적 복지가 채택된다면 그 자체의 논리적 정합성을 인정한다 해도 궁극적으로 보편적 복지를 지향해 나가는 복지국가를 성취할 수 없다. 복지재원을 충당하려는 노력보다, 기초복지에 소요되는 재원을 부단히 다른 항목에 투자하려는 시도는 복지에 대한 피상적인 철학과 인식에 기인한다.

미국의 정치학자 샤츠슈나이더(Schattschneider)는 "새로운 정책은 새로운 정치를 낳는다"고 규정하였다. 이 말이 시사하듯이 사회복지 정책은 그 프로그램의 수혜자뿐만 아니라 정책을 담당하는 관료들과 사회정의를 명분으로 내세우는 지지 그룹 등 세력들로 이루어지는 이해관계자 집단을 창출한다. 정책이 정치를 낳는다는 주장의 핵심이다. 복지국가도 그 자신의 이해관계자 집단을 창출해왔다. 유럽에서도 세금을 내는 것을 흔쾌하게 생각하지는 않지만 국가의 복지 프로그램에 대해 헌신과 애착을 보임으로써 복지국가는 유지되어 왔다. 또한 복지의 과부하로 인한 부작용을 최소화하기 위하여 국가의 역할을 축소하려는 시도에도 불구하고 국내총생산 대비 사회지출은 전보다는 느린 속도이지만 지난 10년간 꾸준히 증가하고 있다. 이는 증대하는 대중의 기대수준과 수요의 결과이다.

다음 총선과 대선에서의 가장 뜨거운 정치적 쟁점으로 등장할 무상 논쟁이 국가가 공짜로 해 주느냐 마느냐의 인식 수준의 틀에서 벗어나지 않는 한, 정치권의 무상 논쟁은 표를 얻기 위한 선거공학 그 자체로 전락할 수밖에 없다. 따라서 '무상'이라는 용어의 수정도 고민해봐야 한다. 복지는 공짜란 의미의 무상이 아니다. 국민이 응당 받아야 할 권리이자 국가가 당연히 제공해야 할 의무라는 인식에서 복지에 접근해야 한다. 복지라는 '정책'이 통합이라는 새로운 '정치'의 마중물이될 수 있는지의 여부는 전적으로 선택의 문제다. 홍준표 지사의 무상급식 중단은 복지국가로 가기 위한 시행착오로 치부될 수 있을까.

25 │ 종북 논쟁,
선거에서 추방되어야

● 2015. 4. 1

　　선거의 승패를 결정짓는 불가측적이고 다양한 변수 중에서도 선거구도는 결정적이다. 그 중 지역주의와 안보 프레임은 정치인들이 가장 유혹을 받기 쉬운 메뉴이다. 다음 달 4·29 재보선을 앞두고 이 고질병은 여지없이 도지고 있다. 리퍼트 주한 미국 대사에 대한 피습 사건 이후 때 아닌 종북 논쟁이 정치권에서 벌어지고 여당은 종북 논란에 대해 계속 군불을 때고 있다. 이른바 종북 프레임이 이번 선거에서 어느 당에 유리하게 작용할지는 두고 볼 일이다.

　　그러나 '종북'은 본래 진보 진영 내 노선 다툼의 과정에서 생긴 용어다. 즉 북한의 노선과 주장을 따르는 민족해방 계열, 이른바 NL세력을 노동자와 소외 계층의 이익을 대변한다고 주장하는 PD계열이 비판하면서 생긴 말이다. 그러나 언제부턴가 이 단어가 매카시즘적 차원에서 보수세력이 진보진영에 대해 이념적으로 공세를 취할 때 어김없이 등장하고 있다. 안보 관련 이슈는 언제나 불거질 수 있다. 북한의 핵 실험이나 미사일 발사는 물론이고 최근의 사드(THAAD, 고고도 미사일 방어체계)의 한국 배치를 둘러 싼 논쟁, 리퍼트 미국 대사피습 등에서도 고질적인 진영논리가 동원되면서 종북 논란은 여당이야당을 안보 프레임으로 공격하는 전가(傳家)의 보도(寶刀)가 됐다.

안보 이데올로기는 군사권위주의 정권이 자신들의 정권을 지탱하고 정당성을 가장(假裝)하는 중요한 메커니즘으로 기능해 왔다. 아직도 그러한 안보 프레임을 선거에 유리하게 활용하려는 시도는 시대착오적이고 몰지성적이다. 리퍼트 대사의 피습 때도 미국 정부는 테러로 규정하지 않았으나 우리 측이 오히려 테러로 규정함으로써 정치적반경을 축소시키는 전략적 미숙함을 노출했다.

지난 주 천안함 폭침 5주기를 맞았다. 이러한 외생적 정치 변인이다음 달 재보선에서도 여권이 보수표의 결집을 위해 종북 프레임을선거에 최대한 활용하려 할 개연성을 높이고 있다. 더구나 인천 강화를 제외한 서울 관악 을, 경기 성남 중원, 광주 서 을, 세 선거구가 지난 19대 총선 때 새정치민주연합과 전 통합진보당의 연대로 통진당후보들이 당선된 지역들이기 때문에 종북 논쟁이 자칫 선거의 핵심이슈로 떠오를 수 있다.

5년 전 천안함이 폭침된 이후 치러진 6·2 지방선거에서 현재의 야권이 승리했던 경험에서 보듯이 더 이상 안보를 선거나 정치에 악용하려는 시도는 선거전략으로서의 의미도 상실했다. 오히려 역풍을 맞을 수도 있다는 사실을 입증한다. 그런데도 안보 관련 이슈가 불거질때마다 선거에 악용하려는 구태는 언제 사라질지 모르겠다. 2007년남북 정상회담 당시 노무현 전 대통령이 NLL을 포기했다는 새누리당의 주장이 1년 내내 여야의 정쟁으로 얼룩진 사실을 우리 모두 기억하고 있다. 결국 이를 주장했던 새누리당 의원 스스로 "노무현 전 대통령이 NLL 포기 발언을 한 적이 없다"고 실토했다.

한반도만이 세계에서 유일하게 냉전적 요소가 가시지 않은 지역이다. 권위주의 정권 당시 민주주의를 탄압하는 데 동원됐던 안보 이데올로기가 종북이라는 프레임으로 환생하여 선거 때마다 상대 정치세력을 제압하는 유용한 메커니즘으로 기능하는 현실에서 정치는 실종되고 만다.

보수정권이든 진보정권이든 안보를 득표에 이용하려는 어떠한 시도도 용납되어서는 안 된다. 국민을 현혹하고 정치적 쟁점을 왜곡시켜 선거판을 진영논리로 몰고 감으로써 정치적 이득을 취하려 하는 구태는 청산되어야 한다. 여전히 그러한 유혹에 사로잡혀 있는 정치 집단에 대한 심판이 바로 선거다. 다음 달 재보궐 선거가 또 다시 종북 논쟁으로 얼룩지지 않도록 여야 각 정당의 각성을 촉구한다.

▮ 저자 소개

최창렬(崔彰烈)

1956년 서울 출생으로 경기고등학교(1976년)와 성균관대학교 정치외교학과를 졸업했다(1984년). 한국학중앙연구원 한국학 대학원 석사와 성균관대학교에서 정치학 박사를 취득했다.

1988년부터 3당이 합당한 1990년 초까지 야당이었던 통일민주당 전문위원으로 현실정치를 접할 기회가 있었다. 그 후 국회에서 실물정치를 보다 가까이 접할 기회도 있었으나 10년 동안 체험한 한국정치는 교과서에서 배운 정치와는 달라도 너무 달랐다. 이후 정부기관인 한국정보화진흥원에서 경영기획실장으로 근무했고, 한국교육과정평가원에서 교과서 관련 자문위원을 역임했다.

현재 용인대학교 교양학부에서 정치학을 강의하며 중앙도서관장을 맡고 있고, 한국일보 독자권익위원회 위원과 YTN과 CBS, 경인일보 객원해설위원으로 활동하고 있다. 신문과 방송 등 언론 활동을 통하여 한국정치의 복원에 보잘 것 없는 힘을 보태고자 노력해 왔으나 현실적 한계를 절감한다. 그래도 척박한 한국정치에 운기를 불어넣는 데 보이지 않는 촉매가 될 수 있다면 그 이상 바랄 게 없다.